Self-Transcendence
and Modern Pursuit of
Moral Education

德育的自我超越与现代追寻

学校公民意识教育的理论与实践

程德慧　著

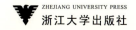

ZHEJIANG UNIVERSITY PRESS
浙江大学出版社

序 言

公民意识教育是党和国家提出的一项重要的教育课题,是学校思想政治教育的重要组成部分,也是学校德育的新视域,是思想政治教育的不断创新与发展。但是,公民意识教育在我国一直存在理论上的争议,难以形成共识,致使公民意识教育的实际开展困难重重。

公民意识教育是推进我国现代化建设、全面建成小康社会和实现中华民族伟大复兴中国梦的现实诉求。党的十七大报告中要求:"加强公民意识教育,树立社会主义民主法治、自由平等、公平正义理念。"明确提出要开展我国公民意识教育。2010年7月教育部制订了《国家中长期教育改革和发展规划纲要(2010—2020)》,其远景规划再次强调要加强公民意识教育,树立民主法治、自由平等、公平正义理念,培养社会主义合格公民。这是对党的十七大报告的承接和高度重视。因此,公民意识教育是符合党和国家的政策要求,也是我国教育现代化的必然选择。

当前在我国开展学校公民意识教育,应克服教育理念上存在的偏差、制度保障方面的不足、传统伦理文化的消极影响等不利因素,整体建构学校公民意识教育体系,加强公民意识教育的制度建设,系统推进我国的学校公民意识教育,公民意识教育必然迎来更加美好的未来。

目 录

导　论

第一节　问题的提出及研究价值

一、问题的提出

　　"公民"、"公民意识"及"公民意识教育"是当代民主政治建设的核心概念。"现代民主社会的健康与稳定，不仅取决于其制度的正义性，更取决于其公民的素质与态度。"①西方国家的公民意识教育总要为其政治统治服务，通过公民意识教育完成个体政治社会化的目标，应该说西方国家公民意识教育的核心就是通过政治社会化形成公民意识。尤其是在美国人眼里，"一个具有公民意识的人，不仅是一个传统意义上的'好公民'，具有爱国、忠诚及服从国家的品质；而且还要对国家评头论足，有能力并愿意参与对其的改进"②。

　　对于当代中国来讲，传统社会向现代社会的结构转型是当代社会的主要特征。社会结构的转型意味着我国现代化建设正迈入

---

　　①　Kymlicka W. and Norman W. (eds). *Citizenship in Diverse*, Oxford University Press, 2000:6.

　　②　Shirley H. Engle and Anna S. Ochoa, *Education for democratic citizenship: decision making in the social studies*, New York: Teachers College Press, 1988.

1

深层发展阶段,也意味着新的经济结构、政治结构和社会结构的孕育与诞生。市场经济、民主政治、和谐社会建设作为与现代化相呼应的社会发展方式推动着我国的现代化发展进程。根据英格尔斯效应,与现代化的市场经济、民主政治、和谐社会发展要求相一致,最重要的因素是人的思想观念和行为方式的现代化转型。市场经济的发展为现代独立人格的确立开辟了空间,人的主体地位的确立,自由、平等、独立的现代公民人格和自觉的权利义务意识是市场经济有序发展的必要条件。民主政治意味着对政治的高度敏锐性和积极的参与意识,需要公民个体对政治系统有一定的理解和把握,掌握基本的政治理论知识和基本的参与技能。一个社会公民的参与程度、参与水平的高低是衡量国家的民主政治发展的标志。和谐社会建设需要整个社会公民素质的提高和自觉的公民意识做支撑。

但是,受传统伦理文化、封建专制制度、极"左"思潮和计划经济体制的制约,臣民意识、依附性意识、服从意识、等级意识等传统意识在国人头脑中根深蒂固,主体意识的缺失、民主法治精神的薄弱、人文素养和科学精神的不足、公德意识淡薄、合作意识匮乏等公民意识的缺乏与市场经济的发展、民主政治建设、和谐社会的构建以及经济的全球化之间存在着严重的不适应性,成为经济和社会发展的严重阻力。对此,李慎之先生表达了深深的忧虑,他指出:"千差距,万差距,缺乏公民意识是中国与先进国家最大的差距。"[①]这也注定了现代公民素质的提高和公民意识的培养应是当代中国政治与社会发展的基础性工程。

百年大计,教育为本。教育是一个国家促进社会发展最直接、最关键的因素。未来国际社会的竞争,实际上是国民素质的竞争,而国民素质的提高最终取决于教育。化解现代化建设中物质文明

---

① 李慎之:《修改宪法与公民教育》,《改革》1999 年第 3 期,第 5 页。

的现代化与制度现代化和人的观念现代化之间的矛盾,现代教育应承担其应有的社会职责和历史使命。教育只有转变观念,树立现代教育理念,把培养具有主体意识和现代公民人格的公民作为现代教育的第一要义,才能改变国民素质低下和公民意识薄弱的不良局面,才能为我国的现代化建设提供人才支持。解决我国社会的现代化建设对公民素质提出的要求与当前我国公民意识状况的薄弱之间存在的矛盾,一是加强社会主义制度文明建设,二是加强公民意识教育。其中,公民意识教育是最迫切最关键的环节,因为只有公民素质的全面提高,才能为我国的现代化建设提供人才支持,只有整个社会公民素质的提高和公民意识的觉醒才能遏制现代建设中不和谐因素的生长,公民意识教育应成为现代社会发展的现实诉求。

所以,培养与社会现代化建设相适应的合格公民既是我国现代化建设的发展需要,也是提高国民素质和公民意识的内在要求,学校公民意识教育应成为推动我国现代化建设和国民素质提高的关键因素。因此,本书提出当代中国学校公民意识教育研究这一重要的政治课题。

但是,公民、公民意识、公民意识教育作为舶来品能否顺应社会主义现代化和经济全球化的时代发展潮流进入中国的话语体系? 如何推进中国的学校公民意识教育? 对于这个问题,目前我国理论界还存在着不同的看法。

一是公民意识教育是西方的意识形态教育,西方国家从古希腊时期就开始了公民意识教育的启蒙,西方国家具有深厚的公民意识教育的政治文化传统及社会环境,经过近代资本主义的发展,形成了比较完善的公民意识教育体系。公民意识教育在促进资本主义民主政治建设和现代化发展方面起了重要的作用。而在中国,无论政治制度、历史文化还是社会生产方式,都不具备催生公民意识的社会环境。中国历史上虽然也进行了国民性思想的改造运动和公民意识教育的尝试,但作为舶来品的学校公民意识教育从未真正进入中国的话语体系。所以,有学者认为,公民意识教育是资本主义的意识形态教育,照搬西方的做法强行植入中国势必会造成水土不服。

二是思想政治教育是我国主流的意识形态教育,在培养国民的思想政治意识、实现学生个体政治社会化等方面发挥了重要作用。长期以来,中国的思想政治教育在提高广大群众的思想政治觉悟、增强中国共产党的凝聚力和提高党的执政能力等方面发挥了重要作用,体现了明显的时代特色。尤其新中国成立后思想政治教育对巩固新生的政治制度和社会政权、宣传执政者的指导思想和意识形态方面也发挥了重要作用。有学者认为,思想政治教育在中国意识形态教育的地位不能动摇,提倡公民教育就是要否定思想政治教育和马克思主义理论教育,试图改变党的教育方针和否定全面发展的培养目标。

上述问题反映了作为舶来品的公民意识教育能否进入中国的话语体系,如何开展我国的公民意识教育,如何处理好公民意识教育与思想政治教育的关系等问题,学界和理论界还存在着不同的看法。围绕学界和理论界的争议,笔者认为:进一步加强对当代中国学校公民意识教育的理论研究与实践探索,深化对学校公民意识教育的认识,澄清理论界存在的一些认识误区,也便于在不同的理论观点中寻求价值共识,推动我国学校公民意识教育的发展。

改革开放以来,思想领域的大解放使公民、公民意识、公民意识教育等的研究逐渐成为学界的一种新的研究视角,培养合格公民成为许多国家公民教育的主要目的,尤其发展中国家开始重视公民教育研究,学校公民意识教育逐步被纳入理论界的研究视域。党的十七大报告中作为学校公民意识教育的标志性文件,2010年7月《国家中长期教育改革和发展规划纲要(2010—2020)》中的远景规划是对党的十七大报告的承接和高度重视,说明公民意识教育不仅受到党和国家的高度重视,而且已经被纳入未来国家教育发展的战略目标和战略主题。

在党和国家政策的支持下,本书立足当代中国社会现代化发展的时代需求,围绕学界的理论分歧与不同看法,走出学校公民意识教育中存在的认识上的误区,结合当前学校教育发展的现实情况,提出了当代中国学校公民意识教育研究这一时代课题。

二、学校公民意识教育的研究价值

1.从理论的维度来分析,学校公民意识教育的研究主要体现在三个方面

第一,丰富了公民意识教育的理论成果,深化了对公民意识教育的认识。任何理论研究都来源于现实同时又指导现实,教育理论的发展,不仅推动了教育的发展,同时也推动了社会的发展。公民意识教育作为现代教育理论的重要组成部分,已成为国际教育发展的必然趋势,学校公民意识教育的研究对当前整个中国的教育来说都具有重要意义。公民意识教育应该是整个中国教育的基础,也是现代教育的转型,全部教育系统都应自觉地培养学生追求民主法治、公平正义并能积极、理性地参与社会公共生活的现代理念作为其终极教育目的。近年来,关于公民教育、公民意识教育、公民意识教育的比较研究等方面积累了不少有益的研究成果,公民意识教育引起了整个社会的重视,党的十七大报告关于加强公民意识教育的指导思想的提出,进一步推动了公民意识教育尤其是学校公民意识教育的理论研究和实践探索,学校公民意识教育研究也由此获得了党和国家政策上的支持,学校公民意识教育的理论研究将更加丰富了公民意识教育的理论研究成果。所以,加强公民意识教育研究对于构建系统的学校公民意识教育体系,推动学校公民意识教育实践的深入发展具有重要的理论价值。

第二,为学校德育改革与创新提供理论上的指导。思想政治

教育、道德教育一直是中国主流的意识形态教育,而且由于其目标和内容层次要求较高,学校德育的发展出现与现实社会发展的要求脱节的现象。适应民主政治发展的现实需要,学校德育在其目标、内容、结构或教育教学方法上都做出重要调整,但学生道德行为的功利化、世俗化倾向严重阻碍了德育的发展,不利于培养与民主法治社会相适应的合格人才。学校公民意识教育的研究,更新了学校德育的理念,拓宽了学校德育的研究视域,使学校德育的内容不断丰富与发展,创新了学校德育的实践路径,使学校德育的目标越来越贴近学生、贴近生活、贴近实际。可以说,公民意识教育是学校德育创新与发展的需要,是学校德育发展新的生长点。

第三,为整体建构中国特色的学校公民意识教育体系提供理论依据。围绕理论界关于学校公民意识教育的争议,本书通过对公民意识教育思想比较研究,重点梳理了公民意识教育思想在我国改革开放以后的发展历程,认真总结经验教训,获得了对学校公民意识教育的系统性认识。从学校公民意识教育与我国的现代化建设、学校德育、现代公民人格建构、公民个体政治社会化的关系论证了在当代中国学校推行公民意识教育的现实必要性,从理论和实践的维度论证了学校公民意识教育的现实可能性,对学校公民意识教育中的制约因素进行了充分的分析,为系统构建我国学校公民意识教育的目标、内容、方式方法等方面提供理论依据和实践上的支撑。

2.从实践的维度分析,学校公民意识教育研究的实践价值主要体现在四个方面

第一,强化了公民意识教育在学校教育中的基础地位,改善了学校教育中公民意识教育薄弱的局面。公民意识教育首先是教育学生充分体认自身作为公民的身份和资格,重点是培养学生主体意识和自由、平等、独立人格的教育;其次做人的基本权利与义务意识的教育,权利意识是公民区别于臣民的最重要特征,没有权利

意识的公民教育仍然无法摆脱臣民教育的窠臼;再次,强调的是与时代发展相适应的合格公民的培养;最后公民意识教育是以人为目的的终极价值追求的教育,强调的是人的目的性价值而不是工具性价值。基于上述特点,公民意识教育是基础性教育,应把公民意识教育作为整个学校教育的基础性地位,更容易被学生理解和接受。这样,学校教育中公民意识薄弱的局面才会有所改善。

第二,推动了学校公民意识教育从理论逐步走向实践发展。随着理论研究的深入,公民意识教育开始从宏观进入微观,从理论研究进入实证考查,尤其是实证研究的加强,推动了现代公民意识教育理论研究与实践的有机结合。目前我国已经有许多地方学校开始进行公民意识教育的试点工作,为本书的研究提供了更好的研究基础,增加了更为具体翔实的研究内容。另一方面,通过吸收和借鉴人类文明关于现代公民意识教育丰富的文化遗产和优秀的教育成果,对整体建构我国现代学校公民意识教育实践体系,推动学校公民意识教育的实施与开展也具有重要的意义。

第三,为党和国家进一步贯彻落实关于学校公民意识教育的指导思想提供政策上的思考。目前,我国党和政府已经通过相关的政策文件对公民意识教育的重要性及其价值进行了充分的强调,公民意识教育的实践探索工作也在个别地方的中小学校相继开展,但从总体来讲,在我国学校公民意识教育仍然停留于理论研究层面。本书基于扎实的基础理论研究,结合翔实的实证研究资料,特别是河南省信阳市平桥区公民意识教育的试验优势,构建了从小学到大学系统的学校公民意识教育体系,这些丰富的理论研究成果将为我们国家实施公民意识教育提供决策上的依据和思考。

第四,学校公民意识教育研究丰富了国民素质教育的经验。公民意识是国民素质之一,本书在理论上论证了实施学校公民意识教育的必要性和可能性的基础上,对制约公民意识教育的因素进行了充分的分析,确立了学校公民意识教育的体系,把培养目标定位于适应新世纪对合格公民素质的现实需要,在教育内容、课程设置与教学模式设计上,以全面提高学生的公民素质为主旨。因此,我们说,加强学校公民意识教育的研究,为国民素质教育开拓了新的思路,为全面提高国民素质奠定了理论和实践基础,加快了国民素质教育的步伐。

第二节　研究综述

一、国外关于公民意识教育思想的研究

西方古代公民意识教育思想:古希腊是世界公民教育的发源地,亚里士多德是最早对公民做出界定的人,他认为凡有资格参与城邦政治事务的人,都是城邦的公民。城邦是一个有机整体,"人们一旦参加城邦政体,就享有了政治权利,他们就的确是公民了"①。他的公民教育理论比较注重公民政治伦理思想的培养,公民德性的培养是亚里士多德公民教育思想的核心内容。亚里士多德关于公民的政治伦理思想与公民教育的关系,学者陶艳华、于爱英对其做出了精辟的概括:"政治伦理实践是人自主自觉的实践活动,政治伦理实践的发展进程和实际效果取决于个体对政治伦理实践目的的认知程度,个体的认知程度受制于个体的受教育状况,因此,为了实现政治伦理实践的目的,就必须进行公民教育。"②公民教育应该注重公民道德意识尤其是公民德性的养成与教育,对此,亚里士多德认为:"父辈对于诸子应该乐意他们受到一种既非

---

① [古希腊]亚里士多德:《政治学》,吴寿彭译,商务印书馆1965年版,第118页。
② 陶艳华、于爱英:《亚里士多德政治伦理实践论》,《保定师范专科学校学报》2007年第1期。

必需亦无实用而毋宁是性属自由、本身内含美善的教育。"①为了加强公民德性的培养,他还主张"大家所急需学习的功课和培养的心境,莫如对于善性和卓行,造就正确的判断和快乐的感应"②。由此看出,亚里士多德的公民教育思想对今天学校公民意识教育还有重要影响,他的德性教育对培养民主政治国家的合格公民具有重要的借鉴价值。

为培养参与古希腊城邦政治生活的好公民,苏格拉底提出"美德即知识"的著名论断,提倡对公民进行勇敢、节制、正义和智慧美德的培养,他发明了著名的"精神产婆术"教育方法,为古希腊理想国培养了具有卓越和优秀品质的好人美德的统治者和辅助者。柏拉图则继承了苏格拉底的美德知识教育,但他的教育理念与上述两位希腊哲人有所不同,他认为对公民进行美德教育应越早越好,为此,他提出:"凡事开头最重要。特别是生物。在幼小柔嫩的阶段,最容易接受陶冶,你要把它塑成什么型式,就能塑成什么型式。"③

西方近代公民意识教育思想:在近现代史上,随着资本主义大发展和社会文明的进步,西方社会公民意识教育研究迎来了理论上的繁荣时期,涌现出一批杰出的公民教育思想家和理论家,他们的公民教育理论和教育思想对推动西方学校公民意识教育的发展做出了突出贡献,近代思想家们分别从不同的视角对西方国家的公民教育做出丰富的理论贡献,形成了自由主义、共和主义、社群主义、多元文化主义四种公民意识教育思潮。

卢梭是法国启蒙思想家的杰出代表,他通过著名的《爱弥儿》解决当时复杂的法国社会问题,提出公民教育是"使人成其为人"的教育,是教人学真、学做真人的教育,应是一切教育的基础和底

---

① ［古希腊］亚里士多德:《政治学》,吴寿彭译,商务印书馆 1965 年版,第 418 页。
② ［古希腊］亚里士多德:《政治学》,吴寿彭译,商务印书馆 1965 年版,第 426 页。
③ ［古希腊］柏拉图:《理想国》,郭斌龢、张竹明译,商务印书馆 1986 年版,第 71 页。

线。他的公民教育思想开启了现代公民教育的先河,奠定了共和教育的理论基础。共和主义的公民教育强调公共利益优先于个人利益,强调积极的公民参与。为培养公民的政治参与美德和民主商议的能力,卢梭强调公民教育"应该是行动多于口训"①,他还强调教育的责任"不是教给孩子们以行动的准绳,他的责任是促使他们去发现这些准绳"②。1789年法国通过了著名的《人权宣言》,提出了人类生而自由、平等,公民在法律面前人人平等,私有财产不可侵犯等理念,成为法国公民意识教育的纲领性文件,奠定了资本主义的治国理念和政策方略。共和主义教育宗旨致力于培养积极参与共和国政治的具有一定公民美德和协商能力的好公民,公民通过参与形成国家认同意识,学习国家法律及与自己权利和自由相关的东西,培养理性商议的能力。

近代自由主义思想家们提出了比较完整的自由主义公民教育理论。英国著名思想家洛克在《论政府》中第一次系统论述自由主义,被马克思称之为"自由思想的始祖"③,是近代自由主义思想的奠基人。洛克把生命、自由和财产看作是个人的基本权利,政府不得以任何理由侵犯个人的生命、自由和财产权利。洛克的教育目的就是培养人的自由,让人过快乐幸福的生活。为此他指出:"教育就是让人具备个人获得幸福所需要的健全的头脑和体格,具有德行、智慧、礼仪和学问。"④洪堡也主张减少国家对公民教育的干预,他反对某一种形式的公共教育,它制约了人的自由。为此,他认为,"自由人的教育不仅可以造福国民,而且可以借助对人的完

---

① [法]卢梭:《爱弥尔》,李平沤译,商务印书馆1996年版,第107页。
② [法]卢梭:《爱弥尔》,李平沤译,商务印书馆1996年版,第31页。
③ 《马克思恩格斯全集》第7卷,人民出版社1960年版,第249页。
④ [英]约翰·洛克:《教育漫话》,傅任敢译,教育科学出版社1999年版,第11页。

善来诉求实现对国家的改进"①。杜威提倡用积极的自由代替消极的自由,他认为:"凡是不能给人以基本安全的任何制度,都不能成为拥护个人自由和发展的有组织的制度。"②罗斯福认为,在垄断资本主义制度下,限制了人们的机会,压抑了人的个性和自由,主张用政府的力量执掌正义的天平。新自由主义的杰出代表罗尔斯的《正义论》主张用平等的自由构建自由主义理论体系。在古德曼认看来,"一个民主和正义的社会需要其社会成员共同参与、共同创造、彼此分享,自由主义保证了个人充分的参与自由的同时,也促使了社会正义目标的实现"③。近代自由主义的公民教育思想突出个人权利和自由的优先性,强调价值中立与文化多元性,主张消极的政治参与和有限政府,弱化国家对政治的协调功能。

　　为了调和自由主义和共和主义公民教育理论上的矛盾,社群主义教育家们则从社群的角度,为了维护公共利益,培育公共善的精神来加强公民意识教育理论研究,主要代表有麦金泰尔的《德性之后》。麦金泰尔认为,"自由主义导致道德的混乱与失衡,个人价值标准的绝对自主,导致个人在道德文化困境中,自我不再与他生长的社群有关联,也缺乏社会认同感,社群中的共同价值、规范和公益都被摧垮了。所以,社群主义强调以社群为基础的道德生活的重要性"④。戴维·米勒则从公民资格的六个方面充分论述了一个政治社群的成员应具备的基本公民素质,他的公民资格理论主要包括对国家和民族的认同意识,服从国家的法律,具有独立的公

　　①　[德]冯·洪堡:《论国家的作用》,林荣远、冯兴元译,中国社会科学出版社1998年版,第2页。
　　②　[美]杜威:《人的问题》,傅统先、邱椿译,上海人民出版社1965年版,第106页。
　　③　Gutmann Amy. "Democracy Democratic Education", *Studies in Philosophy and Education*, 1993,12(1),pp.1—9.
　　④　蓝维、高峰等:《公民教育:理论、历史与实践探索》,人民出版社2007年版,第136页。

民人格,养成公民信仰,保持人与人之间的平等,公民意识教育应加强对公民资格方面的教育。艾左妮也认为,公民意识教育"不是要培养公民获得具体的道德规则和教条,而是要形成某些基本的人格特质和基本的核心价值观,这个人格特质和核心价值观是以社群的'公共善'和道德共识为基础的"①。

除此之外,西方的神学家内维尔·费吉斯、德国历史法学家冯·吉尔克等人的多元政治主义理论也备受关注,尤其是达尔在其《多元主义民主的困境》、《民主、自由、平等》、《民主及其评论家》等文中系统论述了多元社会和多头政治的理论,系统建构了多元民主主义的公民意识教育思想,成为多元主义的典型代表。20世纪70年代以来,公民意识教育得到了各国的高度重视和国际社会的高度关注,联合国教科文组织在《学会生存》(1972)、《从现在到2000年教育内容发展的全球展望》(1987)、《教育——财富蕴藏其中》都强调了道德品质和公民素质培养的重要性。

西方的公民意识教育理论和教育思想经过几个世纪的发展,一些公民教育理论家对上述教育思想进行梳理,概括为四大教育思潮,这四大教育思潮即自由主义的公民意识教育观、共和主义公民意识教育观、社群主义的公民意识教育观和多元主义的公民意识教育观,这四大教育思潮代表了西方公民意识教育思想的发展及实践发展过程,许多理论至今仍对我们具有重要的借鉴意义。

二、国内关于公民意识教育思想的研究

国内对公民意识教育的研究始于清末的改造国民性运动。19世纪末,西方国家的坚船利炮打开了中国的国门,一批先进的资产阶级思想家和知识分子充分认识到民族国家陷于危亡之中。为实现救亡图存,他们先从制度层面仿效西方的三权分立制度进行改

---

① 张秀雄:《公民教育的理论与实践》,台湾师大书苑有限公司1999年版,第134页。

革,接着又从器物层面引进西方先进的科学技术,但这些都未能真正扭转民族国家的落后与挨打局面,最后才认识到国民素质低下才是中国落后挨打的根源所在。于是,资产阶级思想家们开始了以提高国民素质为宗旨的改造国民性运动。著名思想家梁启超在《新民说》中,系统阐述了"新民"应该具备的思想、道德、自由、自治、自主等品质,希望通过教育改革实现"新民"的愿望。严复则从"鼓民力、开民智、新民德"即德、智、体三方面入手来提高国民素质,完善教育体系,奠定了近代公民教育的新模式。为此他指出:"是以今日要政统于三端:一曰鼓民力,二曰开民智,三曰新民德。"①"是三者备,而后可以为真国民。"②

民国建立以后,为了提高国民素质,改造国民性,学校教育中开始恢复公民课,蔡元培先生提出"五育"并举的公民教育思想,即把军国民教育、实利主义教育、公民道德教育、世界观教育、美感教育作为教育宗旨,提高国民道德,锻炼国民性格,普及科学知识。"在'五育'中,公民道德教育是'五育'的中心,'自由、平等、博爱'是公民道德教育的主要内容。"陈独秀则认为晚清以来国民觉悟分三个层次,第一层次是技术的觉悟,继而为政治的觉悟,最后则为伦理道德的觉悟,其中"伦理的觉悟,为吾人最后觉悟之最后觉悟"③。在朱元善看来,公民教育对促进共和立宪政体的建立具有重要的作用,"今日国家明明已由民主易为共和,由专制而进于立宪。既为共和立宪之国,则教育之方针自当以新国家之本质为主眼,而置重于共和立宪国民之养成。为此,非实施公民教育不可"④。我国近代公民教育出现的标志是以公民科作为独立学科的出现为标志的。此外,晏阳初的"四大教育"即文艺教育、生计教

---

①　转引自孙培青:《中国教育史》,华东师范大学出版社 2008 年版,第 340 页。
②　严复:《严复集》(二),中华书局 1986 年版,第 253 页。
③　陈独秀:《吾人最后之觉悟》,《青年杂志》1916 年(1—6)。
④　朱元善:《今日教育改进之意见》,《教育杂志》1916 年第 8 卷,第 11 页。

育、卫生教育、公民教育的思想，杨贤江的平民教育思想，陶行知的生活教育思想都是对公民意识教育思想的不断创新与发展，这些对民国时期公民教育思想的进一步发展，为近代公民意识的传播和公民意识的成长奠定了丰富的理论基础。

改革开放以来的公民意识教育思想研究出现了繁荣与发展，形成了公民意识教育研究的问题域，有关公民、公民意识、公民意识教育的理论成果非常丰富。就学校的公民意识教育而言，本书主要从以下几个方面来简单梳理，以期获取学界同仁的支持。

1. 关于公民意识的研究

公民意识教育要以公民意识的研究为逻辑起点，改革开放以来，对公民意识概念的研究理论成果非常丰富，由于研究视角不同，对公民意识的界定也有较大差异，代表性研究成果有：学者金生鈜的《论公民道德教育》一文主要从道德的视角关注公民意识的培育与研究，马长山的《公民意识：中国法治进程的内驱力》从法律的角度对公民意识进行关注，姜涌《中国的"公民意识"问题思考》一文从政治学角度、焦国成《公民道德论》一书从伦理学的角度加以研究，张宜海在《基础教育阶段如何培养学生的公民意识》一文中从政治的和法律的角度注重身份意识的研究，除此之外，学者叶飞的《公民教育与公民意识的培养》、学者冯留建所著《公民意识的形成规律》、靳志高的《当代中国公民意识的生成机制探析》、曲丽涛的《公民意识与制度公正》、许耀桐的《大力加强公民意识教育》等都从不同的视域对公民意识的概念及内涵做出分析与界定。与此同时，对公民意识研究的相关论文论著也不少，改革开放以来我国公民意识的研究发展有了更大的进步与提高，相关的论著也越来越多。学者马瑞萍在其《改革开放以来我国公民意识研究述评》一文中对此作了概括，"主要有李龙、方云宝等编著，由武汉大学出版社出版的《公民意识概论》（1991年版）；陈永森著、中国人民大学出版社出版《告别臣民的尝试：清末民初的公民意识与公民行为》

(2004 年版);辛世骏著《公民权利意识研究》(郑州大学出版社，
2006 年版)"①。除此之外，秦树理、王东虓等著的《公民意识读本》
(郑州大学出版社 2008 年版)，王东虓、蒋笃运等所著的《公民意识
研究》(郑州大学出版社 2009 年版)，张宜海、王星源所著的《公民
学》(郑州大学出版社 2009 年版)，何齐宗等著的《青少年公民意识
教育研究》(中国社会科学出版社 2011 年版)，王学俭、宫长瑞著的
《生态文明与公民意识》(人民出版社 2011 年版)等等，近几年还陆
续有相关论著出版，在此不一一列举。上述研究说明，关于公民意
识的研究已经受到我国专家学者们的高度关注。

党的十七大报告把加强公民意识教育提上社会主义民主政治
建设的高度，公民意识教育的研究也成为当前专家学者们关注的
热点问题。郑州大学公民教育中心主任王东虓的《公民民主意识
教育问题探析》一文中把民主意识的培养看作是公民意识教育的
核心内容，因而，从本质上讲，公民意识教育其实就是公民的民主
意识教育。学者叶飞认为公民意识教育是通过对公民意识施加影
响，增强公民的社会责任感和社会使命感，从而达到理性的自觉意
识，包括主体意识与权利意识的教育，法律与责任意识的教育，公
共与私人道德意识的教育。学者陈晓斌则从公民意识的内容构成
方面来界定公民意识教育，他认为公民意识教育就是对学生进行
的道德意识、纪律意识、法律意识和政治意识的教育。蔡晓良、吴
智灵则认为"公民意识教育是社会通过一定的教育方式和渠道，将
一定社会的价值观内化为公民个体的内在素质，使公民形成一定
社会所需要的公民意识的教育过程"②。龙静云教授分别从公民意
识教育的目的来界定公民意识教育，法学意识上的公民意识教育

---

① 马瑞萍:《改革开放以来我国公民意识研究述评》,《教学与研究》2008 年第 10
期,第 78 页。

② 蔡晓良、吴智灵:《论公民意识教育的几个基本理论问题》,《思想理论教育》
2010 年第 17 期,第 30 页。

是培养公民权利与义务主体意识的教育,政治学视域中公民意识教育是培养公民具有民主法治理念、自由平等和公平正义意识的教育,从伦理学来看,公民意识教育旨在培养学生有积极生活的态度和政治参与热情,能与他人、社会和谐相处,成为富有利他精神的有德之人。在台湾学者刘焕云看来,"公民意识教育主要是通过课堂教育培养学生的公民意识,充分意识到自己作为国家主人的身份与公民成员资格,积极行使自己在国家的权利与义务,积极主动地参与到国家重大的政治事务和社会各项公共事业"①。

2.公民意识教育的意义与价值研究

当公民意识教育被提上十七大报告的纲领性文件之后,国内形成了对公民意识教育意义的研究热潮,相关的论文、论著非常丰富。总的来说,主要围绕公民意识教育对民主政治建设、市场经济发展、学校教育和个体发展等方面来论述公民意识教育的意义。相关的论文有郑州大学公民教育中心学者王振国的《论公民意识的社会意义》,陈晓斌的《略论公民意识教育》对公民意识教育对学生个体成长的意义作了比较系统的分析与论述;檀传宝在《论公民教育是全部教育的转型》一文中着重论述了公民意识教育对和谐社会建设、政治文明建设和现代教育的重要意义;张荆红在《公民教育:中国政治民主化的重要路径》一文中论述了公民意识教育对培育公民民主精神和实现政治民主化的重要价值。王啸在《公民教育:意义与取向》中论述了公民意识教育是"培养独立人格,富有开拓与创新精神的现代教育,它代表了中国教育发展的新方向"②。苏守波在《公民意识教育:现代教育的重要维度》一文重点阐述了公民意识教育作为现代教育的重要因素,是国家民主化进程的动力源和政治保障,公民意识教育是培养具有健全人格和主体权利

---

① 刘焕云:《全球化时代大学通识教育中的公民意识教育》,《中国公民教育》2008年第3期,第49页。

② 王啸:《公民教育:意义与取向》,《教育研究与实验》2010年第1期,第20页。

意识的教育,公民性是公民意识教育和现代教育的重要特征。由于篇幅所限,有关公民意识教育价值的研究仍有许多,在此不一一列举。

3. 公民意识教育的体系建构研究

体系的建构对推动学校公民意识教育实践具有重要的作用。当前我国有关公民教育体系建构方面的论著主要有蓝维、高峰等人所著的《公民教育:理论、历史与实践探索》,本书系统地探索了公民教育的基本理论、社会背景与实践要素以及公民教育的历史发展过程,通过对比,对中西方公民教育的特点作了较为详细的梳理,讨论了公民意识教育在中国的历史演进与实践发展过程,对当代中国公民教育的体系框架进行了系统的建构,为系统建构当前我国学校公民意识教育提供了比较成熟的理论借鉴与思维框架。赵晖博士的《社会转型与公民教育》,提出中国公民教育目标与内容体系建构的基本构想。也有学者从不同的视角来建构中国学校公民意识教育的体系,王文岚教授以社会科课程为切入点,在《社会科课程中的公民教育研究》一文提出了学校实施公民意识教育的对策及策略。王文岚、黄甫全教授在《1949 年以来中国大陆中小学公民教育课程发展的回顾与前瞻》一文中从课程角度对公民意识教育的课程体系进行了建构研究;北京大学程立显教授在《当代中国的大学公民教育:以北京大学为例》一文中,对我国当代高校公民意识教育的目标、内容、方法及途径进行了建构研究与实证分析;周惠玲在《当代中国中小学生公民教育初探》一文中对当代中国中小学公民意识教育的目标、内容、存在的问题及实施途径进行了总体分析与研究;檀传宝教授在其《公民教育引论》一书中也从意义、目标、内容及实施策略方面加强了对学校公民意识教育体系的建构研究。总之,关于学校公民意识教育的体系建构目前还缺乏系统的、比较成熟的研究成果,有待专家学者们的不懈努力与追求。

4.公民意识教育与思想政治教育、德育的关系研究

在学校公民意识教育的理论研究与实践的过程中,如何处理公民意识教育与思想政治教育和学校德育的关系是专家学者们关注的问题,对此,学者们纷纷提出不同的看法:蔡晓良、吴智灵在《论公民意识教育的几个基本理论问题》一文中论述了公民意识教育与思想政治教育、公民终身教育的内在关联性;李萍、钟明华教授在《公民教育——传统德育的历史转型》中论述了传统学校德育向现代公民意识教育转型的必要性;学者高峰在《公民·公民教育·思想政治教育》中论述了公民意识教育的意义,公民意识教育是对思想政治教育内容的丰富与充实,是思想政治教育改革与创新的出发点,是思想政治教育经常化、制度化、规范化的内在要求;葛荃、韩玲梅在《从政治教育到公民教育》中论述了传统思想政治教育所面临的挑战,实现从革命者到公民的传统政治教育目标的转换,该文还提出了传统的政治教育向现代公民教育转换的必要性;①梁鑫霞在《中国德育向公民教育转型研究》中重点论述了中国德育的现状及面临的挑战,中国德育向公民教育的转型是现代化中国的深切呼唤;苗伟伦在《公民教育——高校思想政治教育的历史转型》一文中提出"公民意识教育是对高校思想政治教育的完善与创新,也是思想政治教育顺应时代发展的重要历史转型"②。王智慧博士认为,"公民意识教育与思想政治教育的关系是部分与整体的关系,公民意识教育构成思想政治教育的一个基础性部门,与党内思想政治教育、学校思想政治教育、军队思想政治教育等部门相同"③。

---

① 葛荃、韩玲梅:《从政治教育到公民教育》,《理论与现代化》2003年第1期,第57页。

② 苗伟伦:《公民教育——高校思想政治教育的历史转型》,《浙江海洋学院学报》2004年第1期,第72页。

③ 王智慧:《论公民教育与思想政治教育的关系》,《思想政治教育研究》2011年第3期,第56页。

5.公民意识教育的比较研究

20 世纪 90 年代以来,虽然我国学界在公民意识教育理论方面的研究成果已硕果累累,但对于公民意识教育的比较研究还不很多,大多散见于其他方面的论文与专著中,有关公民意识教育方面的比较研究目前只有唐克军所著的《比较公民教育》,中国人民大学出版社出版;马抗美主编的《中国公民人文素质比较研究》,上海人民出版社出版;赵刚印所著的《现代化进程中的公民政治参与》对中国与印度的公民参与的文化背景、参与现状、参与效应、参与行为等公民参与意识做出比较研究;由上海科学院出版社出版,李荣安、古人伏主编的《国际视野与公民教育》对比分析了上海和香港两地的与国际视野教育相关的教育科目、教学活动、面临的困境及相关的对策、建议,提出了开展国际视野比较教育的重要性,研究了如何拓展国际视野,以增进国民对国际社会的认识和全球化的理解。

综合分析我国学界对公民意识教育的研究得出以下结论:随着改革开放的深入,公民意识教育越来越得到学界的高度关注,相关理论研究成果相当丰厚,但仔细思考我们会发现,研究中存在的问题也发人深省,一是系统研究不够,缺乏把大、中、小学作为一个有机整体来建构我国当前的学校公民意识教育体系;二是大多研究停留在理论层面,缺乏权威性的科学调查与实证分析,使学校的公民意识教育真实情况不能充分体现出来,不能有效地推进我国的学校公民意识教育现实展开;三是比较研究不够,相关的学术论文和专著比较欠缺;四是学校公民意识教育的理论体系的建构缺乏中国特色,表现在对中国传统文化资源的利用与挖掘不够充分,认识上还存在误区,观点不够鲜明,对公民意识的价值理念的探索不够深入,这都在一定程度上制约了当前我国学校公民意识教育的系统推进。

第三节　研究方法、创新之处及研究框架

一、研究方法

公民意识教育涉及政治学、法学、哲学、社会学等领域,研究方法的创新将为本研究提供新的研究思路,基于当前我国学校公民意识教育所处的时代背景和现实发展要求,本书拟采用文献分析法,综合实证研究法、比较研究法、历史与逻辑相统一的方法等。

1. 文献分析法

公民意识教育研究在我国起步较晚,学校还没有建立独立的学校公民意识教育理论体系。在本课题研究过程中,需要坚实的理论基础做支撑,本书力求比较全面地掌握有关公民、公民意识、公民及公民意识教育的国内外有代表性的著作和文献,对学界已经取得的研究成果和它所承载的思想、理论、观念和价值进行深入的分析与思考,是推进本课题思想前进的逻辑起点和研究的价值基础。丰富的文献将为本研究提供重要的精神营养,启发我们的理论思维,对本书的研究至关重要。本书的研究文献涉及内容有国内外有关公民、公民身份、公民意识、公民及公民意识教育、公民教育与其他教育的关系、公民意识教育的现代价值、学校公民意识教育的现状及对策等,为本书的研究提供非常有价值的资源和理论借鉴。

2. 综合实证研究法

实证研究是本书最重要的研究方法。所谓实证分析的研究方法是指通过诉诸客观事实来解决人们实际中所遇到的问题,通俗地说,就是把许多事实个案集中起来进行比较研究,分析个性,从众多个性特征中把握事物的共性,了解事物或社会的发展方向,从

而得出结论。基于本书研究特点,实证研究显得特别重要,了解当前我国学校公民意识教育的现状需要大量的有说服力的事实依据。为此,本书围绕当前大学生的公民意识现状,通过问卷调查的方法获取第一手的调研资料,为了解当前中小学校公民意识教育的现状。笔者特地深入河南省信阳市平桥区教委对公民教育的试点单位进行实际调研。在河南信阳平桥区,通过与平桥区负责公民教育的主要领导、校长、部分教师座谈、访谈、问卷调查、项目参与等形式全面把握了当前中小学校的公民意识教育的主导因素,公民教育实施中存在的问题,学校公民教育的方式方法以及实验班与非试验班、小学与初中学生的公民意识区别,公民课走进中小学课堂的必要性等,对当前我国中小学的公民意识教育实施状况有较为系统的理解与把握。另外,郑州大学公民教育中心作为教育部重点人文社科研究基地,笔者多次深入该中心进行专家访谈,得到有关专家的亲自指导,查阅相关文献,了解情况。本书正是综合了上述各种实证研究方法,为本研究提供了比较翔实的一手资料,也为完成本课题研究提供极大的帮助和有利条件。

3.矛盾分析法

矛盾分析法是马克思主义社会学的基本研究方法之一,对社会科学的研究具有普遍性,它不仅能说明当前研究中存在的一些问题,而且能对未来做出预测,比较有利于宏观的、庞大的社会问题的研究。矛盾分析法主要包括一分为二的研究法、普遍性与特殊性相结合的方法、具体问题具体分析法等。本书通过对国内外不同历史时期公民意识教育的理论研究与实践经验进行梳理分析,在共性与个性、普遍性与特殊性中得出对我国学校公民意识教育规律性与本质性的认识。针对我国理论界对学校公民意识教育存在的争议,分析了我国进行学校公民意识教育的现实必要性与可能性。对当前公民意识教育中存在的矛盾与问题从教育理念的错位、教育制度的缺失、文化传统教育的不足等方面进行具体解构与批判分析,借鉴国外成功的教育模式,为实现传统教育向现代教育的转型、构建有中国特色的学校公民意识教育体系提供理论和实践上的思考。

4.历史与逻辑相统一的方法

历史研究辩证地研究各种社会历史现象,揭示社会历史现象及其规律性。只有从公民、公民教育及其历史的演进过程中,我们才能认识到公民意识教育的发展史,其实就是人类从愚昧走向文明、从落后走向发达、从传统走向现代的发展史。本书通过考察公民意识教育思想的历史发展得出这样的结论:在公民身份、公民人格和公民意识的培育与建构过程中,人的主体性得到确认,人的生命和尊严得到尊重,人的价值得以实现,人的道德不断丰富和完善,人的精神渐渐充盈,人从传统的依附性意识中摆脱出来,走向独立、自由自觉的全面发展。运用历史与逻辑统一的研究方法,我们从历史的发展中来关照人的进步与发展,把人的发展作为研究教育的最终归宿和研究历史的逻辑起点,在对公民、公民资格、公民教育的发展关照中使民主法治、公平正义、自由平等等价值理念成为人类永恒的信念和价值追求。

二、创新及不足之处

本研究的创新之处主要体现在三个方面:

一是把大、中、小学作为一个有机整体,提出了学校公民意识教育的整体性研究。首先从目标、内容到方式方法上,提出了从小学到大学的学校公民意识教育的系统规划与设置,制订统一的公民意识教育课程标准和人才培养方案,编写全国统一的教材和教学参考书。其次,加强校内部门之间、校内与校外各部门之间的资源整合与统一规划,构建各机关、各团体、各学校、各个社会组织等协调统一的公民意识教育网络。再次,基于顶层设计的教育理念,提出了自上而下、从中央到地方的公民意识教育制度的系统规划,提出了从国家层面的公民意识教育的法律法规和相关文件的制定到地方层面的公民意识教育实施细则,再到学校层面的公民意识教学计划的系统设置,为学校公民意识教育提供制度保障。

二是对当代中国学校公民意识教育的可能性做了更加深入的理论研究和实践探索。围绕学界关于公民意识教育的种种争议进行了深入的思考和分析,本书从国家文件政策和相关理论上进行了系统深入的梳理和研究,从理论上对学校公民意识教育的可能性进行回应。结合自己的实践参与及大量的实证研究成果(对平桥区公民意识教育的实施及调查研究、关于当代大学生公民意识状况的调查研究成果),通过个案研究,强化了实证研究的可信度,从理论到实践对当前我国学校进行公民意识教育的可能性进行了深入的论证。

三是对学校公民意识教育与思想政治教育的关系作了比较深入了研究。在公民意识教育与思想政治教育的关系上,理论界形成两种不同的思想倾向,一种观点是实现思想政治教育向公民意识教育的转型,用公民意识教育取代学校的思想政治教育;另一种观点认为公民意识教育是西方的意识形态教育,中国不能进行公民意识教育。本书跳出理论界非此即彼的研究思路,在思想政治教育的框架内来思考学校公民意识教育的实施,提出了公民意识教育作为学校思想政治教育的有机组成部分,把公民意识教育作为思想政治教育的分支学科来加强学校公民意识教育的学科化研究,解决了理论界关于学校公民意识教育与思想政治教育关系的分歧。

本书的不足之处在于:一是比较研究不够深入系统,在中外公民意识教育关系的对比研究中,对西方国家公民意识教育的历史文化传统和我国公民意识教育的现状研究还不够深入与全面,对历史上的优秀文化资源的吸收有所欠缺,比较研究内容的欠缺也使本研究的内容显得不够丰满;二是实证研究的范围不够广泛,不能为本研究提供更加充足的实证材料。

三、本书的研究框架

学校公民意识教育起源于西方,经过近代以来先进知识分子的传播和发展,20世纪80年代以后我国才开始学校公民意识教育的理论研究和相关的实践探索。本书在对国内外公民意识教育思想进行梳理的基础上,从现代视域加强对学校公民意识教育的研究,沿着这一思路,本书在内容结构上由导论、公民意识教育基础理论研究、公民意识教育的思想发展脉络研究、学校公民意识教育的必要性及可能性研究、公民意识教育的体系建构研究和结论构成。

在本书的第一章中,主要通过对公民概念的历史演进、公民概念的内涵和时代特征三个方面加强了对学校公民意识教育的基础理念研究;其次对公民意识、公民意识与政治意识、法律意识和道德意识的关系进行了研究,奠定了学校公民意识教育的内容基础;再次对公民意识教育、公民意识教育与学校德育、思想政治教育的关系进行了研究。通过基础理论研究,为正确处理好学校公民意识教育与思想政治教育的关系提供理论基础和相关的研究思路。

第二章是关于学校公民意识教育思想发展的研究,对这一问题的研究,主要采纳历史文献法和比较研究法,通过国内外公民意识教育思想的发展的历史轨迹的探源,尤其是对改革开放以后我国公民意识教育思想的发展做了比较系统的梳理和概括,为我国学校公民意识教育体系的建构、推动学校公民意识教育的实施提供了有价值的信息和研究基础。

第三章从我国现代化建设的实际入手,分析了学校公民意识教育的必要性。论述了学校公民意识教育是社会主义现代化建设的价值诉求,是现代公民人格建构的重要路径,是学校德育创新与发展的现实需要,是学生个体政治社会化的发展需要,说明学校公民意识教育在当代中国社会主义政治文明建设、市场经济发展、和谐社会建构、现代公民人格的塑造以及实现公民个体政治社会化中的紧迫性、重要性。

第四章在全书中具有核心地位，围绕学界关于公民意识教育的种种质疑和认识上存在的误区，本章通过对党和国家关于公民意识教育的政策和文件上的支持进行梳理。通过加强对马克思主义关于人的自由全面发展的教育观的理论研究、社会主义核心价值体系的研究和学界相关的研究成果，从理论上对学界关于学校公民意识教育存在的争议做出回应。在实践上，通过学校德育课程关于公民意识教育的实践探索的研究和对平桥区所实施的公民意识教育的个案调查研究，并对大学生的公民意识状况调查分析，获取充足的实证资料，论证了学校公民意识教育的实践可能性，从实践的角度对学界的质疑做出回应。

第五章主要对学校公民意识教育中存在的问题进行剖析，围绕教育理念的错位、教育制度的缺失及传统伦理文化中的消极因素对学校公民意识教育的影响进行分析，说明了当前我国推进学校公民意识教育还困难重重，转变教育观念、建立健全相关制度、构建公民文化是开展学校公民意识教育的当务之急。

第六章是本书在对学校公民意识教育的基础理论分析、必要性、可能性研究基础之上，分析了学校公民意识教育的制约因素，从学校公民意识教育的原则、目标定位及内容构成、学校公民意识教育的实施等方面对学校公民意识教育的理论体系进行了建构研究。提出了从小学到大学的学校公民意识教育的系统规划，加强了日常生活教育与互动性教学法在学校公民意识教育中的应用，创新了教育教学方法，提高了学校公民意识教育的效果。

结语，在我国民主政治建设政治视域中，对我国学校公民意识教育的未来发展进行思考，提出了学校公民意识教育的学科化、本土化、生活化、人本化、国际化等发展思路。

第一章　公民意识教育的基本理论

第一节　公民概念的界定

一、公民概念的历史演进

公民(citizen)概念来自西方,它包含着特定社会的政治、历史、文化的内涵,公民的概念不是一成不变的,随着历史的发展,公民的概念也不断地在演进。古希腊是早期公民的发源地,公民是古希腊城邦政治制度的产物。亚里士多德在《政治学》一书中最早对公民概念进行界定,公民是古希腊民主城邦制的产物,是雅典的一种政治模式。在亚里士多德看来,"凡是有资格参与城邦议事和审判事务的人都可以被称为公民",公民就是"参与庭审和行政统治的人,除此之外没有任何其他要求"。① 可见,古希腊城邦的内容主要涉及城邦公民资格、城邦公民权利义务以及城邦机构设置等多个方面。公民是城邦的主人,城邦内的公民都平等地享有权利和义务,但这些权利仅限于城邦内的公民,奴隶和其他自由民不享有城邦的权利与义务。这说明在古希腊时期,不是所有的人都享有公民资格,只有拥有一定私人财产和城邦家庭出身的人,才具有公

---

① ［古希腊］亚里士多德:《政治学》,商务印书馆 1996 年版,第 1275 页。

民资格,才享有城邦公民的权利和义务。到古罗马时期,随着罗马经济的繁荣发展,罗马法律有了一定的发展,公法与私法的对立开始出现,公共生活与私生活的界限逐渐清晰,公民的权利观念和自主活动领域逐渐扩大,公民的自我意识开始觉醒,公民的个人权利才得以肯定,公民开始从政治的存在转变为法律的存在。所以,从公民概念的历史渊源上看,早期的公民权利仅限于城邦或国家的范围之内,以城邦或国家的存在为依托,享有公民权利的人仍然是少数拥有私人财产的人,以少数人的平等掩盖了大多数人的不平等,社会的不平等或等级界限非常严格,等级公民制现象较为普遍,公民只是一个政治或法律的概念。

近代意义上的公民是与资产阶级革命和市场经济的发展密切联系在一起的,它体现了公民个人之间的自由、平等关系和公民与国家之间的二元分立的社会关系,伴随着文艺复兴、宗教改革、启蒙运动和资产阶级革命而得以确立。但近代公民概念与市场经济充分发展是紧密相连的,市场经济是主体性经济,要求每个人必须具有独立的人格意识和自主意识,有自主交换的自由,具有平等参与经济活动的自由和能力。市场经济又是契约经济,契约关系成为制约人与人之间的根本关系,市场交换要求每一个市场主体之间的地位必须处于自由平等的地位。公民的概念在市场交换中逐步确立了自由、平等、自主、独立的个性特征,主体意识在市场交换中得以凸现。市场经济的契约性催生了国家机构的建立,因为通过契约,人就从自然状态建立了公民状态,从自然的"人"变成了"公民";"公民的"权利取代了"自然人的"权利。这种思维模式表明,"国家是为了某些特定目的而建立的,因此它也受到这些目的的约束"①。另一方面,随着资产阶级经济实力的扩大,必然要求在政治上取得相应的权利,这在客观上造成了公民权利的发展和公

---

① 王啸:《全球化时代的中国公民教育》,福建教育出版社 2006 年版,第 62 页。

民权利意识的扩张，导致公民与国家的关系的二元结构的分立，随着公民经济权利、政治权利和社会权利的发展，公民越来越成为制约国家权利的主要力量。在马克思看来，市民社会决定国家，市民社会是国家权力的源泉，国家权力是市民社会根据契约关系让渡给国家的一部分权利，国家的职能保障社会的秩序及公民财产安全。所以，国家是保障公民权利的社会机构，公民与国家二者相互依存，又相互制约。在资本主义制度下，所谓的主权在民、天赋人权、法律面前人人平等观念虽然深入人心，这种平等不可能是普遍有效的法律存在，因为资本主义私有制决定了平等只是掌握生产资料的资本家之间的平等，对于不掌握生产资料的广大工人来讲，平等也只是个口号而已。但资产阶级革命的价值与意义在于它使公民概念成为普遍的法律概念，公民权利被普遍纳入资产阶级的宪法和多项法律文件中。

现代公民概念既不同于古希腊时期的公民概念，也不同于近代的公民概念，现代公民是与经济全球化、文化多元化、全球问题等问题联系在一起的。人类已经进入了全球化时代，人类的家园变成了一个地球村，现代公民概念不可避免地带有全球的意味和世界公民的内涵，因此有人把现代公民称之为世界公民或者全球公民。我们应以什么样的视角和方法来看待全球化及全球化所带来的一系列的问题呢？著名的社会学家吉登斯先生对全球化有自己独特的认识：全球化的本质就是现代性的流动，现代性的流动主要是物质产品、人口、信息、符号等的跨空间和时间的流动，这种流动带来一系列的全球问题，如环境污染、犯罪率上升、道德滑坡、失业者增加等。随着全球问题的日益加剧，公民的参与意识、责任意识日趋淡漠，对权利过度要求和对义务的忽视现象导致权利与义务之间的极度不平衡。为解决全球问题，要求各个国家和民族的成员突破狭隘的民族观、文化观和价值观，以全球利益为重，适时调整本民族、本地区及本国的文化观念，以便在许多问题上达成共同的价值共识,用全球性的思维来看待现实问题。因此,合作共识、相互理解、相互认同、差异性公民观受到全社会的关注,尤其是文化的多元化现象得到全球公民的认可,因为不同民族、种族、语言、习俗、宗教信仰的国家,文化的差异非常突出,任何企图用一种文化观来代替多元文化差异的观念都是一种文化的霸权行为。因此,承认差异性、多样性,求同存异,合作共识使现代公民概念增添了新的内涵,甚至有学者提出了全球伦理、普世价值、世界公民的概念,这使现代公民的内涵更加丰富多彩。

二、公民概念的内涵

公民是一个多维度概念,研究的视角不同,公民概念的内涵就表现出一定的差异。正如美国学者所言,"再没有哪一个词汇比公民身份这个概念在政治上更为核心,在历史上更加多变,在理论上更具争议了"①。

公民首先是一个身份概念,作为一个法律身份的公民概念首先意味着公民拥有某一个国家的国籍或隶属于某一政治共同体内的平等成员,体现了与该政治国家和社会共同体之间的法律关系,并享有该政治国家和共同体内法律规定的所有权利,对该共同体负有履行与自身权利相适应的公民责任和公民义务。在学者肖雪慧看来,"公民身份体现了作为政治国家成员的公民与国家之间的相互依存、相互制约性关系,国家通过宪法性规定了公民的各项公民权利,即言论自由、结社自由和选举权等,公民通过行使自己的权利对国家权力的进行约束和控制,使国家权力被限定在一定范围之内。另一方面,公民负有遵守国家法律和各项规章制度的义务,否则国家制度失去存在的合法性依据。上述关系一旦遭到破

---

① J. Shaklar. American Citizenship. Cambridge. Mass. Harvard University Press, 1991:1.

坏,国家权力就失去约束任意行事,公民的权利就得不到基本的保障,公民就不再是公民而成为臣民、草民、暴民、顺民等"①。可见,宪法是公民权利的宣言书,作为政治法律身份的公民概念本身包含了公民与国家之间的宪法性法律关系。

法律上或政治上的公民身份概念强调公民权利的先在性。在民主政治条件下,公民的权利意味着对国家权力的限制和约束,任何宪法都是对公民的权利明确而具体的承诺与保障。所以,对作为身份概念的公民,英国社会学家马歇尔对公民的理解有着自己独特的观点,他认为,公民身份的成立必须具备三个要素,即公民的要素、政治的要素和社会的要素。其中公民的要素包括其人身自由,言论、思想和信仰自由,拥有自己的财产和订立契约的自由等;政治的要素是公民参与行使政治权力的权利;社会的要素是公民所享有的社会救济、安全保障、社会遗产的继承权等权利。这三个要素形成于不同的历史时期,公民权利主要形成于 18 世纪,政治权利形成于 19 世纪,社会权利形成于 20 世纪,这三个阶段又不能截然分开,存在着合理的伸缩性,而且在后两个阶段之间有明显的重叠。② 可见,马歇尔的公民身份概念比政治上或法律上的范围广泛得多,涉及权利的内容也非常丰富。还有学者提出了公民身份的环境权利要素,即"所有人都应该有可以喝到洁净的水等生活在卫生、安全的环境之中的权利"③。这种权利是对马歇尔公民身份的补充,具有全球化的思想倾向。

公民作为一个身份概念和资格概念还体现了公民所享有的权利与承担义务的统一与平衡,雅诺斯基的观点充分地说明了这一点。他认为:"公民身份是个人在民族国家中,在特定平等水平上,

---

① 肖雪慧:《公民社会的诞生》,上海三联书店 2004 年版,第 171 页。

② [英]阿尔弗雷德·马歇尔:《公民身份与社会阶级》,郭忠华等编译,江苏人民出版社 2007 年版,第 7—8 页。

③ D. Heater. *What is Citizenship*? London: Polity Press. p. 29.

具有一定普遍性权利与义务的被动及主动的成员身份。"①檀传宝教授从逆向和正向两个对立的角度对公民身份做出界定,在他看来,从逆向意义上看,"公民首先不是臣民、私民和子民,从正向的意义上看,公民是具有现代公民人格的自由的权利主体,公民不仅是法律的还是道德的,公民概念是动态的历史的"②。

上述几位学者关于公民身份的界定在学术界目前应该是比较有代表性的观点,它们分别从各自的研究立场来界定公民身份概念,体现出研究视角的差异性和特殊性。肖雪慧的观点偏重于从公民与政治国家的关系来研究公民概念,马歇尔侧重于公民权利的发展与完善,雅诺斯基侧重权利与义务的平衡,檀传宝侧重于现代公民人格的历史的、政治身份的研究。他们有的仅从一个视角来界定公民身份,但在对公民作为平等的国家成员所享有的法律地位、公民权利和义务的规定方面有着共识性的观点,这一点也是当前许多学者值得肯定和学习的地方。综合上述研究,本书认为,公民身份作为一个现代性概念,是政治或法律上的权利义务主体,享有充分的法律权利并承担相应的社会义务,具有自由、平等、独立、民主、法治、理性、公平、正义、开放等现代人格特征,能积极参与社会公共事务和政治事务。

其次,政治学意义上的公民概念与法律意义上强调公民的身份不同,侧重参与国家的政治选举等重大政治活动和政治事务对公民身份建构的意义,这一点学界也多有论述。本书认为,政治参与应是现代公民的主要特点,政治参与能力的培养是西方国家进行公民教育的重要内容和重要目标,政治参与也是公民政治权利的充分体现。政治性意指只有在充分参与政治事务或者公共事务

---

① [美]托马斯·雅诺斯基:《公民与文明社会》,柯雄译,辽宁教育出版社2002年版,第11—13页。

② 檀传宝:《论"公民"概念的特殊性与普适性——兼论公民教育概念的基本内涵》,《教育研究》2010年第5期,第19页。

的情况下,公民才是存在的。学者陈振明在《政治学》中也表达了同样的看法,他将公民定义为参与公共事务并在政治国家中具有自主性的个人。可见,参与确立了个人在政治国家中的身份,也体现了公民作为一个独立存在的社会个体具有参与国家政治事务和表达利益诉求的权利。个人通过参与,影响公共政策的输出,提高个人对公共事务的判断能力,使公共事务不再是特定个人的事务,而是众人之事。参与也是个体实现政治社会化的主要方式,通过参与使政治个体更加成熟,增强适应社会政治体系的能力。公共参与是公民概念的主要特征,在当代我国正处于传统伦理社会向现代民主法治社会的转型过程中,政治参与性应是现代社会的发展对现代公民提出的基本要求。

再次,哲学、伦理学意义上公民概念不同于法律意义和政治学意义的公民,它更强调公共生活和社会公共关系对现代公民生成的价值与意义。马克思指出:"人的本质不是单个人所固有的抽象物,在其现实性上,它是一切社会关系的总和。"①把公民作为一种社会关系,是由人的本质属性所决定的,人是群体性、关系性社会动物,离开了群体和一定的社会关系,个体的社会价值和意义就失去赖以存在的社会基础。这说明,公民是一种关系性存在,只有在一定的社会关系中,通过与他人、社会的交往,公民的身份才得以确认,公民角色在行使权利和履行义务的过程中才得以实现,公民的公共德性才有了发展的场域和可能性。国内学者金生鈜从伦理范畴对公民概念进行了解释,即"公民是理性地通过自己的言行而为公共生活造福的自由而平等的个人。自由、平等和充分介入社会合作是公民的基本特征。一个人能否担负起作为公民的人性,能否正视永恒和暂时、可能和现实、超越和实践、审慎和自由的张力,关键在于人是否成为一个自由的公民,是否在公民的生活中培

---

① 《马克思恩格斯选集》第 1 卷,人民出版社 1995 年版,第 60 页。

养自己的德性、理性和公民的风范"①。本人十分赞同金生鈜关于公民概念的伦理视角所做的描述。本文认为,公民的本质体现了公民与公民、公民与社会、公民与国家之间的交往、合作、相互依赖的关系。公民在这一关系中,通过公民角色实践获得了公民的理性意识、公共精神、公民德性等道德体验,这些获得性的道德品质都是个体在追求良善的公共生活实践中,基于对共同生活的正义价值的判断和认同,在现实的公共生活交往和实践中,通过教化形成公民的。因而,在伦理学的视野下,公民的公共德性是公共生活的道德彰显和个人生活道德治理的基础。公民的自由、自治是公民的突出特征,公民的公共精神、公共善的德性应是现代公民人格的重要内容。

通过对公民概念的历史演进过程及公民概念在不同视域中的梳理与厘定,本书得出这样的结论:公民是一个复杂的社会历史文化范畴,历经两千多年的历史变迁及发展,涉及学科范围非常广泛,由单一政治学科渗透到哲学、社会学、法学、伦理学等领域,内涵越来越丰富,从追求政治权利到公民权利、政治权利和社会权利的融合,从追求权利到权利和义务的统一与平衡等。

目前我国正处于现代化发展的关键阶段和社会转型深层时期,市场经济刚刚起步,民主政治逐渐发展,社会结构分化转型,基于当前的社会现状,根据本书对学校公民意识教育研究的需要,本书研究的公民概念应该从以下几个方面进行界定:第一,从公民概念的核心要素来分析,权利与义务是公民概念的核心要素范畴,无论在历史上还是在当代,公民的权利与义务的规定都得到学者们的高度关注。从古希腊城邦体制下的公民到近代资本主义的公民,再发展到现代社会的公民概念,权利与义务是公民身份的体现与象征,公民一旦离开权利义务就会退回到原始的臣民状态,现代

---

① 金生鈜:《规训与教化》,教育科学出版社 2004 年版,第 124 页。

意义上的公民就不存在。无论是政治法律意义上的公民,还是伦理学哲学上的公民,权利与义务同样是公民身份的内在规定性,只是研究的视角不同,对公民的权利与义务的表述方式和侧重点也会有所差异。第二,公民是与臣民人格相对立的概念。臣民的人格特征是其依附性、从属性,臣民没有独立的自我,公民是一个具有主体意识的人,自由、独立、平等、民主、理性、公平、正义、开放是现代公民人格的主要特征,公民的现代人格特征使公民能够理性地认识自我,正确处理与社会、与国家的关系,自觉做自己的主人,做社会和国家的主人,能够对自己、对他人和社会负责,理性精神和责任意识是公民人格的内在规定。第三,公民是历史性的、生成性概念,公民概念随着历史条件的变化不断产生新的内涵,公民概念的生成方式有来自生活的、政治的实践,也有来自教化的力量。参与政治生活和公共事务是公民获得其公民品质、体验其公民角色的主要方式,教育的力量也是公民获得其公民身份的有效途径,只有加强教育才能使公民更好地把握有关公民的知识、掌握做公民的技能,从而更好地做公民。第四,公共性是公民概念的应有之意。积极参与国家事务或公共事务,具有公共关怀和公共道德意识,充分享受公共自由、公共幸福和公共权利的人,才是现代社会的合格公民。

公民是与臣民相对立的概念。臣民与子民、草民,称呼不同,但含义相同,公民是民主法治制度下的产物,深厚的民主宪政传统和精神资源是公民赖以产生的丰厚土壤。臣民是宗法制度和等级制度下的产物,在宗法制度的影响下,家国同构的社会政治结构决定了人与人之间不平等的社会地位,使得等级伦理文化价值观深深根植于人们的内心。在国家范围内,忠君义务是传统臣民观念的主要构成之一,这一观念是封建君主专制制度条件下的文化习惯,在人们心中,君主的权利是至高无上的,所谓普天之下,莫非王土,率土之滨,莫非王臣,皆表明君主权利之最,地位至高,君主之下的任何人只有服从义务,没有任何权利可言,他们的权利不得冒犯。封建等级伦理文化不仅体现在君臣之间,渗透在社会生活的任何方面,甚至家庭生活都打上了严格的等级烙印,都有严格的等级秩序,夫妇有别,父子有亲,长幼有序都体现了不平等的封建伦理纲常秩序,不平等是专制社会结构的突出特征。

相对于公民自由、平等、独立的个体特征而言,臣民是被动、顺从、压抑的个体。所以说臣民无我,没有主体性,只有对统治者的责任、服从、从属的义务,没有个人的权利。对此,学者赵金海对臣民的内涵概括精辟之极,他认为:"主奴思想是臣民意识的本质规定,服从意识是臣民意识的核心,官本位意识是臣民意识的价值取向,宗法意识是臣民意识的规范性要求。"①而公民是与臣民相对立的概念,公民具有现代人的品格与特征,不畏权势和地位,公民能够在权力面前保持理性,对自己的权利能够积极主张和体认,对公共事务具有积极主动的参与意识。"这种理性态度和参与意识为他们在公共生活和个人生活中的独立判断提供了个人能力的保证,这使得他们在反思的基础上摆脱盲从、依附和他治的状态。"②在肖雪慧看来,"臣民是专制社会里培养的产品,它使人养成奴性意识和权力崇拜观念,他们无条件服从并效忠于皇权,并把卑微和奴性植入内心的臣民训练。在封建专制制度的影响下,臣民训练系统全面而且不间断,它渗透于社会、文化、教育等一切方面甚至深入到私人生活的细节,给民族心理带来灾难性影响。这种影响,别的不说,仅从臣民面对帝王、平民面对官家时'奴才'、'草民'之类自我称谓也可窥见一斑,这类称谓反映的是与主人自居心理和自我身份认知迥然相反的心理和身份认知"③。由此看来,服从、效忠、依附性是臣民的人格特质,臣民的存在阻碍了社会历史发展的

---

① 王东虓:《公民意识研究》,郑州大学出版社 2009 年版,第 278 页。

② [美]罗尔斯:《政治自由主义》,万俊人译,译林出版社 2000 年版,第 19 页。

③ 肖雪慧:《公民社会的诞生》,上海三联书店 2004 年版,第 173 页。

进程,尤其是中国有着两千多年的漫长的封建历史,臣民意识和依附性人格形成了国人沉重的观念枷锁,而且成为普遍性的民众心态,这使公民在中国的诞生举步维艰。

公民与我国当前的人民概念也有本质的不同。人民是我国当前用得频率最多的一个概念,它具有较强政治意味,人民概念是在战争、阶级斗争和社会矛盾比较突出的时期产生的。在抗日战争时期,一切能够抗日的阶级、阶层和社会集团都属于人民的范畴。在社会主义建设时期,全体社会主义劳动者,一切拥护社会主义和拥护祖国统一的爱国人士都被称为人民,可见,人民还是一个集体概念。毛泽东在《论联合政府》、《人民民主专政》、《为人民服务》、《论持久战》等文章中多次使用这一概念。毛泽东对"为人民服务"、"人民主体论"有着特别的解释,并把"全心全意为人民服务"作为中国共产党人的根本宗旨和最高标准,使"为人民服务"成为中国共产党人价值观的核心。在《关于正确处理人民内部的矛盾问题》一文中,毛泽东对人民范围的论述有着确定的标准,即质的标准和量的标准。一是质的标准,即根据现实社会发展阶段的主要历史任务和趋势,针对人们同这一历史任务的关系来划分人民和敌人,凡是站在历史前方向的一边,对完成历史任务起推动作用的人们,他们有着共同的根本利益和现实利益,就是人民,而站在对立面,成为革命对象和历史进步障碍的人,则是敌人。二是量的标准,即占人口的百分之九十九以上,由不同的阶级和阶层构成的一个最大的复合体,是人民,人民永远是人口的大多数。这条标准可以叫作"绝大多数原则"。在"文革"中,由于阶级斗争的需要,"敌我"矛盾突出,阶级阵线之分、意识形态之分、党派划分受到高度关注,人民这一概念进一步得到强化,人民概念的政治性进一步强化,有着泛政治化的倾向。

当前,无论是在我国的法律文件还是政策中,相对于公民概念而言,人民概念使用的范围仍然非常广泛,以至于替代了公民概念,这是由我国的社会历史发展的特点所决定的。随着我国社会主义现代化建设的充分展开,我国社会的政治结构、经济结构、文化结构都走向深层的转变时期,突出表现为民主政治发展的不断成熟,市场经济得到充分发展,文化的多样性得到承认和尊重,人民作为特定历史时期的政治概念必将越来越多地被公民的概念所代替,因此,用公民概念代替人民的概念是历史发展的必然选择。党的十七大报告和《国家中长期教育改革和发展规划纲要(2010—2020)》中把加强公民意识教育、培养社会主义合格公民作为我国教育改革和发展的战略目标和战略主题,这使得公民、公民意识、公民意识教育等概念越来越居于突出的位置。因而,公民概念已逐渐成为一个普遍性的社会概念,在我国社会发展中将得到高度重视。

我国作为一个封建历史文化积淀比较深厚的国家,臣民意识、草民心态、依附心理根深蒂固,随着社会历史的发展,国民、人民的概念取代了传统的臣民概念,尤其是新中国成立以来,高度的中央集权政治和计划经济体制使得人民的概念对国人的影响之大、之深,能与历史上臣民的影响相提并论。区分公民与臣民、人民的关系既有利于弄清公民产生的历史根由及其社会历史文化影响,也对加强本书的研究具有重要的价值。

三、公民概念的时代性特征

在对公民概念的历史发展和学科旨趣进行分析和研究的基础上,为加强对公民概念的进一步认识,充分把握公民的内涵,本书将通过对公民概念的特征的分析来加强对公民的理解。公民作为一个社会历史和文化范畴概念,在不同的历史发展时期有着不同的界定和内涵,在不同的历史文化关系中渗透着公民的不同特性,但公民的主体性,公共理性精神(公正意识、守法意识、忠诚意识)和民主契约意识应是不同时代的公民共同的价值担当。

1.公民的主体性

公民是具有某一国籍的国家成员,体现了公民与国家之间的政治关系。作为国家的政治主体,应对国家这个共同体具有归属感和认同感。公民的主体性体现为公民与国家之间存在着的一种特定法律关系,并具有相应的权利和义务。国家是制度或公共政策的体现者,是正义力量的化身,国家的法律法规及政策必须符合正义,符合普遍的道德规则,也就是康德所说的自然的道德法则,国家的法律应该以尊重人的主体地位,保护人权为基础,才能得到公民的服从和尊重;公民有义务维护国家法律的尊严和权威,在国家接近正义原则的情况下,在大多数能够接受的限度内,尊重法律,否则的话,公民有不服从甚至违抗的权利,这就是体现国家意志的理性精神和法律精神。国家与公民之间在民主宪政体制下,国家的权力必须受到约束,公民主体性的作用就是约束国家的权力,国家的权力是用以保障公民的主体地位和基本权利,才能实现国家与公民之间的良性互动。做到这些,作为主体性的公民必须有足够的道德判断能力、具备正义的理念和批判性思维能力,有崇高的个人德性来抵抗不正义的法律,约束国家的权力,使国家的权力不能僭越宪法之上。为了使公民的权利得到进一步地落实,使国家权力受到规约与限制,在国家重大的决策和重大公共事务中,公民还必须具备理性参与的精神和能力。

2.公共理性精神

理性精神是公民个体作为平等的社会成员在积极参与社会公共事务的过程中体现出的对其基本权利积极主张意识和对其应尽的社会义务的自我道德约束。学者褚松燕认为,"公民的理性精神以一定的公共精神为底蕴,以普遍的权利与义务的集合反映着共同体的社会结构,并以此为基础建构社会资源分配和风险分担的治理机制,促使公共生活健康有序"①。公民的理性精神在社会层面体现的是一种公共责任意识,是公民在参与公共事务的过程中,能够以恰切的道德行为、遵循基本的道德规范,使自己的行为符合社会共同体成员的要求。公民的责任意识还体现为公民作为共同体的成员,在主张自己权利的过程中,不得侵犯共同体内部其他社会成员的权利。

公民的理性精神在政治领域主要体现为其参与政治活动的合法性,能够自觉维护政治共同体的利益和要求,维护社会的政治稳定与发展。公民的理性精神还表现为对其生活的社会保持批判性思维和反省的理性态度,在处理公民与社会的关系时,充分认识到保护和增进个人的权利与利益是社会的价值诉求,社会应该促进个体独立平等、反对人与人之间依附性和等级化,应该是一个宽容合作、承认多元文化与多元价值观共存的社会,它能促使持不同观点的人基于沟通、合作的基础上达成价值共识。

3. 公民的契约意识

契约意识是指在民主法治社会中,公民与公民之间是自由、平等、独立的契约关系。契约关系存在的前提是公民主体双方身份、地位的平等与独立,不存在人与人的统治与被统治关系,也不存在强制、服从、压抑等不平等的人际关系。公民资格最主要的特征就是平等。亚里士多德曾提出,必须"以平等对待平等"的主张,意指所有的社会成员都是平等的。霍布斯继承了亚里士多德的主张,他说:"我们天生都是平等的,谁也不应该为自己获取比他应允给别人的权利更大的权利,除非他是通过协议获得这种权利的。"②契约意识强调公民作为一个社会人及政治人,必须忠诚于它所属的政治共同体,公正地对待共同体的成员,自觉遵守共同体的法律法

---

① 褚松燕:《权利发展与公民参与》,中国法制出版社 2007 年版,第 69 页。
② [英]霍布斯:《论公民》,应星、冯克利译,贵州人民出版社 2003 年版,第 29—30 页。

规,自觉维护共同体的健康有序。所以民主契约意识有时体现为一种公正意识、忠诚意识和守法意识。平等不是绝对的,在公民与公民的关系上强调公民的独立自主,在公民与共同体的关系上,强调参与公共事务要遵循程序上的平等。所以,这种平等不仅体现在社会成员之间,同样也体现在每个社会成员所享有的权利与承担义务的平衡上。

所以,根据对公民及公民资格概念的分析,公民不仅作为法律及政治上的一种身份概念,还是一个社会历史和文化范畴,公民蕴含着丰富的哲学及伦理学内涵,公民同时还是一个关系范畴,蕴含着公民最基本的价值取向和文化特征。所以,公民的主体性、公共理性精神、自由平等的公民契约意识等都是作为公民所必须具有的共同特征。

第二节　公民意识理论

一、公民意识的概念

公民意识作为社会意识的一种表现形式,不同于一般的社会意识,有着特定的历史、文化及政治内涵。我国学者对公民意识的研究从 20 世纪 80 年代开始已进行了近三十年,刚开始从政治法律的角度进行研究,后来逐渐扩展到各个领域的多个视角,因而,公民意识的概念也复杂了许多。由于研究的视角不同,对公民意识的认识表现出一定的差异性,主要表现为以下几种观点。

首先,公民意识是一种身份意识,体现了公民对政治国家和社会的归属意识,是公民对自己在国家政治生活和社会生活中的政治身份和社会地位的自我感知与体验,强调对其公民角色的自我认知。学者焦国成认为"公民意识是公民对自己在政治国家和社会生活中的政治地位和公民身份的自我感受和体验。公民意识主要包括权利意识、义务意识和平等意识"①。张宜海博士认为:"公民意识是作为一个国家成员的公民对自我身份、价值和尊严的反映。"内容包括公民身份意识、权利意识、义务意识和公民参与意识。②

其次,公民意识是一种主体意识,体现了公民作为国家成员的主人意识及其自由自觉活动的内在精神价值追求。学者马长山认为"公民意识作为对公民角色及其价值理想的自觉反映,在本质上必须呈现为与民主政治和市场经济相适应的主体自由追求和理性自律精神,并表现为合理性意识、合法性意识和积极守法精神三元构成"③。

第三,公民意识是一种权利与义务关系的意识,体现了公民个体对自身所享有权利和承担的社会责任的主观感受和自我体验。姜涌则认为"公民意识是社会意识形态的形式之一,它是一定国度的公民关于自身权利、义务的自我意识和自我认同的总称"④。

第四,公民意识是一种关系意识,是公民对个人与国家、个人与社会、个人与他人之间相互关系的理解与把握。在公民意识中,权利与义务意识是其核心要素,参与意识是公民意识的本质体现。学者曲丽涛从社会学的视域分析公民意识并指出:"公民意识是一种社会意识,是公民对自身与国家、社会和其他公民之间的关系的理性认识。主要是对其公民角色、公民地位和公民权利的自我体认。身份意识是其核心,权利与义务意识是其主体要素,参与意识是其本质体现。"⑤

---

① 焦国成:《公民道德论》,人民出版社 2004 年版,第 58 页。
② 张宜海:《基础教育阶段如何培养学生的公民意识》,《人民教育》2010 年第 8 期,第 10 页。
③ 马长山:《公民意识:中国法治进程的内驱力》,《法学研究》1996 年第 6 期。
④ 姜涌:《中国的"公民意识"问题思考》,《山东大学学报》2001 年第 4 期,第 82 页。
⑤ 曲丽涛:《公民意识与制度公正》,《兰州学刊》2009 年第 9 期,第 37 页。

除此之外,学者金生鈜在《论公民道德教育》一文中主要从道德的视角关注公民意识的培育与研究,注重公共生活的实践对培育公民意识的价值与意义,他认为"公民意识是只有在良好的公共生活中才能形成的道德品质。这种品质就是公民个人的道德"①。这说明伦理视角的公民意识就是公民个体的道德品质的外在体现。心理学视域的公民意识概念,张积家等人认为公民意识是一种个体心理现象,是个体意识的表现形式之一,受个体心理发展规律制约。

上述观点讨论了一个公民作为社会人、政治人、法律人、道德人应具备的公民身份意识、权利意识与义务意识、公民道德意识等,但也呈现出以下不足之处:首先是现代公民作为一个政治主体身份应具备的对政治权利、独立人格的追求意识,对义务的自觉意识,对政治的理性情感和态度等并没有突出出来。其次,公民的概念与现代民主法治社会相对应,民主法治意识、公平公正意识应是公民意识概念的应有之意。再次,公民是一个发展性的概念,公民意识随着社会的发展逐步向社区和世界延伸,所以社区公民意识和全球公民意识应纳入公民意识概念思考之中。最后,公民是一个伦理概念,公民的公共关怀意识应是现代公民具备的公民意识。

因此,本书认为,公民意识是公民作为政治法律国家有效的社会成员对自身主体身份、权利与义务关系及公民与公民、公民与国家、社会的关系意识的自我体验、自我感知、自我认同意识。其中,公民的身份意识是其作为公民的前提和基础,公民的政治主体意识是公民意识的主要特征,参与意识应是现代民主政治社会公民意识的本质体现,权利与义务意识是公民意识的核心,民主法治意识、公平公正意识是公民意识的价值理念,公共关怀意识是公民意识的基本要求,全球公民意识应是公民意识内涵的延伸。

---

① 金生鈜:《论公民道德教育》,《职教通讯》2002年第3期,第21页。

二、公民意识的构成要素探析

公民意识的内涵及构成具有历史文化特性,随着社会历史的变化公民意识的内涵也发生着变化。在对以往学者关于公民意识内涵及构成的梳理和研究中,本书试图借鉴国内一些学者的研究方法,根据不同的研究层面对公民意识的内涵及其构成做出划分。从公民意识的核心层面来看,权利意识和责任意识构成公民意识的核心要素,但也有学者认为权利意识是公民意识的核心,多数学者持此种观点。中国人民大学的郑杭生认为权利意识与责任意识应是公民意识的核心内涵,山东大学路建人也认为只有以权利意识为核心,才能构建完整的公民意识体系。但也有个别学者把主人意识作为公民意识的核心内容。从公民意识的价值理念层面来看,根据十七大报告的内容,自由平等、民主法治和公平正义应是公民意识的三大价值理念。从公民意识的范畴层面来讲,公民意识包括:国家与民族意识、民主与法治意识、权利与义务意识、道德与文明意识、生态与环保意识等。从公民意识的公共属性来分析,公民意识主要由公共意识、公德意识、环保意识、生态意识等构成。持此种观点的有王东虓和金生鈜。从公民意识的心理结构层分析,公民意识是公民认知、公民情感、公民意志、公民行为的内在统一。吴铎提出了公民意识结构的四因素说,即公民意识的知、情、意、行四个因素,在公民教学中,要晓之以理,动之以情,形成信念,导之以行。这个结构有点类似于德育上的四因素说。

即便如此,上述分析方法也无法穷尽公民意识的全部内容,各个学者研究视角不同,对公民意识的内涵及构成的看法也不相同,如马长山从哲学的角度认为公民意识由合理性意识、合法性意识和积极守法精神三部分构成,叶飞认为当前我们要培养的公民意识主要由"主体与权利意识、法律与责任意识、道德意识三部分构成"①,这三个方面构成公民意识的中心内容。张健先生则认为,公民意识包括四个方面的内容:国家观念,私权意识、主人意识和公共理念。焦国成把公民意识看作是权利意识、义务意识和平等意识三个部分构成。张宜海把公民意识的构成看作是身份意识、权利意识、义务意识和参与意识。秦树理、王东虓等所著的《公民意识读本》对公民意识的构成做了比较全面的梳理和概括,公民意识涵盖了上述学者所涉及的政治的、法律的、伦理的、环境的等各项内容。此外,张积家等人则从动态和静态两个层面对公民意识的构成进行研究:从静态的层面来看,公民意识主要是由遗传素质层、人格特质层、心理过程层、内容结构层四个层面构成;从动态的层面来看,上述各层面、各因素之间存在着一定的内在联系,各个层面在不同的情景下有不同的结合,公民意识具有发展性和可塑性。对公民意识内容的构成还有诸多说法,在此不一一述之。

可见,公民意识是一个复杂的结构系统,具有多层次性、多维度性、发展性和动力性等特征。对公民意识内涵的复杂性罗列容易使我们失去研究的逻辑主线,根据当前我国转型期的社会特征及所处的国际社会背景,结合本书的研究目的、研究对象和当前我国学校公民意识教育的实际现状,笔者认为公民意识应从其基础层面、本质层面、重点层面、核心层面来加以研究,其中对国家和民族的认同意识是公民意识的基本内涵,权利与义务相统一的意识是公民意识的本质特征,道德意识是公民意识的重点内涵,民主法治、自由平等、公平正义是公民意识的核心理念,参与意识、全球意识、生态意识等是公民意识的重要延伸。这种划分方法一方面体现了公民概念的本质特征,另一方面体现了社会发展和学生个体发展的现实需要。

---

① 叶飞:《公民教育与公民意识的培养》,《思想理论教育》2008年第5期,第14页。

三、公民意识与政治意识、法律意识、道德意识

从对公民概念的分析可以看出,公民既是一个政治和法律概念,同时还是一个伦理概念,蕴含着丰富的伦理内涵。公民意识作为社会意识的一种存在形式,是民主法治社会的产物,建设高度的社会主义政治文明,实现依法治国,除了要求制度上的设计与调整外,必然对公民的素质提出政治、法律及伦理上的要求,也就是说,公民的政治素质、法律素质和道德素质是实现民主政治和依法治国的必然条件。因此,对以民主与法治为核心的现代政治文明主体素质的考察,需要关注公民政治意识、法律意识和道德意识在提高公民素质中的重要地位,而公民意识教育是提高公民政治意识、法律意识和道德意识的必然选择。因此,从本书的研究需要来看,研究公民意识应该把握公民的政治意识、法律意识、道德意识之间的内在联系,加强对公民的政治意识、法律意识和道德意识概念的梳理及其相互关系的研究对学校公民意识教育具有重要的意义。

1. 公民的政治意识

政治意识是政治主体对政治制度、政治机构、政治组织等政治现象和政治活动的主观意识和心理体验。政治意识是一个国家政治文明的前提和基础,政治文明是政治现代化的标志,是人类孜孜以求的政治生活标准。只有整个人类社会的政治意识提高了,人类才能够关心政治,积极参与政治,影响政府的政治决策和政治行为,政治系统才能得到公民的认同与支持。一个国家公民政治意识的强弱是政治文明程度的重要体现,政治意识强的国家公民对政治制度、政治决策、政治组织的信任度、认同感就高,政治意识弱的国家公民对政治制度、政治决策和政治组织的认同感相应就会低,公民的政治意识是政治文明的本质体现。

政治意识作为公民意识的重要组成部分,体现在以下几个方面:

政治民主是实现政治现代化的前提，也是政治文明的重要目标。政治民主以多数人的政治权利的实现为前提，公民政治权利的实现需要公民意识到自身的政治权利是公民政治生活的重要组成部分和制约政治权力的有效手段，政治权利是政治民主的有效保障，公民只有具有高度的政治敏锐性，对政治系统具有高度的认同感，积极参与政治生活，才能有效推动民主政治的实现。而公民政治权利的实现需要公民的民主意识、自主意识、权利与义务意识等政治民主意识的不断提高和培育。公民的政治意识在民主国家表现为政治主体意识、政治参与意识和政治理性意识。

公民的政治意识作为一种政治自主意识，表明公民作为政治国家的主体成员，享受国家法律规定的各项政治权利。国家通过法律等各项制度保障公民的政治权利，任何政治系统不得以任何理由浸染和干预公民的政治权利，公民的政治权利神圣不可侵犯，公民个体对政治国家负有不可推卸的政治义务，包括履行政治系统的政治决策，参与国家政治活动，维护政治系统的发展与稳定。公民的政治意识包括政治输入输出意识。在政治的输出中，能够把个人的生活与政府的政策联系起来，政府的政治行为在多大程度上对他们的生活带来影响，在政治输入中，自觉地主动地向政治系统表达自己的价值诉求，以便对政治决策施加影响，使政治决策自觉反映公民个体的利益要求。当前我国正处于传统专制社会向现代民主社会的深层转型过程中，实现社会主义政治文明要求全体公民具有独立的政治人格，自觉养成健康的政治意识和政治心理，具有政治自觉性和适度的政治参与热情，对政治现象和政治活动保持理性态度，具有政治敏锐力和政治判断力，自觉地把社会主义政治系统的政治思想和政治观点内化为自身政治价值观和政治信念，避免参与政治狂热和政治暴动，使自己的政治行为走向理性和自觉。

参与意识是公民政治意识的重要特征。政治参与是公民个体的一项政治权利,也体现为一种政治文化。在一个参与度比较高的国家,公民的参与积极性高,参与行为理性而积极,参与愿望强烈。公民通过参与,表达自己对公共财富和社会价值分配的意愿和选择,并能够对政府施加压力,促使政府的分配政策和分配行为更加符合公平正义,从而避免政府的政治行为与公民的意愿和选择发生冲突。参与是政治民主的基本要求,在一个参与度低的国家,公民表现出对政治的冷漠,对一些重要的政治活动敷衍了事。当前在一些基层的政治选举活动中出现的贿选、拉帮结派等行为充分体现了公民政治参与的盲目性、无序性和非理性,表现为政治是国家和政府的事,不关自己的事,参与不参与对自己没有太大影响的情况下就选择了盲目参与或者无序参与。这种参与意识和参与行为的非理性和非常态化是民主政治的大敌,容易导致政治系统的不稳定,也是我国政治现代化的严重障碍。因此,提高公民的政治参与意识,促使政治参与步入常态化的表达和有序的参与渠道,是确保政治稳定、发展社会主义民主、实现政治文明的关键。

政治意识是一种理性自觉意识。政治参与是政治民主化的重要标志,但并非所有的政治参与都带来政治的稳定与发展。相反,一些政治参与度低的国家,政治系统的稳定性相对较高,一些参与度高的国家,会因政治制度化程度较低,容易引发政治的不稳定。因此,提高政治系统的稳定和政治文明的发展需要提高公民的政治理性意识。理性是一种政治智慧,是一种政治力量和公民个体的一种政治品格。具有政治理性的公民,通常能够把自己的参与行为自觉规约理性指导之下,通过理性的参与促进政治制度和法律制度的合理设计,使之符合民主社会公民的基本需求,对公共权力的运用持理性的态度,使自身公民权利的行使符合国家法律和制度的要求。理性的力量能够促进国家的制度民主和政治民主。从公民个体来讲,公民的理性意识使自己保持成熟的政治思维,对政治系统所作出的政治行为保持理性思维和批判分析的态度,既不盲目跟从,也不盲目排斥,与政治保持适当的距离和界限,既能充分地发挥公民的主体力量,有效地行使公民的政治权利,又能使自己的政治行为积极推动民主政治的发展。

2.公民的法律意识

在民主政治和法治社会中,公民的法律意识是指公民对法律和各种社会现象(包括生产、生活及各类交往现象)从法律的角度去感知、体验、评价等的总称。"具体体现在对法的产生、本质、功能及发展规律的认识;对人们行为的法律性评价;对权利义务的认识;对现行法律制度的理解、掌握与运用;自身对法律的权威性体验等。"①在现代社会中,法律意识的本质是外在的法律规范内化为公民个体的法律信念和自由自觉的法律精神。这种信念和法律精神一旦形成,公民与国家、个人与社会、权利与义务关系都将在法律信念的指导下形成正确的判断与定位,使得社会公正合理的法律与秩序得以维护与尊重。公民法律意识是一种公民意识,因为公民的法律意识在其产生的社会环境、职能、目标理想和价值理念等方面与公民意识有着内在的关联性和契合性。

公民法律意识形成的社会环境主要体现在三个方面:一是市场经济的发展。市场经济既是契约经济又是法治经济,在市场经济条件下,人与人之间的身份是平等的。在市场交换中,双方当事人应遵照平等原则进行等价交换,市场经济的平等与交换原则体现在法律上,就是法律面前,人人平等。市场经济对规则与秩序的需求,市场主体权利意识的扩张为公民法律意识的形成准备了土壤。二是民主政治的发展。民主政治的发展与法治总是密切联系在一起的,因为只有在民主社会里,才会有自由、平等、和谐与秩序的追求,正是由于人们对和谐秩序的内在渴望,才有法律和法律意识的产生。三是法治环境是公民法律意识得以产生的制度环境。

---

① 柯卫:《法治与法治意识》,《山东社会科学》2007年第4期,第98页。

在一个法律制度不健全的社会里,就无法形成健全的法律意识。在我国,随着市场经济和民主政治的不断发展,国家的法律制度也不断完善,法律制度不断完善的过程也是公民的法律意识得以提高的过程。再加上我国以政府为主导的法律意识的普及与宣传,也极大地提高了公民的法律意识。

公民法律意识的功能与公民意识的功能也存在着高度一致性。法律意识一旦形成,就会对我国的民主与法治建设产生巨大的推动作用。首先,健全的法律意识是公民实现自己的权利和履行自己义务的前提。在法治社会里,公民只有具备了一定的法律意识,才能懂得自己应该享有的法律权利和履行的法定义务,自觉运用法律武器维护自己的合法权利。其次,法律意识推动人们自觉依法办事,严格守法。公民只有掌握了法律,并使法律的观念深入自己的内心,才能在生活中懂得哪些是可以做的,哪些是法律禁止的,自觉地依法办事,做到有法可依,有法必依,执法必严,违法必究。再次,法律意识是促进公民积极参政议政、有效行使其监督权的思想基础和价值指向。公民在合理、合法性的法律要求的基础上,权利主张精神和守法护法精神有利于实现政治民主和形成对国家权力的监督,从而达到依法治国的目的。

人权意识、权利与义务统一的意识、守法意识是法律意识的重要组成部分。人权意识是现代公民的重要标志和重要特征,也是宪政的本质和核心内容。宪政反映了一个国家的经济和法律文化的发展水平,是国家实行宪政的基础和前提,制约着国家的宪政水平,推动了宪法及其他法律意识的不断完善与发展。权利与义务意识是公民法律意识的具体体现,权利意识是公民对自己所享有法律所规定的权利的确认和主张,并积极地运用法律武器维护自己的合法权利。权利的实现与保护意识,是激发公民积极性和创造性的动力之一,对公民权利的尊重与协调,构成了公民权利的基础。权利与义务是统一的,任何公民在享受权利的同时必然要履行相关的法律义务,只享受权利不履行义务,权利就会被滥用;只有义务没有权利,权利的实现就成了无本之木。因而我们在讲权利的同时,也要对义务有充分的认识。义务作为与权利相对的一个概念,它是公民在行使和维护自身权利的过程中,充分体认并自觉履行相关义务的一种心理状态,义务的履行有主动和被动两种状态。公民法律意识的最终目的是形成公民的守法意识,守法意识一旦形成,就会成为严格执法和法治的原动力。在当代,如果没有公民的守法意识,再完备的法律制度只能是僵死的法律条文而已,无法发挥法律的真正价值。因而,培养公民法律意识是严格执法、守法,实现法治的重要环节。

　　法治不仅是公民法律意识的价值追求,同样也是公民意识的价值理念。法治与自由、平等、公正、权利等观念联系在一起,是以宪政和民主政治为基础的一种治国状态,是法律意识的高级发展状态。公民的法治意识与法律意识相比,有以下几个方面的特征:一是法治是人们对法律的内在信仰与方法,它建立在对法律的认同和信任基础之上。在学者陈金钊看来,"法治在现实生活中首先体现为公民对法律的信念,只有树立对法治的信念,法律规则才具有合法性和权威性,其次法治则表现为一种治国方法,它使现行的法律规则很好地被遵守与服从"①。二是普遍遵守与服从。法治的形成不仅仅依赖于少数法律专业人员,更依赖于广大社会公民对法律的普遍遵守与服从,如果没有公民的普遍遵守与服从,法治仍然停留在表面现象。只有当社会普遍形成对法的服从与遵守的观念时,法律才能深深地扎根于人心中。三是法治主体的自觉意识。公民只有形成对法律的理性自觉认识,才能把握法律的价值和本质规律。法治是法治主体的一种内在素养和精神动力,在民主政

---

　　① 吴丙新:《关于法治的理念、态度与方法——评陈金钊著〈法治与法律方法〉》,《法学论坛》2004年第5期,第107页。

治建设和依法治国中起着重要的推动作用,这一作用的实现,完全依赖于公民自身对法律的认识程度和践行法律的自觉意识。从上述对法治的分析中我们可以看出,法治是法律现象和人的内在需求在法律实践中的内在统一。

通过对公民法律意识的分析得出,在实现民主法治的过程中,当社会的公民开始追求公民的法律身份和政治身份的时候,必然要对善法、良法进行有效的探寻,追求独立、平等、自由、公平正义的法律理念,形成对法的普遍尊重与服从的公民法律意识。

3. 公民的道德意识

公民的道德意识作为社会最重要的社会意识形态之一,是公民意识的重要内容。道德意识是人们在社会道德生活中对关于道德和道德现象所产生的观点、态度、情感、体验等的总称。公民的道德意识是个体的思维活动,是形成道德情感、道德知识和道德行为的基础,同时道德意识对人的道德情感、道德行为具有引导作用。

公民道德意识的形成和公民意识的形成一样受主观因素和客观因素的共同影响。道德意识形成的主观因素受个体自身的文化素质及道德素质的影响,包括公民个体的受教育程度、社会道德生活及实践的积累训练等。道德形成的客观因素主要受社会的经济条件、生产方式、政治文化条件、家庭环境等方面制约。公民道德意识的形成过程是一个复杂的心理体验过程,要经历道德认知、道德情感、道德意志和道德行为这样一个发展过程。道德认知是人们对道德、道德规范、道德理论的理解与把握,一般借助个体的道德生活和教育来获得道德理论和道德知识,理解道德规范,提高道德判断,增强道德情感,不断丰富自己的道德理性。道德认知的过程不仅仅是个接受道德规范和道德知识的过程,而且还是道德发展过程中对各种矛盾冲突不断吸收消化和调节平衡的过程。道德情感是伴随着道德认知的形成而产生的一种情绪体验,它是个体根据自己掌握的道德知识和道德规范对周围所发生的道德现象进行积极的或消极的评价时产生的情感体验。当发生的道德现象满足了公民个体的道德需求时就会产生积极的情感体验,加速道德知识的内化与吸收。当发生的道德现象与自己的道德需求相悖时,就会产生消极的道德情感,抑制个体对道德知识的消化与吸收。可以说,道德情感对个体道德素质的形成起强化、推动作用。道德意志是道德个体为实现一定的道德目标,自觉克服困难以达到预期目标的一种心理过程。主要表现在两个方面,一是个体根据一定的道德规范做出道德选择和道德行为时克服困难的能力。这些困难既来自主观方面的心理障碍、思想矛盾等,又有来自客观环境方面的,如习惯势力、陈规陋习等。二是个体在履行道德义务过程中所表现出的坚定的信心和内心确定不移的信念。道德意志一旦形成,就会产生强大的内在动力,促使个体无论遇到再大的障碍,都能严格要求自己,坚定不移地朝着既定的目标行动,从而作出正确的道德选择和道德行为,形成个体高尚的道德素质。道德行为是公民个体在履行道德义务的过程中,根据已有的道德知识,在内在的道德情感和道德意志的激励下,自觉做出道德选择和道德行为的具体表现。道德行为是道德认知、道德情感和道德意志的外在表现,是实现道德目的的手段。道德意识是公民意识产生的基础和前提,公民道德认知、道德情感、道德意志和道德行为的结构形成过程促进了公民意识的产生和发展,没有了公民道德意识的形成和发展,公民意识就失去了内在基础和道德支撑。

公民的道德意识形成以后,就会发挥其引导功能,引导道德主体自觉做出道德选择,激发其道德情感,做出理性的道德行为,培养其道德亲和力。道德意识具有较强的社会协调功能,当人与人之间、人与社会之间为了种种利益发生这样或那样的冲突时,道德意识就会起到调节器的作用,使人与人之间的交往受到一定规则的制约,确保社会的和谐与安定。

公民意识包括公民的政治意识、法律意识、道德意识。公民政治意识、道德意识、法律意识属于意识形态的重要组成部分,也是公民意识的重要组成部分。它们都是阶级社会的产物,受制于一定的社会生产方式,是人的思维活动和观念形态的产物,对人的精神、灵魂和行为都具有规导和约束的作用。相对法律意识而言,公民的政治意识、道德意识属于较高层面的公民意识,而法律意识是较低层面的公民意识,道德意识对人的制导或者约束的范围更宽、层次更高,从道德意识形成的结构和心理过程来看,道德意识高于公民的政治意识和法律意识,即一个道德意识较强的人一定能够自觉遵守法律规范,但一个政治意识和法律意识较强的人其行为规范却不一定符合道德的要求。

政治意识、道德意识和法律意识是公民意识的重要表现形式。从公民意识的起源来看,亚里士多德把公民作为政治动物,公民意识起源于古希腊的城邦制度,积极参与城邦的政治事务,古希腊城邦里的公民必须具备勇敢、节制、美德、智慧等基本公民素质,这四要素就成为公民意识的主要内涵。所以,公民意识的孕育过程其实也就是公民政治意识和道德意识的形成过程。从内容上来看,权利与义务意识既是公民意识的核心,是政治意识的价值指向,同时也是公民最低限度的伦理道德意识,享受权利是做人最基本的条件,公民享受权利必然履行相应的义务。因而,权利与义务意识也是公民政治意识的价值指向和道德意识的核心。从公民意识生成的角度来分析,公民意识的生成需要政治教育和法律教育,更需要借助道德教育来进行,道德意识教育是基础,政治教育意识和法律意识教育是延伸,是对道德教育的补充。从公民意识教育的理念上看,公民意识教育是关于自由平等、民主法治、公平正义理念的教育,公民意识教育的理念既是法治理念教育,也包含着对人类自由平等、公平正义的终极伦理追求。

弄清楚公民意识与政治意识、法律意识和道德意识的关系,对我们进一步深入理解公民、公民身份、公民意识等相关概念与基本理论,把握公民意识的本质和特征,破解公民意识教育中存在的障碍与现实矛盾,正确确立公民意识教育的目标、内容、途径非常重要。

第三节　公民意识教育与
思想政治教育、学校德育的关系

一、公民意识教育的内涵

党的十七大报告首次把公民意识教育提高到社会主义民主政治建设的高度,这是我党对公民教育理论的创新和发展,说明我党已经把公民意识教育作为社会主义民主政治建设的目标和基石。这一决定将对我国的经济、政治、文化生活产生重大的影响,形成具有时代特征的政治制度、教育理念和民主价值观,对我国社会主义社会公民的行为准则和社会关系提出新的目标理想,有利于提高我国国民的整体素质。

公民意识教育就是通过各种教育途径和方式,把民主法治、自由平等、公平正义的理念内化为公民个体发展的内在要求,培养与现代民主政治和法治社会相适应的公民意识的教育过程。对公民意识教育的理解由于视角不同,在内涵上会有细微的差别。结合公民意识的内容来认识,公民意识教育是对公民个体所进行的旨在培养公民的国家与民族意识、权利与义务意识、民主与法治意识、文明与道德意识等方面的教育养成过程。从公民意识形成的心理结构来理解公民意识教育的内涵,公民意识的形成同德育的心理结构一样,也要经历知、情、意、行这一过程。从公民意识教育的目的来看,公民意识教育就是对公民进行公民知识、公民技能和公民价值观的教育过程,通过这一过程养成公民行为,提高公民能力的过程。这一过程既包括动态的过程,也包括静态的过程。

本书认为,公民意识教育应结合公民意识教育的目的来界定更为确切一些。公民意识教育就是培养与民主政治和法治社会发展相适应的公民意识,并使之成为合格公民的教育过程。当然,公民意识教育的学科视角不同会显示出一定的区别。学者龙静云认为"法学意义上的公民意识教育的目的是把公民培养成能够享受权利、自觉履行义务和承担责任的具有行为能力的公民;政治学意义上的公民意识教育是把公民培养成具有民主法治理念、自由平等和公平正义意识的'社会人'与'政治人';伦理学意义上的公民意识教育是培养国家和社会所需要的有道德的公民,即有着积极生活态度,有政治参与热情,有民主法治素养,能与其他公民和社会组织和谐相处,富有利他和献身精神的有德之人"[1]。这一分析能够突出公民意识教育的本质特征、价值理念和基本目的,本书倾向于这一概念分析。

公民意识教育包括广义的公民意识教育和狭义的公民意识教育,本书所研究的公民意识教育限于学校公民意识教育,是狭义的公民意识教育,它与广义的公民意识教育有着细微的差别。它在教育主体、教育对象和教育内容等方面都表现出自己的独特之处。首先,学校公民意识教育的实施一般是各级各类学校和教育行政部门,而社会公民意识教育的实施则依靠整个社会,主要是政府部门、各类社会组织和民间团体,社区和成人教育,是家庭、社会和学校一体化的教育等,属于非正规教育。其次,学校公民意识教育的对象是学生,包括从小学到大学的各个阶段的学生,而广义的公民意识教育针对的是整个社会的各类群体。再次,学校公民教育的主渠道是课堂,通过公民课的设置进行公民意识教育是当前世界各国的普遍做法,除课堂教学外,还借助于学校举办的各种民主实

---

① 龙静云:《论我国公民教育中的四个结合》,《道德与文明》2010 年第 1 期,第 97 页。

践活动和社区活动来进行,而广义的公民意识教育开展途径非常广泛,既可借助社会团体举办的各类活动进行,也可借助政府的重大政治活动来进行,有时直接通过公民参与国家和社会的公共生活和政治生活来进行。最后,学校公民意识教育的内容和一般公民意识教育的内容也有所不同,学校公民意识教育要根据学生的身心发育规律和社会发展不同历史阶段的具体要求分阶段有层次地设计,而在教育的途径和方法选择上也会表现出不同,而一般的公民意识教育无法做出具体的划分。

通过上面的分析,学校公民意识教育属于广义的公民意识教育的有机组成部分,与广义的公民意识教育相比,在教育对象、教育实施主体、教育内容和教育方式方法等方面都表现出不同之处。学校公民意识教育是当前我国公民意识教育的主渠道,是进行公民意识教育的核心机构。学校公民意识教育的过程是实现公民个体政治社会化的过程,是影响公民个体政治知识、政治观念、政治技能和政治信仰的形成过程,这一过程只有在学校公民意识教育中才能系统而有序地开展。所以,学校公民意识教育有着自身的特点和优势,即学校公民意识教育具有基础性、系统性、阶段性、实践性和时代性等特点。具体来讲,学校公民意识教育的特点体现在以下几个方面:

第一,学校公民意识教育的基础性。学校公民意识教育的基础性特点主要指学校公民意识教育的起点比其他教育都要早,在幼儿阶段就开始进行,是启蒙教育的重要组成部分,在小学阶段开始全面普遍展开,是基础教育的重要内容。学校公民意识教育的内容具有基础性,是对学生进行的最基础、最普遍的做人教育,是培养学生成为社会合格公民所需要的最基本的主体意识、权利意识、义务意识、参与意识的教育过程。通过学校公民意识教育使学生掌握社会公民最基本的知识和技能,培养参与社会的基本能力。学校公民意识教育的方式方法也在最基础的生活中进行,而不是单纯依靠学校课堂教育来进行,生活是培育公民意识的最好的场所,没有生活的地方,就没有公民和公民教育可言。

第二,学校教育的系统性。学校公民意识教育的系统性是指教育行政主管部门应从整体上设计从小学到中学再到大学的学校公民意识教育的目标、内容、方法,形成从小学到大学整个学龄阶段、从知识到技能再到公民价值观的培养教育系统,保证公民意识教育的连续性过程。既避免公民意识教育目标定位不准的问题和内容的重复性现象,也可保证学校公民意识教育手段的多样化、整体性推进过程,学校公民意识教育的系统性还体现在学校公民意识教育的有效实施还需要学校、家庭和社会力量的相互整合,只能这样,才能使学校公民意识教育形成合力,提高学校公民意识教育的针对性和实效性。

第三,学校公民意识教育的阶段性、层次性和差异性。学校公民意识教育的阶段性、层次性和差异性是指由于学生成长中年龄、心理、生理等方面存在着阶段性特点,导致学生接受教育的差异性,因而对学生的公民意识教育要在不同的年龄阶段,根据学生成长的生理和心理特点,遵循学生成长的自然规律和个性特点,制订不同年龄阶段和学龄阶段的教育目标,选择学生能够接受的教育内容和教育方式,把公民意识教育的基础性内容和先进性内容结合起来,把课堂生活、学校生活和社会生活结合起来开展学校公民意识教育,把长期性教育和近期性教育结合起来,根据教育的不同需求,形成教育内容、方式的梯次结构和层级划分,只有这样,才能把学生培养成为适应社会主义市场经济和民主法治建设的合格公民。

第四,学校公民意识教育的实践性。学校公民意识教育的实践性是指学校公民意识教育要超越传统教育中过于强调理论灌输的特点,学校公民意识教育不仅是传授必要的公民知识、形成公民价值观的过程,更是培养学生公民技能、养成积极参与公共事务的参与能力过程,是侧重于实践维度的教育。要把理论教育和实践教育充分结合起来。学者王冬梅指出:"公民意识教育以实践为指向,把实践作为评判和检验公民意识教育效果的标准。"①公民意识教育通过实践使学生具备参与管理社会政治、经济和公共事务等实践能力,形成公民对国家、社会和个体的参与意识和责任意识。

第五,学校公民意识教育的时代性。学校公民意识教育的时代性是指学校公民意识教育应根据社会发展的需要制定出体现时代特点的教育内容,选择适合时代特征的教育方式。如当前的全球化时代,全球意识、世界公民等概念不断成为学界研究的重点视域,学校公民意识教育应顺应全球时代的发展潮流,成为开放的教育体系,把世界公民教育的内容纳入学校公民意识教育之中,促进我国学校的公民意识教育与世界公民教育接轨。

二、公民意识教育与思想政治教育

公民意识教育与思想政治教育之间有一定的区别。"思想政治教育是一定阶级、政党和社会群体遵循人们思想品德形成发展规律,用一定的思想观念、政治观点、道德规范,对其成员施加有目的、有计划、有组织的影响,使他们形成符合一定社会、一定阶级所需要的思想品德的社会实践活动。"②我国的思想政治教育是伴随着革命战争、阶级斗争和计划经济逐步发展起来的,尤其是在革命和战争年代,思想政治教育在提高全党的思想政治理论水平和广大人民群众的思想政治觉悟、巩固革命成果、维护社会稳定和促进社会发展方面发挥了积极的作用。

思想政治教育在教育目标、教育内容或者教育手段的选择上与学校公民意识教育有着一定的区别。在教育目标的选择上,在

---

① 王冬梅:《公民意识教育的三个维度》,《政工研究动态》2007年第21期,第10页。
② 张耀灿:《现代思想政治教育学》,人民出版社2006年版,第50页。

革命战争时期,思想政治教育是通过宣传一定阶级、政党或政治集团的政治观点,形成对该政治系统所提倡的指导思想和政治路线、方针政策的自觉认同与遵守,维护该统治系统政权的稳定和社会的长治久安,学校思想政治教育的目标强调对社会主义建设者和共产主义接班人的培养。在新的历史时期,生产力的发展使我国社会的主要矛盾发生了变化,学校思想政治教育的目标也由培养无产阶级的接班人转变为促进学生成为有理想、有道德、有文化、有纪律的四有公民。但这一目标仍然具有较高的层次性,强调的是培养社会精英的先进性教育和全面发展的教育。公民意识教育是根据一定时期社会发展和学生自身的成长需要,以为市场经济和民主法治社会的健康运行培养社会合格公民为主要目标的教育,使学生能够在未来的社会生活中积极参与社会生活和公共政策,彰显作为普通公民自治的能力和价值,是先进性和普遍性要求相结合的教育,也是对学生做人底线要求的教育。

在教育内容上,思想政治教育的内容主要进行马克思主义基本理论及马克思主义中国化的最新成果教育,进行党的路线、方针、政策教育,社会主义和共产主义理想教育、集体主义教育,体现出较强的政治教育倾向,较多地强调受教育者对国家和集体应承担的社会责任意识和义务。我国现代社会已进入全面建设社会主义现代化的新的历史时期,民主化、法制化是这一时期的主要社会特征,完善社会主义民主与法治是目前最重要的社会需求,公民意识教育是与现代民主法治社会相适应的基础性教育,主要是以对学生进行国家和民族的认同教育为基础的教育,以民主法治、自由平等、公平正义的教育为核心内容,以权利与义务意识教育的统一为起点,加强对学生的公德意识、世界意识等教育为重要内容的教育,和思想政治教育相比,公民意识教育对权利的强调要较多一些。公民意识教育也是社会主义民主法治建设的承载者,是实现公民个体政治社会化的主要途径,没有良好公民素质和公共理性、公民意识等现代公民人格,社会主义民主法治主不可能真正实现。

　　思想政治教育是我党提高自身思想政治理论水平和广大群众思想觉悟的重要教育手段,它重视灌输的作用和价值。灌输是我党在革命战争年代常用的一种教育手段。思想政治教育在革命和战争时期的主要对象是科学文化素质较低的广大群众,它能够在较短时间内集中较大的力量,把马克思主义的基本理论转化为通俗易懂的道理,促使广大群众及时接受党的政治理论教育,自觉服从党的路线、方针、政策。灌输是最直接、最有效的一种教育方式,在我党历史上宣传党的路线、方针、政策等方面具有合法性。对灌输的作用与价值,列宁指出:"阶级政治意识只能从外面灌输给工人,即只能从经济斗争外面,从工人同厂主的关系范围外面灌输给工人。"①毛泽东也强调灌输在政治工作中的积极作用,通过灌输让广大群众接受社会主义思想。同样,灌输也是学校思想政治教育的主要方式,在我国的思想政治教育中也发挥了重要的作用。但是,思想政治教育中过多使用灌输的方式容易忽视学生的个性需要和主体作用,使学生只能被动地接受已有的政治观念与政治知识,无法实现思想创新和批判性思维,再加上灌输的教育方式比较单调枯燥,容易降低学生的学习兴趣。当前我国的思想政治教育已经建立比较成熟的学科体系,思想政治教育的手段也朝着多样化、丰富化、生活化方面发展。与思想政治教育相比,公民意识教育是实践性强的学科,除了课堂理论教学之外,公民意识教育主要通过参与社会生活而进行的实践性较强的教育形式,公民意识教育通过实践突出人的主体性,是以人为本的教育,强调人的目的性这一教育特征。

　　当前我国正在进行的社会主义现代化建设对我国人民的生活方式、思维方式、行为习惯等都产生了重大影响,社会转型也对我

---

　　① 《列宁选集》(第1卷),人民出版社1995年版,第236页。

国的思想政治教育形成了有力的冲击,我国的思想政治教育也面临着一些新情况、新问题,应该说思想政治教育的机遇与挑战并存。因而,一些学者提出,顺应时代发展的要求,思想政治教育应与时俱进,不断创新,思想政治教育向公民意识教育的转型是时代发展的必然逻辑。葛荃和韩玲梅的观点证实了这一说法,在《从政治教育到公民教育》一文中指出:"进入 21 世纪以来,当代中国社会发展的现代化、法治化需求要求实现传统的思想政治教育必然要向着公民教育转化。"①但这种说法不符合当前我国的现实情况,长期以来,思想政治教育为我国社会主义现代化建设承担着重要教育职责,是宣传党和国家指导思想的重要阵地,为提高人们的社会主义觉悟和共产主义道德水平发挥着重要作用,实现思想政治教育向公民意识教育的转型必将背离我国的历史文化传统和现实国情。

思想政治教育与学校公民意识之间虽然存在着一定的区别,但思想政治教育与学校公民意识教育也不是截然对立的两种教育形态,二者存在内在的、必然的联系。我国当前的公民意识教育在内容上和教育性质上与思想政治教育具有同质性。政治教育、道德教育、权利与义务教育等是其共同的重要组成部分,都具有政治性和意识形态性,都强调对政治知识、政治系统和政治现象等理解与认同,强调积极政治态度的形成,都是对学生进行个体政治社会化的教育方式。思想政治教育培养"四有"公民的教育目标与公民意识教育"合格"公民的教育目标具有内在一致性。自由平等、民主法治、公平正义是学校公民意识教育的核心内容和价值理念,公民意识教育为国家的民主政治发展和市场经济建设培养具有独立人格的政治主体,承接我国优秀的文化传统,体现中国本土化特色,与当前中国和谐社会的发展理念保持高度一致。思想政治教育并不排斥自由平等、民主法治、公平正义的价值理念,政治主体

----

① 葛荃、韩玲梅:《从政治教育到公民教育》,《理论与现代化》2003 年第 1 期,第 57 页。

意识的培育同样也是我国思想政治教育长期所宣扬的价值理念和目标追求。另外,两种教育形态在其教育的广泛性、层次性和实践性方面具有许多相同之处。所以说:"社会主义的公民意识教育是对思想政治教育内容的丰富与充实,也是我国新时期思想政治教育改革与创新的出发点和落脚点,同时还是思想政治教育向经常化、制度化、规范化发展的内在要求。"①长期以来,我国在思想政治教育方面积累了丰富的研究成果和实践经验,它为公民意识教育提供了许多有益的经验和尝试。另一方面,公民意识教育由于注重社会合格公民的基本素质的养成教育,容易被学生接受,增强了思想政治教育的针对性和实效性。

笔者认为,不能把公民意识教育与思想政治教育的关系简单地割裂开来,用公民意识教育代替思想政治教育或者是把公民意识教育与思想政治教育作为并列的教育形态共存于当前的学校教育中都是不切实际的。在新的历史时期,针对思想政治教育面临的新挑战和新问题,我们应以开放的心态和创新的精神去迎接挑战,对存在的问题做出积极的回应,突出公民意识的培养在思想政治教育中的地位和价值,创新思想政治教育的理念,拓展思想政治教育的视野,丰富思想政治教育的内容,拓宽思想政治教育的渠道,实现公民意识教育的理念、目标、内容及实施方式与思想政治教育的高度融合,使思想政治教育一方面固守其意识形态领域的主导地位,另一方面,在新的历史环境中获得更好的发展前景。所以,公民意识教育作为思想政治教育的重要组成部分,在思想政治教育的话语体系中加强对学校公民意识教育的理论研究与实践探索,必将极大地拓展我国思想政治教育的发展空间,是思想政治教育新的发展视域。

---

① 高峰:《公民·公民教育·思想政治教育》,《东北师范大学学报》2002年第4期,第45页。

三、公民意识教育与学校道德教育

公民意识教育与传统学校德育在教育内容和教育的价值取向上有着高度的契合性和一致性。在教育内容上都强调对个体道德意识和道德能力的培养与提高,注重集体主义的价值取向;培养个体正义感、善观念和公民美德以及道德判断、道德选择和道德行为能力。上述教育内容和价值取向是一个人成为现代社会合格公民的必要条件,也是现代学校德育的价值追求。随着市场经济的发展,我国的学校德育在不断改革与发展中,其教育目标和教育内容也能与时俱进,现代学校德育也越来越加强对学生的诚实、正直、勇敢、负责等社会公德教育,注重对学生公民意识和公共精神的培养教育,教育越来越面向实际,面向生活,学生的实践能力在现代德育中也不断得以强化,民族自尊心、自信心、自豪感教育等民族、国家和文化的认同教育在现代德育中充分体现。只有当所有社会成员形成强烈的社会责任感,积极参与公共生活,自觉践行一个合格公民的社会义务,形成对国家和民族的高度认同,我国的民主政治建设才具有深厚的道德根基。所以,现代德育的目标与内容的发展和公民意识教育呈现高度的内在契合。

但是,公民意识教育作为现代教育的价值理念和教育形态,无论从教育目标、教育内容或是考核方式等方面都与现代学校的道德教育有着细微的区分。现代公民意识教育的目标是培养民主法治社会相适应的合格公民,和我国当前学校德育培养"四有"公民的目标相比,德育目标的层次要高于学校公民意识教育。就内容而言,公民意识教育的内容比传统道德教育更为宽泛一些,公民意识教育除了道德意识的培养外,强调对权利义务意识相统一的教育、民主法治意识教育等,在道德意识教育方面,更注重实然性的、基础性的和低限度的教育目标,注重道德意识教育的基本性和时代性,是以提升人的主体性意识为目标的教育。这使得公民意教育与传统学校德育呈现出一定的区别。在对学生的评价方式上，我国当前的学校德育中还存在着以道德知识的考核作为评价学生道德水平的标准，没有把认知评价与德性评价结合起来，这显然脱离道德教育的真正目的。学校公民意识教育应更侧重于操作层面，从实践角度来加强对学生的考核与评价。

20世纪90年代以后，公民教育逐渐走进学者们的视野并成为学界理论研究的热点问题，培养具有现代公民意识和独立主体人格的现代公民成为学校德育的重要内容，学校公民意识教育为实现德育的创新与发展提供了契机。学校公民意识教育无论从教育目标还是从教育内容上讲，都极大地拓展了德育的研究视域和实践范围，丰富了学校德育的内容，创新了学校德育的理念，增强了学校德育的针对性和实效性，更有利于学校德育目标的实现。只有加强公民意识教育与学校德育的有效整合，学校德育才能实现其内容的丰富化，教学手段的多样化，只有把公民意识教育充分渗透到学校德育之中，才能实现二者的和谐共生，相互交融。所以说，现代公民意识教育的时代特点和价值理念既是实现学校德育创新发展的现实要求，也是现代公民意识教育的现实发展逻辑。

学校德育实现自身的创新与发展，应加强与公民意识教育的高度融合，实现由应然性的教育向实然性的、合理的、底线型的教育转化；由注重灌输、传授、知性德育向生活教育、实践教育转化；由注重德育背景的理想化设计向注重公民意识培育的政制化设计转化；由培养理想公民教育向平民教育转化。实现了上述转化，公民意识教育才能在学校德育中真正落实。

第二章 公民意识教育思想发展脉络

第一节 国外公民意识教育思想溯源

一、古希腊时期公民教育思想

公民意识教育思想最早起源于古希腊繁荣的城邦政治生活、经济生活和城邦制度设计。斯巴达和雅典在古希腊城邦历史上具有核心地位,古希腊创造的公民教育思想和文化代表了西方公民教育思想文化的主流,斯巴达的公民教育思想和军事体育训练、道德灌输是密切联系在一起的,斯巴达人通过军事体育训练培养了公民坚强、勇敢、爱国等公民品质。雅典的公民教育比较强调教育的世俗性及人的个性的发展,把德行教育作为雅典教育的核心内容。在希腊人看来,德行是可教的,德行是城邦存在和发展的前提,也是政治社会存在的基础,人人皆有德行,人人皆应受到教育。古希腊比较注重公民知识和公民道德教育,勇敢、节制、正义、智慧是古希腊公民教育的重要内容。他们的公民教育方式也具有创造性,注重公民生活实践教育,提倡通过游戏的方式对孩子进行公民教育,他们对游戏的教育价值的认识为现代公民教育方式方法的创新开辟了先河。充分了解古希腊的公民教育思想,研究古希腊的公民意识教育的思想价值,离不开古希腊著名的三大哲学家苏格拉底、柏拉图、亚里士多德的贡献。

苏格拉底是西方教育史上有长远影响的第一位教育家。他认为,教育的目的是为国家培养具有治国才能的德才兼备的、具有各种实际知识的应用人才,他提倡专家治国,应使有才能的人掌握政权,才能把城邦治理好。教育的首要任务是培养人的美德,探求知识,增进健康,教育人"怎样做人",学做优秀的、有成就的公民。他的"美德即知识"教育理念在教育实践中具有重要的意义,强调了道德教育的可能性,道德是可教的。他把自制作为德行的基础,他认为人一旦失去自制就会使智慧和人远离,最终成为丧失道德判断能力的人。他提出的守法即正义、身教重于言传等教育思想为今天民主政治建设奠定了思想基础和道德教育资源。苏格拉底非常注重教育方法的改革与创新,他的"精神助产术"强调了因材施教、启发诱导在教育中的重要作用,这种通过问题的讨论引导学生主动探求知识最后得出正确结论的方法有助于发展学生的创造性思维,开发学生的内在潜能,被后世的教育家所继承与发展,成为我们今天教育学中著名的"启发式教育"法的理论渊源。

柏拉图继承了其老师苏格拉底的某些思想观点,他的《理想国》探求了一个稳定、和谐、正义、不变、完善的理想社会的宏伟愿景。在理想国中,只有爱智慧、掌握真理、深明事理的哲学家才能成为国家的统治者,提倡由哲学家来治理国家,智慧、勇敢、节制、正义是理想国中公民应具有的四种美德。因而他的公民教育思想的最高目标是培养哲学家,当他的哲学家治国思想遭遇失败之后,他开始重新设计古希腊的政治制度,提倡君主政治和民主政治的结合,用法治代替了哲学家的人治。他在《法律篇》中,提出了学校的兴建,提倡早期教育,提出了"寓学习于游戏"的教育方法,强调学生理性思维和追求共相和本质的教育理念。

亚里士多德是古希腊百科全书式的人物,他的公民教育思想丰富而深刻。被黑格尔誉为"人类的导师"的亚里士多德对西方和后世的教育有着深远的影响,尤其是他的伦理教育思想不仅奠定了我们今天进行公民道德教育的理论基础,他的道德教育内容也是当代学校公民教育的重要内涵。在他的伦理教育思想中,"把幸福作为一切行为的最高目的,也是教育的最高目的,因为幸福是合乎德行的现实活动,人应该通过努力获得幸福,幸福的生活需要人的勤劳作支撑,人应该把握一切机会追求幸福生活,幸福是一切善的活动中的最高选择,而最高的幸福就是思辨活动"①。亚里士多德关于美德的论述体现在两个方面,一个方面对美德内涵的论述中把美德作为中道,"即在应该的时间、按应该的情况、对应该的人、为应该的目的、以应该的方式来感受这种情感,那就是中道,就是最好的……所以德行就是中道,是对中间的命中"②。亚里士多德关于美德第二个方面强调通过实践来获得德行,因为公正和节制的德行要借助公正和节制的行为才能产生。所以,他的公民伦理实践观强调了人是实践的主体,人的实践是自由自觉的活动,人的实践应注重动机与效果的统一,知与行的统一,主观与客观的统一,通过公民的政治伦理实践为城邦培养合格的政治人才,最终实现其政治伦理实践的目的。

亚里士多德的公民教育思想为近代资产阶级思想家们所传承和发扬光大,在当代西方的公民教育理论和公民教育实践中,他的教育思想和教育方法仍然被大批教育家们所借鉴和效仿,他的伦理实践思想也是当前我国学校德育和公民意识教育的主要方式。

苏格拉底、柏拉图、亚里士多德的教育思想基本上代表了公民意识教育思想在古希腊时期的发展历程,他们的教育思想奠定了西方社会公民意识教育发展的理论渊源,为后来的资产阶级思想家们提供了宝贵的思想资源,经过文艺复兴和资产阶级大革命的

---

① 吴式颖:《外国教育史教程》,人民出版社2006年版,第76页。
② [古希腊]亚里士多德:《尼各马可伦理学》,苗力田译,中国社会科学出版社1990年版,第18页。

推动,公民意识教育思想发展成为西方主流的教育思潮。

二、近代以来西方公民意识教育思想发展

近代西方国家进行的公民意识教育主要是指进入 18 世纪以来,在西方一批先进的资产阶级政治思想家的倡导下,在西方国家的民主改革与发展浪潮的推动下,伴随着民主运动的兴起,公民意识教育得以发展并逐渐走向勃兴。西方国家公民意识教育思想非常丰富,在不同历史时期呈现出不同的特点。自由、平等、人权、法治、契约、公正等价值观的确立不仅促进了资本主义的发展,在全世界都产生了重大影响,并对我国的学校教育提供了重要的启示与借鉴。

在西方国家进行近四个世纪的公民教育历程中,自由、民主、平等、公平、正义等价值理念已经成为一种普世性的价值理念,被世界大多数国家所接受。在目标选择上,公民知识教育、价值观教育、参与意识的培养也是西方国家公民意识教育的共识,只不过在不同的历史时期,目标层次的选择及结构要素的组成会有细微的差异。在内容的建构方面,由于历史文化传统的不同,再加上各个国家民主化进程的不同发展历程,各个国家的公民意识教育的内容既呈现出交叉重叠的一面,又呈现出差异性的一面。尽管如此,这些教育理念、教育目标选择及教育内容的建构为我国的学校公民意识教育提供了丰富的理论成果及实践经验,非常值得我们研究和吸收借鉴。具体地讲,西方国家的公民意识教育理论主要体现在自由主义、共和主义、新自由主义及社群主义、多元文化主义等公民意识教育思潮中。

近代自由主义的公民意识教育思潮兴起于 17—18 世纪。近代资产阶级思想家洛克最早提出自由主义理论,洛克认为,人的生命权、财产权、自由权是人类天生的不可剥夺的基本权利,政府的法律、法规是为保障公民的各项权利的,个人权利优先于社会和国

家,国家是协调个人利益冲突的裁判者,国家的目的在于维护个人的权利而存在。他主张对国家权力进行限制,避免国家权力对个人权利的过度干预所带来的消极影响。在公民资格上,自由主义的公民教育观强调普遍的公民资格观和对公民成员资格的普遍认同,只要具备法律上的条件,每个人都可以成为某一国家的公民。自由主义的公民教育观特点在于重视个人自由及人的个性的解放,强调价值中立,承认价值的多元性,肯定个人权利的重要性。消极的表现主要在参与方面,自由主义以消极的态度对待公民参与,认为参与是公民个人的事,国家无权要求公民参与,公民参与对政治的价值并不重要。自由主义公民教育理论强调公民意识的培养与教育,认为国家公民教育的目的在于"向未来公民灌输政治秩序的基本概念与价值观,所以培育未来公民养成一种国家政治价值观的系统教育,就是公民教育的内涵"[1]。另外,自由主义的公民意识教育由于过多强调权利的重要性而淡化了公民责任意识的培养,这对于民主国家培养明达的公民是不利的。

共和主义的公民教育思潮起源于古希腊古罗马时期的公民思想,共和主义公民教育思想的发展与自由主义过度强调个人中心所造成的社会秩序失衡密切相关。共和主义认为自由并非实质上的不干预,它是政治制度所创造的一种提供保障的法律状态。与自由主义权利意识相对,共和主义的公民教育观更注重公民个体对国家和社会的责任意识和义务意识的培养,个人利益与公共利益相比,公共利益高于个人利益,个人要以公共利益的实现作为最高目标。公民德性和公共善是共和主义公民教育观的目标,公民德性是公民的一种美德,主要包括勇敢、节制、公正、智慧、宽容等公民品格,它是实现公共善的必要条件,而公共的善相对于个人来讲,则是共同的社会福祉,需要社会成员强烈的责任感和对公共生

---

① 秦树理:《国外公民学》,郑州大学出版社 2009 年版,第 297 页。

活关心。公民意识教育的目标就是"通过对学生进行公民文化的教育,使其理解作为一个公民的意义,培养其参与的意识和能力,使学生能够实践公民责任与义务,以促成最高目标——公共善的实现"①。共和主义强调公民应积极参与社会公共生活,重视参与意识的培养,要求公民必须是积极自由、有责任感的主体,有能力参与社会各项公共事务,通过参与建立与其他社会成员间的互动、宽容与合作,通过参与实现自身的价值和社会共同的良善。公民德性和参与能力是当代民主社会发展中公民所具备的基本素质,而这种素质的培养需要通过公民意识教育来完成。

通过对自由主义和共和主义的公民意识教育思想的对比可以看出,二者存在共识,也存在分歧,二者都强调权利对公民个体的重要性,在公民意识教育内容上都强调对民族国家的忠诚教育、强调参与能力的培养和自由、平等的价值理念,但二者的分歧也很明显,如权利与义务哪个更重要?公民德性是否应该成为公民意识教育的重要内容?对民主国家来讲主张积极公民还是消极公民?这些分歧造成了公民意识教育曾一度停止不前,为了平衡二者的关系,弥补二者的不足,产生了新自由主义的公民意识教育观。

新自由主义的公民教育观是以罗尔斯为代表的西方政治学家和思想家们提出来的。他们强调正义的重要性,把正义作为社会普遍的首要规范,也是人类最高的价值追求,是人类所有成员的公共生活规范。社会上所有成员都应该遵守正义的社会准则,公民与正义相互支撑,公民只有在正义原则的规范之内,才能够自由追求自己的生活理想和道德理想,才能与其他社会成员保持平等合作的关系,才能展示其自由主义精神。

正义最重要的价值在于它是公平分配社会利益和社会价值的天平,当社会能够用正义原则分配社会权利与义务的时候,才有利

---

① 赵晖:《社会转型与公民教育》,人民教育出版社 2007 年版,第 123 页。

于实现个人的自由与平等,保证了个人自尊和个性发展的客观条件,这和自由主义的个人权利优先原则如出一辙。另外,新自由主义为了实现民主政体,建立制度上和程序上的制衡,强调给予公民德性以应有的重视,这种德性包括容忍差异、理性对话和公平公正地讨论等。公民的德性只有通过公民教育来进行,同样新自由主义也承认价值多元。公民意识教育的主要任务也是向人们传授正义的价值理念,培养学生理性思考、批判反省和参与事务的能力,促进其对多元社会的价值认同。

社群主义的公民教育观是在对自由主义和新自由主义的公民教育观进行批判的基础上建构起来的。它认为由于自由主义过度强调个人自主权对价值标准的判断,从而导致现代社会的道德困境。因而,社群主义发展了西方思想中的共同体思想和社群观念,与自由主义一起影响着西方国家的政治生活和社会生活。它强调公民资格的重要性,认为公民资格的获得是社群成员实现其价值追求的基础。在个人与社群的关系中,社群主义认为应重视社群的公共生活对公民美好生活的价值与意义,社群的利益高于个人的利益,强调个体对社群的认同、服从与忠诚,社群主义强调其成员应积极参与社会公共事务,培养公民的社群意识,在参与中达成其政治社群的公共善,这与共和主义相似。同样社群主义也重视以公共善为目的的公民德性的培养与养成,公民政治参与是公民获得德性的主要途径,公民认同意识与德性的培养是公民意识教育的重要内容。

多元文化主义的公民教育思潮形成于20世纪80年代以来,随着全球浪潮的到来,西方各国的公民意识教育也不同程度地受到全球化浪潮的冲击,学界也随即出现了世界公民、全球治理、全球公民等说法,全球公民教育思潮和多元文化公民教育思潮成为这一时期的公民意识教育的重要内容。全球公民教育思潮强调具有国际视野和全球意识的公民的培养,培养全球公民的跨文化的理解能力,增进国家之间的理解与沟通,使作为全球公民的个体能力得以最大限度的发挥。全球公民的身份认同是双重的,一是作为一国民族国家内的公民身份的认同,二是作为全球公民成员资格的认同。基本于上述认识,全球公民教育应着眼于全球都能认同的普世性的伦理和价值的教育,使来自不同文化背景、不同宗教信仰、不同地域的人们都能够组织起来。与全球公民教育密切相关的教育话题就是多元文化主义的公民教育观的产生,多元文化主义的公民教育思想强调不同文化之间的差异,对异质文化的理解与尊重应成为多元文化主义公民教育观的重要内容,公民意识教育应为族群文化尤其是少数族群的独特文化创造延续的空间与机会,使异质文化得到承认,促使不同文化之间的包容与尊重。

综观西方国家各种公民意识教育思潮的发展及历史演进,我们可以得出,公民意识教育是民主政治发展的产物,不同历史时期、不同民族国家公民意识教育的理念、目标、内容及特征呈现出差异性,但也呈现出优势互补的发展趋势,这种互补不仅体现在不同教育思潮之间的补充与完善,也存在于不同意识形态、不同地域和不同文化的国家之间的相互补充,其中尊重人的主体性,强调参与政治生活的重要性,注重公民意识的培育与养成,为未来国家和民主社会培养良好的公民是其不变的宗旨。尤其是一些普世性的教育理念及价值观如自由、平等、博爱、公正、权利等在实践中不断修正对自身的理论缺陷而得以完善,其蕴含的伦理思想至今仍然是非常宝贵的教育资源,被许多国家借鉴使用。

西方国家的公民意识教育思想给我们提供了有益的启示:

第一,公民意识教育充分肯定人的主体性,突出人的个性自由与价值尊严,是对人进行民主、自由、平等等价值理念传播的教育,是对公民进行国家观念民族意识的启迪教育、公德心的培育、权利与义务意识的教育、人权意识、参与意识的教育等。这些教育理念与教育内容具有普世性特征,适用于不同意识形态的国家和民族的公民。

第二,公民意识教育与现代国家的政治文明建设和政治的现代化密切联系在一起。公民意识教育是与政治教育密切相关的教育形态,是提高人的政治素质和政治社会化的主要途径,公民意识教育是促进现代民主、宪政制度的教育形式,学校公民意识教育应是一个国家政治现代化和政治文明的标志。

第三,公民意识教育需要一定的社会和文化环境的支持。市场经济孕育了独立的社会公共空间,架构了人们进行公共交往和发表意见的社会平台。市场经济孕育了人与人之间平等的主体意识、独立自主的公民人格特征和公平竞争的价值理念。市场经济的充分发展为学校的公民意识教育提供物质基础和前提。任何一个国家的公民意识教育都以市场经济的充分发展为基础,离开市场经济的高度发展,权利意识、公共意识、参与意识、公民责任意识等现代公民意识的产生无从谈起,此外,社会组织的发展壮大是公民意识教育的社会土壤,公民文化的发展与培育为公民意识教育提供精神动力和支撑。

第四,文化的多样性决定了公民意识教育具有多样性特点。不同地区、不同国家和民族、不同文化、不同层次、不同阶级的文化表现出一定的差异性,公民意识教育应强调理解、宽容、尊重异己文化的重要性,使来自不同文化传统的人们既看到自身的文化优势,也能对外来文化持宽容态度,接纳文化的多样性和差异性,使不同民族、不同种族、不同地区的文化在尊重与理解的基础上形成价值共识。

第二节　国内公民意识教育思想发展演进历程

在近代中国,随着传统封建社会的解体和新思潮的涌入,“公民”的概念及公民教育的一些思想理论开始进入中国,公民意识教育思想在中国的传播及引进的过程中大致经历了近代公民意识的觉醒与教育的启蒙、民国时期公民意识教育思想在中国的尝试、新中国成立后公民意识教育的断层、改革开放后公民意识教育的新发展四个阶段。

一、近代公民意识的觉醒与教育启蒙

清末民初公民意识在中国的启蒙主要有两个途径，一是国内资产阶级所倡导的立宪和地方自治运动，二是一批先进的资产阶级知识分子通过传递西方的公民价值观来进行我国的文化改革运动。

19世纪末，西方列强用坚船利炮打开了中国的大门，西方先进的科学技术、政治制度和思想文化也随之而来，一批先进的知识分子为了挽救民族危亡，先从器物层面到制度层面，最后深入到思想观念层面广泛引进西方科学技术、民主政治制度和公民文化。他们深刻认识到中国落后挨打的根源不在于西方先进的科学技术，封建专制政治制度长期统治下的臣民心理意识和依附性人格是中国落后于西方的根本原因。于是，中国早期的资产阶级思想家及知识分子开始从改良制度和革新传统文化层面寻求救国救民的真理，他们开始变革传统的认知方式、情感体验和评价系统，容纳并接受新的思想观念制度，以挽救民族危亡和顺应社会历史的发展。在对封建专制制度进行改良的过程中，资产阶级代表们仿效西方的做法，在对封建专制制度进行批判的过程中进行立宪的尝试。他们的主张不同形成两大派别，一派是以康有为、梁启超为首的资产阶级维新派们提出了君主立宪的革命主张，1895年的"戊戌变法"运动就是为建立立宪政体而发动的一场资产阶级改良运动，它是中国近代知识分子进行政治民主化的有益尝试，在中国民主化进程中具有里程碑意义。以孙中山为代表的资产阶级共和派则提出共和立宪的主张，提出驱除鞑虏，恢复中华，创立合众政府的政治主张。君主立宪和共和立宪的不同之处在于，君主立宪主张保留封建皇权，是资产阶级向封建专制制度妥协的产物，共和立宪主张彻底推翻封建专制制度，建议全新的共和政府。但无论是君主立宪还是共和立宪，宪政的本质在于对封建王权至高无上权威的一种限制或否定，对民主、自由、平等等公民权的确认和肯定，宪法至上、主权在民是宪政的特征，对一个国家民主政治发展的积极意义是不言而喻的。在对封建制度进行改良和救亡图存的过程中，国家观念、主权意识、民权意识开始萌生。

清末的地方自治运动是资产阶级进行民主政治改革的又一重大举措，资产阶级尝试地方自治目的在于通过选举和参政议政活动，培养地方士绅和工商业者的参政议政能力，培养他们的公民意识，在一定程度上孕育了公民社会组织的诞生，激发了地方士绅和工商业者的参与热情，提高国民的参与能力。对地方自治运动，康有为曾做出独特的分析和深刻的论述。他说："为人代谋者之不如自为谋也，人治之者之不如自为治也，此天下之公理矣。""今吾中国地方之大，病在于官代民治，而不听民自治也，救亡之道，听地方自治而已。"①资产阶级知识分子已经把地方自治运动同救亡图存之道结合在一起，认识到培养民权、乡权和参政能力对促进我国民主政治建设的重大意义，是资产阶级思想家们进行政治改革的又一重大成就。

综上所述，清末资产阶级知识分子进行的立宪和地方自治运动，都是资产阶级反对封建专制制度进行民主政治改革的有益尝试，在一定程度上促进了国民公民意识的觉醒，提高了国民的参政议政能力，孕育了公民的产生和发展。资产阶级对民主政治制度的追求，反映了资产阶级知识分子对公民社会及公民教育的内在

---

① 马小泉：《公民自治：一个百年未尽的话题——读康有为〈公民自治篇〉(1902年)》，《学术研究》2003年第3期，第100页。

需求,为中国的公民教育的发展奠定了前提和基础。但是近代中国公民意识的真正觉醒首先是来自从海外留学归来的先进的知识分子,他们对西方公民教育思想的传播是促进中国公民意识觉醒和公民教育发展的主要力量。

清末,一批先进的知识分子在西方留学的过程中,西方思想家们的民主政治理论对他们的思想产生了深刻的影响。卢梭的《社会契约论》通过社会契约的形式确立了人民的主权地位,孟德斯鸠在《论法的精神》一文中确立了立法、行政和司法的三权分立的思想理论,法国的《人权宣言》对人权的充分肯定和高扬,此外,弥勒的《论自由》、美国的《独立宣言》等这些关于政治民主的经典著作深深地影响着中国先进的知识分子,并被他们引入中国。先进的知识分子在引进西方先进的政治理论的同时,也纷纷著书立说,以此来传播西方的民主政治制度和发达的公民文化。如严复翻译《天演论》,向人们提出了"物竞天择,适者生存"的社会竞争意识。他还是中国近代从德、智、体三要素出发构建中国教育目标的第一人,严复通过中国与西方国家的公民素质进行对比,发现中国国民严重缺乏公民素质,他认为中国"积贫积弱"的根源在于"民力已荼,民智已卑,民德已薄"。① 中国欲改变这种状况,就必须从提高这三方面的国民素质着手,"是以今日要政统于三端:一曰鼓民力,二曰开民智,三曰新民德"②。"三者备,而后可以为真国民。"③严复的思想,反映了中国知识分子对教育的高度关注,他试图通过教育改革来提高国民素质,以实现救亡图存,进而发展中国的民主政治。他的三育救国思想,无论是教育体系、教育内容或者是目标的

---

① 璩鑫圭、童富勇:《中国近代教育史资料汇编·教育思想》,上海教育出版社2007年版,第278页。

② 璩鑫圭、童富勇:《中国近代教育史资料汇编·教育思想》,上海教育出版社2007年版,第285页。

③ 严复:《严复集》(二),中华书局1986年版,第253页。

构建方面,体现了中国近代思想家的高瞻远瞩,确定了近代中国公民意识教育的近代化模式。

近代中国知识分子通过对中西方的政治制度、文化制度、社会制度对比和中西方国家的公民性、国民性、国家观念、公德意识、权利义务观的对比中,看到了中国国民素质方面的低下和阙如,深刻分析了中国人国民素质低下的主要原因在于:奴性人格根深蒂固,家族意识强但国家意识淡薄,公德意识淡薄等。他们试图借助政治改革来推动国民性的改造,实现国民由臣民身份向现代公民身份的转化。如梁启超的改造国民性思想影响比较深刻,他在《新民说》等相关著作中,为改造国人的奴隶性,对国民的概念多有阐述,他指出:"有国家思想,能自布政治者,谓之国民"①,"国民者,一私人之所结集也,国权者,一私人之权利所团成也"②。他的国民思想与国家意识紧密联系在一起,与公民的权利思想密切相关。因此,我们说,清末时期的国民思想与西方近代的公民意识教育思想基本接近,权利义务观念是国民的核心内容,具有平等、独立、合群、自治等特征。梁启超提出的关于国民的要素主要包括三个方面:国民不漠视政治,以参与国事为己任;第二,对于政治的得失要有判断的常识;第三,要具备参与政治事务的能力,当需要的进修,能够"自其而当冲"③。梁启超的国民性与我们现代所讲的公民性基本接近。

五四新文化运动时期,陈独秀、李大钊、鲁迅等先进知识分子的代表,倡导"民主"与"科学"的先进教育思想。他们对以儒家文化为代表的封建主义思想文化进行了强有力的批判,对西方优秀的文化资源进行合理选择和有效吸取,高扬人格独立和个性解放,鼓吹民主、自由、平等、民治等现代公民观念。五四新文化运动以

---

① 梁启超:《论国家之思想》,《饮冰室合集》,文集之四,第 16 页。
② 梁启超:《论权利思想性》,《饮冰室合集》,文集之四,第 39 页。
③ 梁启超:《政闻社论宣言书》,《政论》1907 年第 1 期。

个人主义为基点对中国传统的教育和教育观念进行了深入的反思与批判,把"民主"与"科学"两面旗帜作为五四新文化运动的目标。宋进教授表达了同样的认识,他认为:"五四精神的核心是爱国,五四精神的目标是进步,五四精神的灵魂是民主与科学,五四精神构成了中华民族伟大复兴的历史新起点,催生了中华民族伟大复兴的新生力量。"[1]五四新文化运动是传统臣民身份的解构和现代公民意识的建构过程,它把科学、民主的精神融入国民教育之中,促使近代公民意识教育理念和教育制度的初步形成。

近代中国封建专制制度无法塑造和支持公民意识及其观念的生长和发育,只能借助西学东渐之风把公民、权利、责任、人权、自由、平等、独立等代表新的社会正义的公民价值观引进中国。正如一些学者所说:"中国的自然经济、儒家文化、大一统的王权政治是孕育不出公民意识的。公民意识是先进的中国知识分子从西方引进过来的。知识精英的思想能否被社会所接受完全出自社会的需要程度,当社会还没有追求公民权利的强烈冲动的时候,当大多数人还觉得做臣民比做公民更舒服的时候,知识分子所倡导的新思想就很难深入人心。"[2]夏勇先生在《走向权利的时代》一书中也对西学东渐之风做出这样的评价,"它使国人把目光从唐虞盛世转向'西洋式的社会国家',经过戊戌变法、辛亥革命、新文化运动和马克思主义的传播,权利意识观念空前高涨,把维护人的个性、尊严、人格和自由推到前所未有的高度。他还认为更为重要的在于人权概念的引入和传播不仅为民主、自由、平等观念超越'揖美追欧、旧邦新造'的政治功利意识而获得升华提供了可能,而且为数千年来中国人对维护人的尊严和价值的自觉和要求提供了一种合适的表

---

① 宋进:《五四精神的认识理路和历史论证》,《思想理论教育》2009 年第 11 期,第 8—11 页。

② 陈永森:《告别臣民的尝试》,中国人民大学出版社 2004 年版,第 21 页。

达,为'仁'的理想找到了一个可以使之'必如是'的法门"①。

近代中国公民意识的建构过程是与救亡图存运动联系在一起的,它与西方社会的公民意识自发产生于市民社会的发展需求是截然不同的两条路径。近代中国公民意识是在救亡图存的过程中引入西方的民主、人权、自由、平等等理念中孕育而生出与民族国家的发展所需要的国家观念、权利意识、公民观念、个体观念、宪政意识等现代公民意识的。尤其是近代知识分子的国民性改造思想及对公民意识理念的认识,标志着知识分子已经把握了公民的本义及权利意识的本质,其言论标志着清末知识分子对西方民主政治的理解和认同的最高水平。

二、民国时期学校公民意识教育思想

民国时期,在一批资产阶级教育思想家的倡导下,我国在公民意识教育方面做了一些有益的实践探索。1912年元旦,孙中山任中华民国临时大总统,同时任命蔡元培为教育总长,并成立了南京临时政府教育部,教育部的成立,展开了教育秩序的恢复及教育改革工作的探索。这时我国的公民教育思想比较强调伦理和个人修身方面的教育,课程设置重视修身,主要从道德训练、日常礼仪和日常行为规范的掌握对学生进行训练。

著名教育家蔡元培任教育总长期间,根据资产阶级民主主义的教育要求,对中国的教育进行全面改革,他提出"五育并举"的教育方针,五育内容涵盖了道德、军事、实利、世界观和美感方面的教育内容,其中公民道德教育为五育的核心内容,以培养受教育者具有共和国国民的健全人格作为首要任务,以军国民教育和实利主义教育引导体育和美育。为造就既有资产阶级思想又有近代科学

---

① 夏勇:《走向权利的时代:中国公民权利发展研究》,社会科学文献出版社2007年版,第18页。

技术知识的人,他还就普通教育和专门教育作了论述,他认为:"在普通教育,务顺应时势,养成共和国民健全人格,在专门教育,务养成学问神圣之风气。"①蔡元培五育中的公民道德教育,普通教育中的健全人格教育的主要内容是西方资产阶级所倡导的自由、平等、博爱思想,接近于近代西方的公民意识教育的基本内容,和封建教育制度的内容是不相容的,开启了近代公民意识教育的新尝试。除此之外,蔡元培还对大学教育进行了大胆的改革与创新,在他的"思想自由、兼容并包"的办学原则和"教授治校、民主管理"的办学思想指导下,使北大呈现百家争鸣的学术新气象。蔡元培还是"教育独立"的积极倡导者和支持者,1922 年 3 月,他在《新教育》上发表《教育独立议》一文,阐明了教育独立的基本观点和方法,成为教育独立思潮中的重要历史篇章。他的教育独立的使命是培养受教育者的责任意识,发展受教育者各方面的社会能力,培育受教育者健全的公民人格,使受教育者成为对社会负责任的、有用的公民。

蔡元培的"思想自由、兼容并包"大学教育理念和教育独立思想,蕴含着丰厚的民主、自由、独立等教育思想和教育内容,蕴含了"以人为本,宽容为怀"的博大教育胸怀,对公民主体性人格的塑造具有重要的教育价值,开启了近代中国公民意识教育的先河,对我们今天的公民意识教育仍然具有重要的借鉴价值。

五四新文化运动时期,中国的教育思想和教育改革异常活跃,尤其是 20 世纪 20 年代前后,学术界开始重视公民教育的理论探索。朱元善提出:"今日之国家明明已由君主易为共和,由专制而进于立宪,既为共和立宪之国,则教育之方针自当以新国家之本质为着眼,而置重于共和立宪国民之养成。为此,非实施公民教育不可。"②与此同时,以美国为代表的西方教育思想大量传入中国,特

① 高平叔:《蔡元培教育论集》,湖南教育出版社 1987 年版,第 40 页。
② 朱元善:《公民教育论》,《中华教育界》1916 年第 4 卷第 1 期。

别是美国教育家杜威来华讲学,极大地激发出中国知识分子的教育改革热情,对推动教育改革起了极大作用。1922年的壬戌学制,壬戌学制由于采用美国式的六三三分段法,又称"六三三学制",是中国近代教育史上具有影响力的一项学制改革成果。壬戌学制制定了新的学制课程标准,新学制首次在小学正式设立公民课,取消了实行多年的修身课,在中学设置社会课,社会课中包括公民课,使公民课开始以学科化的面貌正式出现在中国教育的历史舞台,也标志着中国公民教育实践的开始,表明了中国教育界知识分子公民意识的自我觉醒,是中国教育现代化发展到一个重要阶段的标志,是中国近代教育史上的一座里程碑。

蒋介石政府时期,由于第一次国共合作的破裂,国民党政府为了控制学校教育,试图推行党化教育代替刚刚开始起步的公民教育,党化教育的教育方针建立在国民党的根本政策之下,按照国民党的党义和政策重新改组学校课程,以求得教育的"革命化"、"民众化"、"科学化"、"社会化"。党化教育实行以后,由于进步人士的抨击,后改名为"三民主义"教育,"三民主义"教育宗旨为"中华民国之教育,以根据三民主义,发扬民族精神,实现民主政治,完成社会革命,而臻于世界大同为宗旨"①。但是国民党政府为了进一步强化党化教育,1930年颁布《中小学课程暂行标准》,将公民课改为党义课,用党化教育完全替代公民教育。九一八事变后,由于进步人士教育改革的强烈要求,1933年,国民党政府重新恢复公民课,并规定小学开设"公民训练课",同时规定初中和高中的公民课的内容应注意对学生进行"公民生活"的陶冶,并要求在其他学科中渗透公民教育的内容,公民课内容除了党义外,增加了道德、政治、法律和经济等方面的内容,高中公民课内容增加了社会和伦理方面的内容。

总之,民国政府时期,由于先进资产阶级知识分子对公民思想

---

① 姜书阁:《中国近代教育制度》,商务印书馆1933年版,第23页。

的引进,以杜威为代表的西方教育家及教育思想的竭力传播,中国教育界知识精英的强烈呼吁,再加上当时中国教育改革的有力推动,中国的公民意识教育形成独立的学科,开始走进学校,走进课堂,取得了实质性的发展和进步。虽然历经挫折,但最终还是作为独立的课程保留在教育发展的艰辛路途中,这在中国教育发展史上具有划时代的意义和价值。

三、新中国成立初期学校公民意识教育思想的断层

1949 年新中国成立以后,由于阶级矛盾比较突出,新生的政权不太稳固,国民党政府所推行的公民教育遭遇寒冬。为加强中央政府的权威,集中社会力量进行社会主义建设,抵御国内外敌对势力的干扰和破坏,适应这一时期的特殊需要,中国共产党用思想政治教育取代了民国时期的公民教育,由于新政权的成立深受人民的爱戴和拥护,思想政治教育对提高广大公民的思想政治觉悟发挥了积极的作用,又与当时的社会实际情况密切结合,这一时期的思想政治教育对促进政权稳固和社会经济发展起到有力的推动作用。

1954 年 9 月《中华人民共和国宪法》正式出台,宪法虽然规定了中华人民共和国公民享有的各种受教育的权利和公民的其他权利,公民之间的平等的社会地位等,从表面上看公民的各项权利有了法律保障,实际上,由于严峻的国内形势,再加上高度集中的计划经济体制的制约,阶级斗争作为新中国成立初期的主要政治任务,国家政治社会一体化的社会结构决定了公民概念必然被我国的政治形势所淹没,取而代之的是人民这一与敌人相对立的政治概念。

这段时期的学校教育出现法制化倾向,宪法被搬进课堂,成为学校的一门独立的学科课程,作为对学生进行法制教育的主要途径,在宪法教育的过程中,由于国内发展形势所迫,过度强调公民

的政治义务和服从义务,而公民的权利并没有得到重视与张扬,导致公民权利与义务教育发展的严重失衡。虽然 1954 年宪法体现了形式上的民主,由于缺乏相应的宪政保障体系,法制不健全,民主政治不完善,再加上受计划经济体制的制约,这一教育被后来的轰轰烈烈的"文化大革命"所淹没。

"文化大革命"把我国的阶级斗争推向高潮,阶级斗争扩大化倾向愈演愈烈,社会上所有的活动都要以阶级斗争为纲,阶级斗争提倡年年讲,月月讲,日日讲,政治统帅一切,教育领域出现泛政治化倾向,公民、公民意识、公民教育等被看资产阶级特有的东西排斥在教育之外。这一时期受高度集中的计划经济体制和政治体制的影响与制约,人治思想成为压倒一切的思想,人治是与法治相对立的思想观念和制度形态,人治思想的泛滥导致法律的虚无状态,也必然导致公民权利的丧失,一些人打着维护国家利益或集体利益的旗号恶意侵犯公民权利的现象司空见惯,宪法所规定的公民权利成为虚设,在人治状态下公民无自由可言,谁敢主张自己的权利,就会成为政治斗争的牺牲品。因此,在阶级斗争成为压倒一切的政治运动中,教育领域为响应毛主席为工农服务的号召,阶级斗争成为中小学政治教育的主要内容,尤其是"文化大革命"期间的红卫兵运动让全国的青年学生放弃学业,参与到大串连、砸烂一切、破坏一切的革命运动中来,这场运动使学校教育遭遇到极其恶劣的破坏,耽误了一代学生的健康成长,学校教育不仅没能培养学生的公民意识,由于社会秩序混乱,法制遭受严重破坏,民国初期所开展的公民意识教育也在"打倒一切、砸烂一切"的形势下完全消失。学者金一鸣对这场运动的影响做出了非常客观的评价,他认为,"'文化大革命'期间青年学生的表现是新中国成立以来我国的教育缺乏对学生的人文精神教育和独立精神的培养所造成的"①。

新中国成立以后到改革开放前的这段时期是中国非常特殊的历史时期,高度集权的政治制度控制一切,法制建设的严重滞后使人治取代法治,统包统分的计划经济体制使资源被国家统一掌握和支配,公民没有自由支配的财产,国民的人格素质呈现出畸形发展的状况,在严格控制的政治格局和教育格局中,个人没有了主体意识和社会参与能力,个人的利益被严重忽视,公民失去自我和个性,一切都服从领导和政治集体,个人权利被集体义务所取代。尤其是"文革"期间,人的基本权利生命权和人身自由失去法律保障,人格尊严遭受严重摧残,人性发生扭曲。表现在教育中政治教育高于一切,阶级斗争成为统帅一切的政治口号,学生无法接受正常的教育,每个学生的成长轨迹都深深烙上了政治的烙印,最终导致个体观念淡薄,整个国民公民素质低下和公民意识薄弱的局面。这使民国初期刚刚起步的公民意识教育尝试遭受搁浅,公民意识教育思想的发展也因这场轰轰烈烈的政治斗争出现断裂。

四、改革开放后公民意识教育思想的新发展

改革开放以后,我国的市场经济极大促进了生产力的发展,社会主义民主政治政治建设不断得以完善,公共生活领域得以拓展,人们的思想获取了极大的解放,公民的民主意识得以觉醒。在文化领域,出现了文化的大发展、大繁荣、大活跃时期,文化市场和产业蓬勃发展,对外文化交流更加密切,为公民文化的形成奠定了基础。中国的社会结构、文化环境、政治制度都实现着历史地转型,这一转型也推动了思想文化领域的大发展,公民意识教育再次引起了学界的关注。尤其是 2001 年 9 月《公民道德建设实施纲要》的颁布,掀起了公民意识教育思想研究的热潮。2007 年党的十七大

---

① 金一鸣:《中国社会主义教育的轨迹》,华东师范大学出版社 2000 年版,第 362 页。

报告提出了加强公民意识教育,树立民主法治、自由平等、公平正义的理念。公民意识教育思想的研究出现了前所未有的热潮。

2001 年 9 月《公民道德建设实施纲要》作为我国公民意识教育的第一个标志性文件出台之后,国内一批专家学者致力于公民道德教育方面的理论研究,提出了丰富的理论研究成果,他们的教育思想对推动我国学校公民意识教育的发展具有重要的价值。华东师范大学的余玉花教授是较早关注公民教育的一位专家,她以公民道德教育研究为切入点加强对公民意识教育的研究,形成了自己的研究视域,围绕公民道德教育提出了许多有价值的思想观点。她的爱国主义、民族精神的教育、公民道德教育、基本道德规范的教育思想蕴含了丰富的公民意识教育的价值理念。她在《爱国主义与公民道德教育》一文提出:"以爱国主义为核心的民族精神是一种以民族、国家利益为重的道德意识。公民道德教育是公民教育的主要内容。现代爱国主义体现为追求民族振兴、国家富强的道德要求,这样的爱国主义民族精神与现代社会的公德要求具有一致性。"[1]在该文中,她还提出了以爱国主义为核心的民族精神教育和公民道德教育应加强国家公务员的公共责任意识和公共道德教育。这一思想对于我国的民主政治建设和实现以德治国理念具有重要价值。在《基本道德规范与公民道德教育》一文中,余教授从大学生基本道德规范教育的视角论述了公民意识教育的重要性,提出了基本道德规范教育是公民道德教育的基本内容,加强公民道德教育必须研究道德教育的方法、学生的道德接受度、道德养成教育的特殊性及其相关教育问题,提出了加强大学生公民道德教育的新理念。对公民道德教育比较关注的另一位学者是焦国成教授,他在《公民道德论》一书中比较系统地对公民、公民意识、公民道德、公民道德教育等理论提出了自己的看法和观点,焦教授指

---

[1]　余玉花:《爱国主义与公民道德教育》,《郑州大学学报》2005 年第 1 期,第 9 页。

出:"观念上的因素、社会结构因素和制度上的因素是制约当前我国公民道德水平的主要因素。公民道德教育是公民道德建设的核心问题和首要问题,加强公民道德教育研究,建立与社会主义市场经济相适应、与中国国情相结合的公民道德规范体系。"①朱小蔓、冯秀军也对公民教育与道德教育的关系作了比较深入的研究,论述了"公民教育与道德教育的关系等方面呈现相向运动的趋势,与传统道德教育思想在本体基础、教育机制、价值取向等方面存在相互融通的可能"②。郑州大学的王东虓教授也是较早倡导公民意识教育的学者之一,他比较关注民族精神教育与公民意识教育的结合问题。在他看来,"民族精神教育是公民意识教育的内在要求,民族精神与公民教育的结合是时代发展的必然选择,实现二者的结合应融合中外文化之精华,民族精神与公民教育的结合是构建和谐社会的必然要求"③。

中山大学的李萍和钟明华教授的公民意识教育思想在学界影响比较大,他们提出公民教育是传统德育的历史转型在理论界引起了强烈的反响。在他们看来,"公民意识与资本主义等同起来、公民意识与思想政治教育对立起来、公民意识教育与狭义的德育相等同的观点都是错误的。公民意识教育应以独立人格为前提,以权利与义务教育为基础,以合法性为底线"④。李萍和钟明华两位教授的观点澄清了学界关于公民意识存在的争议与误区,提出了中国进行公民意识教育的内容和现实可能性,创新了学校德育

---

① 焦国成:《公民道德论》,人民出版社 2004 年版,序言第 1—5 页。
② 朱小蔓、冯秀军:《中国公民教育观发展脉络探析》,《教育研究》2006 年第 12 期,第 3 页。
③ 王东虓:《论民族精神教育与公民教育相结合的历史必然性》,《郑州大学学报》2006 年第 4 期,第 10—11 页。
④ 李萍、钟明华:《公民教育——传统德育的历史转型》,《教育研究》2002 年第 10 期,第 67 页。

的新思路,他们的思想对今天构建我国的学校公民意识教育仍然具有借鉴价值。北京师范大学公民与道德教育研究中心的王啸博士也长期致力于公民意识教育方面研究,他提出"以自由平等为基础、以权利义务相统一的公民教育是现代国家的必然选择"①。为走出现代德育的困境,他提出进行公民意识教育的现实必要性。他的《全球化时代的中国公民教育》一书,表明了我国学界关于公民意识教育的研究已经突破国内的理论研究视域,开始关注全球范围内公民意识教育的开展,开辟了学界公民意识教育研究的新视域。提出了公民教育是属于全人类的教育,世界公民教育应被纳入学界的研究视野。他把公民教育置于全球化的时代背景下进行设计,对全球化视域下公民教育的目标、内容和方法进行重新定位与设计。

上述专家学者们的教育思想开辟了我国道德教育研究的新视域,说明了当前我国进行公民意识教育的必要性和紧迫性,指出了公民道德教育是时代发展的现实需要,也是学生健康成长的现实需要。公民道德教育作为公民意识教育的重要内容,蕴含公民意识教育的新理念,奠定了学校公民意识教育的理论基础,拓宽了公民意识教育的研究内容和研究重点,是新世纪以来学校公民意识教育的新价值导向,必将有力地推动学校公民意识教育的发展。

在理论研究的推动下,我国地方学校开始了学校公民意识教育的实践探索。2004年中央教育科学研究所深圳南山附属学校校长李庆明就开始了公民教育的实践探索,在学校教育中渗透公民意识教育。南山学校提出的教育主张是"公民人格的完善、公德基本伦理、公益服务精神、公共事务参与、公理世界的认同",通过"竞选活动"、"鞠躬教育"、"生命教育"等活动培养学生成为有灵魂、有情怀的合格公民。2005年7月,江苏省教研室与美国公民教育中

---

① 王啸:《全球化时代的中国公民教育》,福建教育出版社2006年版,导言第1页。

心在江苏南京签署了开展学校公民教育实践活动的协议,该项目选取常州 17 所学校,42 个班级,45 名项目教师,2200 名学生作为开展公民意识教育的试验学校和实验班级。① 常州市把公民意识教育作为素质教育的有力抓手,常州市项目学校借助丰富多彩的公民意识教育实践活动让学生关注自身、关注社会、关注未来,积极投入公共事务,在参与、体验中形成学生独立、自主、负责的现代公民人格,从而培养学生良好的行为习惯、公民意识、创新精神和实践能力。

2007 年党的十七大报告提出了加强公民意识教育的新指向,在我国民主政治建设中具有里程碑的意义。有学者认为,党的十七大报告是新中国成立以来我党在官方文件中首次正确使用公民这一概念,也首次把公民意识教育与民主法治、自由平等、公平正义的理念结合起来。理论界也再次掀起了公民意识教育的研究热潮,公民意识教育新理念、新思想、新观点纷纷涌现,公民意识教育方面的理论研究成果也空前丰富。

北京师范大学道德与公民教育研究中心主任檀传宝教授在这一方面的研究提出了很多有价值的思想,他的研究思想对进一步推进我国学校公民意识教育的实施具有重要启示。首先,他从公民概念的普世性与特殊性的角度对公民概念进行了重新界定,提出了"公民不是私民,既不是臣民,也不是小农意义上的农民,也不是公共生活中完全被动消极的人,公民是具有自由、平等、独立的现代公民人格的人"②。这一定义强调了公民意识教育目的就是培养现代公民人格的教育,同时也是培养学生积极参与公共生活的能力的教育。其次,他对公民教育与现代教育的关系也提出了自己的看法,在檀教授看来,公民教育是全部教育的转型。因为"公

---

① 檀传宝:《公民教育引论》,人民出版社 2011 年版,第 168 页。
② 檀传宝:《论"公民"概念的特殊性与普世性》,《教育研究》2010 年第 5 期,第 19 页。

民教育是全部现代教育的终极目标,公民教育的倡导意味着教育性质的改变。公民教育实际上应该是、也必须是全部教育的转型乃至整体社会的改造"①。这一观点把公民意识教育提升到整个教育的核心地位,强化了公民意识教育对我国社会主义现代化建设的重要性,突出了在当前我国的社会转型和教育转型的过程中加强公民意识教育的必要性、紧迫性。再次,针对公民教育与公民道德教育的关系,党十七届六中全会提出推进"公民道德工程建设"的要求,檀教授也有自己独特的思想认识。他提出努力加强"公民道德的教育",应着力加强对公民身份的道德教育和公共生活领域中的道德教育,处理好公民道德的教育与公民的道德教育的关系,建设有中国特色公民道德的教育,切实把公民教育纳入国家发展战略之中。檀传宝教授的公民意识教育思想,为我们厘清了公民概念认识上的误区,突出了当前我国加强公民意识教育的重要性,为我们进行公民道德教育提供了具体的指导意见及措施,为推进学校公民意识教育的发展提供了宝贵的思想资源。

进入新世纪以来,郑州大学公民教育中心主任王东虓对我国公民意识教育的发展做出了突出的贡献。郑州大学公民教育中心作为教育部公民教育的重点研究基地,在王教授的带动下,积累了丰富的公民教育资源,拥有一批实力雄厚的公民教育研究队伍,承担了多项国家级有关公民意识教育的课题,出版了大量的专著,在公民意识教育学科化建设方面进行了有益的探索。该中心通过项目的形式,加强公民意识教育的试点单位的合作,给予试点单位的公民意识教育试验工作提供了具体的指导意见,结合具体的实践进行学校公民意识教育的理论与实践探索。王教授本人的教育思想也在学界备受关注。他把国家与民族的教育、权利与义务的教

---

① 檀传宝:《论公民教育是全部教育的转型——公民教育意义的现代化视角分析》,《安徽师范大学学报》(人文社会科学版)2010年第5期,第497页。

育、道德与文明的教育、民主与法治的教育作为公民教育的基础内容。王东虓教授是较早从学科发展的角度来研究学校公民意识教育,他在《公民教育学的基本范畴探析》一文中提出:"公民教育学是一门以社会学和人文科学为主,跨越各学科领域的边缘性学科。社会性是公民教育学的灵魂,促进公民的社会化,培养责任公民是公民教育学的目标,公民教育学的内容是造就良好的人文素质和人文精神的好公民……"①王东虓的教育思想提供了我国学校公民意识教育学科化的具体思路,奠定了公民意识教育学科建设的理论基础,推动了我国公民意识教育学科化建设的步伐。除此之外,学者龙静云、蓝维、高峰、姜涌、张宜海等也长期致力于学校公民意识教育的研究,他们的思想丰富了我国公民意识教育的理论成果。

党的十七大报告不仅带来了我国公民意识教育理论上的繁荣发展,也点燃了我国学校公民意识教育实践的星星之火。2009 年 9 月开始,在郑州大学公民教育中心的指导下,信阳市平桥区政府聘请了来自全国各地的公民教育专家,培训了平桥区中、小学德育教师、辅导员等 100 多名,选取 11 个乡镇中、小学和 1 万名小学生、1 万名中学生,编写了《公民常识读本》中学版和小学版的教材,开展公民常识教育教学实验。除此之外,2010 年 12 月 5 日—6 日上海市浦东教育发展研究院与中央教科所《中国德育》在上海浦东联合举办以"公民意识教育:主体—责任—参与"为主题的第 18 期浦东教育论坛。另外,北京的部分中小学校、云南的部分学校都曾进行过公民意识教育的研究与实践尝试。

改革开放以来尤其是进入新世纪以来的这段时间,应该说是我国公民意识教育思想的大繁荣、大发展时期。改革开放打破了套在人们身上的精神枷锁,思想观念上的禁锢被彻底解除,学界的思想获得了前所未有的大解放。党的十七大报告和国家教育规划

---

① 王东虓:《公民教育学的基本范畴探析》,《郑州大学学报》2008 年第 3 期。

纲要中关于公民意识教育的提出,推动理论界的研究热潮。公民、公民意识、公民意识教育过去作为西方的教育思想长期遭受拒斥、歧视的东西也开始进入中国学者们的研究视域,并结合中国的历史文化特点和现实国情,学界提出了许多具有中国特色的公民意识教育理论和教育思想,这些研究成果奠定了我国开展学校公民意识教育的理论基础,为进一步推动学校公民意识教育从理论走向实践发挥了重要作用。

但是我们应该看到,我国关于公民意识的研究仍然局限于理论研究的层面,公民意识教育并未真正进入我国的国民教育体系之中,公民意识教育也未真正在学校教育中得以落实。严格来讲,我国还没有真正的属于自己的学校公民意识教育。虽然个别地方也进行了学校公民意识教育的试验工作,但这些试验仍然是分散、零星地进行,公民意识教育并未得到教育行政部门的高度重视,公民意识教育规划没有在我国的教育体系中被置于突出的地位,国家制度上也没有给予公民意识教育以明确和具体的支持,造成我国学校公民意识教育的实施仍然举步维艰。

通过对西方国家与中国公民意识教育思想发展的探源及教育思想的历史演进对比分析,西方国家的公民意识教育已经走在前端,为资本主义国家的现代化发展培养了大批的合格公民。西方国家的公民意识教育有着深厚的民主政治和历史文化传统,积累了丰富的实践经验,形成了民主、法治、人权、公正等丰厚的资产阶级公民教育思想资源,涌现出大批著名的公民教育思想家和政治家,西方国家的公民意识教育在促进资本主义民主政治发展和现代法治国家的建立方面发挥了重要的作用。公民意识教育表现在学校,无论从教育目标、教育内容、课程体系、教育模式和教育方法的选择等方面已经形成比较完善和成熟的公民意识教育体系,为培养有效能的、能够积极参与社会公共事务的公民奠定了基础。而中国历史上深受封建专制传统文化的影响和制约,缺乏培育公民意识的历史文化土壤,公民意识教育经历了比较曲折的发展道路而屡屡遭受挫折。改革开放以来,市场经济的发展、民主政治建设应该为学校公民意识教育提供了物质上和政治上的支持,但中国还没有进行真正的学校公民意识教育。所以,在当前中国的社会政治、经济和文化发展环境中,开展中国的公民意识教育不能简单照搬西方的教育模式,中国的公民意识教育要结合中国的国情,借鉴西方和历史上一些成熟的做法,走有中国特色的公民意识教育之路。对中国来讲,进行学校公民意识教育的意义何在?下文将重点探讨这一问题。

第三章　公民意识教育是
当代中国社会的时代课题

　　西方国家公民意识教育思想的发展给我们提供了有益的启示与借鉴。公民意识教育在为西方国家的民主政治建设和现代化发展中培育积极的、具有参与能力的合格公民中发挥了重要的作用。但是,公民意识教育并不等同于资本主义教育,公民意识教育与我国当前的思想政治教育并不矛盾,公民意识教育也是与我国的市场经济、民主政治建设和现代化发展相适应的教育形态。公民意识教育是我国现代化建设的必然选择,是现代学校德育创新发展的需要,是建构自由、平等、独立等现代公民人格的必由之路,是实现公民个体政治社会化的现实需要。

第一节　公民意识教育:现代化建设的需要

　　我国正在迈入社会主义现代化建设的关键时期。如何实现中国的现代化? 学者金耀基认为,"我国的现代化发展必须涵盖三个方面的内容,第一,器物技能层次的现代化;第二,制度层次的现代化;第三,思想行为层次的现代化"①。在追求现代化的历史进程中,我国现代化的发展历经挫折,先是从器物层面学习西方先进的

---

　　① 金耀基:《从传统到现代》,中国人民大学出版社 1999 年版,第 13 页。

技术,以求改善中国落后挨打的局面,后来在制度层面仿效西方国家进行自上而下的政治制度变革,戊戌变法就是我国进行制度层面现代化改革的尝试。但器物层面和制度层面的现代化尝试都没有改变中国的命运,一系列的变革促使国民幡然醒悟,中国的现代化建设的本质是人的思想观念和行为方式的现代化,唯有提高国民素质,我国的现代化建设才有希望。为此,近代思想家严复提出著名的教育救国论,梁启超的《新民说》也试图通过塑造新民来建立新制度、新社会。美国著名社会学家英格尔斯也在他的《人的现代化》一书中提出:"现代化是一种心理态度、价值观和思想的转变过程。所谓'现代的',不应该被理解成为是一种经济制度或政治制度的形式,而是一种精神现象或一种心理状态。"①所以,现代化是由人的思想观念、心理素质和精神状态所决定的,只有国民人格素质和心理素质整体提高,人的现代化才能实现。人的现代化是我国现代化建设的核心要素,提高国民素质唯有通过教育来实现。公民意识教育与国民素质的提高有着内在的逻辑关系,公民意识教育的理念、内涵都与现代社会对国民素质的基本要求相吻合,是塑造现代公民的主要手段。下文试从公民意识教育与现代政治文明建设、市场经济发展、和谐社会的构建和全球化的发展几个层面论述公民意识教育对我国现代化建设的时代价值。

一、公民意识教育与政治文明的当代生成

政治文明是人类政治生活的进步状态,是人类政治智慧和社会理性的结晶,是人类社会进步的重要标志。党的十六大把社会主义政治文明建设和物质文明建设、精神文明建设称为我国现代化建设的三大内驱力,政治文明的实质和核心是建设社会主义民主政治,以健全的法制体系确保人民当家做主权利的实现,所以,

---

① [美]英格尔斯:《人的现代化》,殷陆君编译,四川人民出版社 1985 年版,第 20 页。

建设社会主义民主政治、依法治国是政治文明的目标和特征,也是政治现代化的主要目标。

首先,社会主义民主政治的本质是实现人民当家做主,人民当家做主意味着对政治的高度关注和积极参与。在民主制国家里,公民是自由的,"自由就是不服从任何外在的权威,只服从自己为自己制订的法律,也就是自治"①。民主是政治文明的体现,民主是一种制度,还是一种生活方式,民主的生活意味着公民对政治生活的高度关注,关注社会政治主题,关注社会资源和利益的分配,关注理想政治制度的设计,关注政治制度的优良对他们自身生活产生的影响等,政治生活是他们生活中不可分割的组成部分,他们是政治共同体的有效成员。早在两千多年前,参与已经成为古希腊政治文化的重要组成部分,对希腊人来说,"公民们自己掌握城邦权力,所有的公民一律平等,公民们共同参与城邦公共事务的决策,自己管理自己,把城邦事务视为自己的事务。这种政治参与权利的平等使公民们产生作为希腊主人的真实感"②。

中国和西方有着不同的政治文化传统。在中国传统的政治文化中,人们只关注权力由谁控制,并对新的领导寄予厚望,领导的权威力量并不能给他们带来体制和政治上的改革与创新。当前我国的政治体制正处于转型时期,我国所进行的民主政治建设是对传统专制政体的终结,是新的民主政体的建构。民主政体对我国来说一方面意味着权力的逐渐失落,权威开始受到制约与监督;另一方面意味着公民的权利意识开始觉醒,公民开始为争取自己的利益提出积极主张与诉求,要求自己的权利、利益和主张得到支持和保障,因而对政治生活表现高度的关注,并积极参与社会事务。

所以,政治自由、民主选举、对权力监督与制约、充分的政治参

---

① 丛日云:《西方政治文化传统》,黑龙江人民出版社 2002 年版,第 130 页。
② 丛日云:《西方政治文化传统》,黑龙江人民出版社 2002 年版,第 194 页。

与是民主政治的主要特征。发展我国的民主政治需要不断健全民主制度、丰富民主形式、拓宽民主渠道,依法实行民主选举、民主决策、民主监督,保障广大公民的参与权、知情权、表达权和监督权。尤其是参与是民主政治发展的标志,这就需要给广大公民的积极参与提供关于政治国家的基本理论与知识,培养公民参与的基本技能与方法,培养他们参与的热情,养成公民的政治参与意识,完成这一重大的政治任务,没有公民意识教育的内在支撑,就不可能产生真正的民主政治。公民意识教育是个体政治社会化的主要方式,公民政治权利的诉求、公民对政治生活的关注、公民的政治与参与都需要公民意识教育提供有力的支持。

其次,法治是政治文明的重要体现,是政治文明的核心内容。在古代西方,法治的要义是"良法之治",即法律是按照善德来制定,它代表着正义和理性。因此,正义和善构成法治的最高原则。正义与善在古希腊的含义是一样的,都是政治的最高目的。正义作为社会权利和义务的分配准则与尺度,它是"确定社会关系、社会秩序、组织社会权利义务体系的适当原则、标准或尺度"①。正义的发展历程就是现代法治的确立过程,在西方社会,正义经历了从神的正义到自然正义再到人的正义的发展过程,神的正义是早期习惯法的基础,是习惯法的一种体现,是人类的最高法则。自然正义体现了和谐的自然秩序与法则,它是人类社会的最高法则和范本,是自然法形成的基础。"逻各斯"就是早期自然法的典型代表,它是宇宙万物的普遍尺度和共同法则。人的正义体现了人类追求自由、平等、实现国家和谐与强大的美好愿望,正是由于人对自由、平等、独立、人权等正义观的追求,才使正义具有了现代法治的价值理念,使自由、平等等正义观构成了现代法治的基础。

法治的另一层含义在于它使法律获得普遍的服从。它意味着

① 丛日云:《西方政治文化传统》,黑龙江人民出版社 2002 年版,第 130 页。

法律的权威和尊严不容践踏,在现代法治国家,法律是权利获得保障和救济的手段,更为人们所珍视。早在古希腊时代,人们就怀有维护法律权威的优良传统,人们为维护法律的权威而战如同为维护自由而战一样,这种对法的权威的信仰深深根植于人的骨髓之中。苏格拉底就是为维护国家法律权威而殉难的典型代表。他视国家法律的神圣性远远高于他的生命,虽然法庭对他做出错误的判决,但他宁愿为维护法律的权威放弃逃走的机会,甘愿牺牲自己的生命。柏拉图和亚里士多德都充分强调了这一点。柏拉图在《理想国》中表达出法律的权威在任何方面都是至高无上的思想,亚里士多德曾经说:"凡不能维持法律威信的城邦都不能说它已经建立了任何政体,法律应在任何方面受到尊重而保持无上的权威,执政人员和公民团体只应在法律所不及的'个别'事例上有所抉择,两者都不应该侵犯法律。"①

法治的最后一层意思在于普遍的守法精神的培养。积极的守法精神首先建立在对法律规范的认知基础之上。知法是守法的前提和基础,没有对现有法律规范的认知和理解,就不可能认识到法律的合理性和权威性,对法律的遵守很难从他律状态达到自律状态。现代守法精神还需要建立对法律的情感、信仰与认同。法律情感是人们对法律现象和法律活动的内心体验和心理态度,是促进法律认知、提升法律观念和培育法律信仰的中介,它与法律信仰共同构成法律认同的基础。法律情感包含通过感性认识形成的对法律的认同,还包括通过理性认识形成的对法律的信仰。现代守法精神还体现在对权利的积极主张和对义务的自觉履行。权利与义务是对应的,权利是公民的内在需求,一方主张权利的同时必然有另一方履行相关的义务为前提,现代守法精神不仅要求公民权

---

① [古希腊]亚里士多德:《政治学》,吴寿彭译,商务印书馆 1965 年版,第 191—192 页。

利意识的不断觉醒与生长,而且有公民责任意识的内在自觉。马长山曾对公民的守法精神作了比较具体的论述,他把公民的守法精神看作公民合理性意识与合法性意识的外显层面,对公民意识产生积极的能动作用。

代表正义的良法的制定、对法律的维护与普遍的服从、积极的守法精神是现代公民责任意识和理性精神的体现,这种公民的责任意识和理性精神在一个民主法制不够健全的社会里不会自发形成,都需要借助教化的力量来培育与实现。民主法治是现代公民意识教育的核心价值理念,只有加强公民意识教育,从整体上提高公民意识和理性精神,才会形成人们对法律的维护与遵从,形成人们共同的守法精神。所以,培育公民法治意识与守法精神是公民意识教育的价值使命,公民意识教育是现代法治的内在需求。

综上所述,自由、平等、正义、法治作为现代民主政治的价值取向,是社会主义政治文明的本质体现,是我国实现政治现代化的必由之路。自由、平等、正义、法治理念也是现代公民意识教育的核心和终极价值关怀。党的十七大关于民主、法治、公平、正义等价值理念的提出,是对我国民主政治建设理论的重大贡献,标志着我国的民主政治建设已经进入崭新的历史发展时期,公民意识教育作为民主政治建设的有力抓手,必将对我国的政治文明建设产生重大的历史意义。培育公民的自由平等、正义法治等理念必将成为我国政治现代化建设的强大的内驱力。

二、市场经济发展的价值旨归

根据马克思对人类社会的发展所作出的划分,人类社会历史的发展经历了三大历史形态:即"以人的依赖关系"为特征的最初的社会形态;"以物的依赖性为基础的人的独立性"是第二大形态,建立在"个人全面发展和他们共同的社会生产能力成为他们的社会财富这一基础上的自由个性"的第三形态,这三大历史形态分别与自然经济、商品经济和产品经济三种生产方式相对应。市场经济是与"以物的依赖为基础的人的独立性"的第二种形态相适应的经济形式。市场经济充分凸现了人在现实的生产方式中摆脱了传统人与人之间的人身依附关系,成为独立的社会存在和经济主体。主体性、契约关系是市场经济的主要特征,首先,它要求每个市场主体是独立的、自由自主的存在,他们不依赖任何外在因素的制约,自主决定自己的事务,每个人都对自己负责。其次,它要求市场主体的开放性和创造力能够在自由竞争中获取最大限度的发挥和解放,成为真正独立的市场交换主体。

主体性是市场经济条件下人的主要特征,没有主体意识的人,势必会在市场竞争中被淘汰。在学者解思忠看来:"市场经济体制的建立,是当代中国社会最大、也是最深刻的变化。从传统计划经济体制向市场经济体制的转变,实质是利益主体的转变——劳动者个体将由从属地位被推向基本利益主体的地位。这就意味着,劳动者将由人身依附关系转变为法律上的平等关系。"①所以,市场经济体制的确立与人主体意识的生成是个双向的互动建构过程,市场经济的发展为现代独立人格的形成发展拓展了新的空间,但对一个受传统等级文化影响比较深厚的国家来讲,仅有市场经济很难孕育出市场主体的独立人格,需要在发展市场经济的过程中设计出适应市场经济发展需要的人才培养计划,以便为市场经济的发展提供所需要的人才。公民意识教育是现代教育的转型,它是以培养人的主体意识和独立精神为主旨的教育方式,它作为使人富有进取精神、开拓能力和创新精神的现代教育方式,与市场经济的发展相契合。

市场经济的第二个特征是契约经济。市场经济条件下,人是独立的,人与人之间摆脱了传统的血缘、地缘等身份限制,人与人

---

① 解思忠:《中国国民素质危机》,中国长安出版社 2004 年版,第 127 页。

之间的关系是以契约为基础建立起来，人与人的交往关系是一种平等的交换关系和交往关系。契约是主体双方进行等价交换、自由竞争的前提，契约确定交往双方的权利义务关系，使权利与义务关系成为市场经济中的主要社会关系，这就要求社会成员必须具有权利与义务意识。我国历史上的权利义务观念都是历史文化传统自然演化的结果，由于我国的传统文化中缺乏权利义务意识生长发育的社会土壤，长期以来，通过移植西方人的概念、术语和规范的做法并不能使权利义务观念深入人心，权利意识、责任观念难以进入人们的实际生活，致使大多社会成员在现实的社会中不能有效地行使自己的权利，责任意识也难以发挥其应有的作用。在个人与国家的关系中，一方面契约具有限制公共权力、防止特权的功能，另一方面契约要求公民的权利得到保障，国家必须履行其为公共服务的职责和义务。可见，在市场经济条件下，无论人与人之间的关系的建立还是人与国家的关系的建立，权利义务关系是契约关系的本质，也是市场经济的内在规定性，保持权利与义务的平衡是市场经济良性发展的关键。对于权利与义务的关系，西方社会学家马歇尔、雅诺斯基也表达了同样的看法。教育作为现代公民的一项权利，它是实现公民权利与义务的工具，公民意识教育是现代教育的新形式，是提高公民意识、培育公民性、普及公民理性精神的重要途径，它是以权利义务意识的培养为核心内容的教育。这说明，市场经济的契约关系与公民意识教育之间有着内在的关联性，市场经济的契约性需要通过公民意识教育培养公民的权利与义务意识为其提供内在支撑，公民意识教育在培育现代社会的公民文化、提升人们的权利义务观念中发挥重要作用。

市场经济在其发育过程中还催生了大量的行业团体、慈善机构、非营利性服务组织等第三部门，形成了多元化的利益主体。各个利益主体为了实现自身利益的最大化，不仅在经济上参与竞争，同时也要求对社会公共事务和政治生活施加影响，参与公共事务和社会政治生活的管理,表达自己的参政愿望和利益诉求,以便形成对自身有利的公共政策。在美国政治社会学者安东尼·奥罗姆看来,"处于较高社会经济地位的人参与政治的比例必然要比处于较低社会经济地位的人高些,这种差别确实可以反映出那些较低社会地位的成员在各方面的不利条件,诸如享有较低级别的信息和较少的闲暇时间"①。

市场经济的主体性、契约精神、多元利益主体推动了现代民主政治的快速发展,公民意识教育是现代民主政治发展的产物,公民主体意识的培养、契约精神的形成都与公民意识教育的理念、内容及目标互相促进。所以,公民意识教育应成为发展市场经济的内在驱动力。

三、全球化发展的时代诉求

随着信息技术和互联网的快速发展,全球各个国家和民族之间的政治、经济、文化交往日益频繁,全球化已成为当代社会的现代语境。世界公民、全球治理、信息时代等成为与全球化时代相呼应的表达方式,当代许多学者开始用全球化的视野来观照、认识当代的社会现实。

信息化与全球化是互为一体的两个方面。正是因为信息的现代化带来全球化浪潮。经济的全球化必然带来政治和文化的全球化,尤其是文化的全球化在全球引起的反响最为强烈。文化的全球化容易使人把全球化与文化霸权、文化帝国主义、文化相对主义、文化殖民地等联系起来,多元文化、文化本土化也是文化全球化过程中产生的一个社会事实。如何处理文化领域中"一与多"的矛盾冲突,既保持自身的文化优势,又积极主动地融入多样化的世

---

① [美]安东尼·奥罗姆:《政治社会学——主体政治的社会剖析》,上海人民出版社1989年版,第290—291页。

界文化中,尽快适应全球化发展的需要;如何在文化全球化中保持自己独特的文化特色是各国必须要面对的事实。

文化的全球化呼唤教育的全球化。每个时代都有自己的特殊教育,全球化时代的到来,为当代中国的教育提供了新的空间和研究视角,把中国的教育纳入全球化的视域是中国教育的未来走向。全球化作为一个"现代性"状态,也是一种思维方式和手段,现代性是全球化的核心。现代性所蕴含的价值理念包括自由与平等、宽容与理解、公平与公正、个性解放、能力本位等,应成为当代中国教育的价值取向。所以,我们应该从这些现代性的理念来思考当代我国的教育。

作为对全球化的回应,我们应加强全球化学习,把全球化作为教育的一种契机,实现教育的全球化。公民意识教育应成为教育全球化的一个重要载体,应实现教育内容和教育方式的全球化调整。首先,在教育内容上,全球化关注人类对社会正义观的普遍遵守。公民意识教育应顺应全球化发展的需要,自觉推行自由与平等、主体性、宽容与理解、公平与公正、个性解放、能力本位等社会正义观念,树立起与全球化发展趋势相一致的公民正义观,促使人类在共同的交往中自觉遵守国际准则和人类社会发展的共同秩序。这种普遍的社会正义观不是基于特殊的文化价值理想基础之上,必须基于公共理性和多元文化之间的协商共识,使不同文化传统、不同宗教信仰、不同道德观点的人们达成重叠共识,形成共同认同和普遍遵守的社会正义观。这种普遍的正义观包含了对异己文化的接纳与尊重,使得不同的文化"不论是以何种语言、在何地、以何种形式、属于哪个族群,都应该被视作文明"①。这种建立在尊重与理解基础上的公民意识教育容易达成教育上的重叠共识,实现不同文化之间的交融。其次在教育方法层面上,公民意识教育

---

① 张伦:《我们能否共同生存》,《读书》2001 年第 12 期,第 61 页。

也要"以更加开放的心态,多元并存的态度、共生互补的策略同时面对东方和西方"①。追求教育方法上的重叠共识,面对文化的全球化,教育必须保持对不同民族的文化之间的平等态度,加强文化之间的协商对话,增强文化领域的宽容与理解。对当代中国来讲,在公民意识教育中一方面保持儒家文化中宽容、仁爱、孝道、礼让等自身文化的优秀成分和特殊魅力,另一方面加强全球化学习,达成本土文化与全球化之间的求同存异和理性对接。

面对无法阻挡的全球化发展势头,教育必须站在人类社会的高度,用人类文明普遍遵守的价值准则和伦理追求来审视自身,按照民主与法制的基本精神来加强公民意识教育,使其与全球化浪潮相对接。所以,我们应该对当前中国的公民意识教育充满信心,使其在加强全球文化整合、减少文化冲突、促进中国价值观的转变方面发挥其内在潜力,成为全球化浪潮中教育的理想追求和价值旨归。

四、社会主义和谐社会建设的需要

党的十六届四中全会提出"构建社会主义和谐社会"的任务。社会主义和谐社会理论是我党对人类社会发展规律认识的深化,也是对社会主义社会发展规律认识的进一步深化,是我党对社会主义发展理论的不断创新与发展。民主法治、公平正义、诚信友爱、充满活力、安定有序、人与自然和谐相处是社会主义和谐社会的主要特征。民主法治和公平正义是社会主义和谐社会的政治要求,诚信友爱是社会主义和谐社会发展的道德基础和道德要求,充满活力是社会主义和谐社会的物质保障,人与自然和谐相处是社会主义和谐社会发展的最终目标。

发展社会主义和谐社会这几个方面的要求内在地蕴含着物质

---

① 王啸:《全球化时代的中国公民教育》,福建教育出版社 2006 年版,第 46 页。

文明、政治文明、精神文明和社会文明的发展理念,建设高度的社会主义物质文明、政治文明、精神文明和社会文明必然要求与之相适应的高素质的人才作支撑,"公民是发展社会主义和谐社会的主力军,如果公民缺乏一种赋予现代社会发展真实生命力的素质,如果公民不能从观念和行为方式上符合现代化发展的需要,必将给社会主义和谐社会建设带来种各障碍"①。另外,我党之所以把建设和谐社会作为当前我国的重大社会课题,是因为我国目前还存在许多不和谐的社会现象,比如城乡差距扩大,人口资源环境压力过大,社会整体道德滑坡,犯罪率上升,社会资源分配不均等不和谐现象已经给社会发展带来诸多矛盾,解决此类矛盾仅仅依靠制度上的设计与建设是远远不够的,加强公民意识教育,提高整个公民的素质是建设社会主义和谐社会的价值诉求。

1. 和谐社会建设对人才素质的要求需要通过学校公民意识教育来实施

建设社会主义和谐社会是对我国社会主义社会发展所提出的较高的目标要求。发展社会主义物质文明、政治文明、精神文明和社会文明都内在地要求具有较高素质的公民和公民能力。因而,根据和谐社会发展的要求,建设高度的社会主义物质文明,需要大力发展市场经济,市场经济的发展需要公民具有独立的人格意识和主体地位,充分参与市场经济,能与其他市场主体公平竞争、平等交换、等价协商。市场经济的发展还要求市场主体应该具有创新意识和法治意识,促进市场经济的有序发展,培育市场主体只有通过公民意识教育来进行。建设社会主义政治文明是实现民主政治和政治现代化的基本条件和政治保证,需要公民具备民主法治意识和权利义务意识,能充分地、理性地参与政治事务和社会公共

---

① 杨福禄:《和谐社会构建中的公民教育问题研究》,山东人民出版社 2010 年版,第 61 页。

事务,为公共政策和社会事务建言献策,公民参与意识、权利义务意识和法治意识的培育是公民意识教育的应有之意。建设社会主义精神文明和社会文明要处理好人与人、人与社会、人与自然之间的关系,这就要求公民具有一定的社会美德和公共道德意识,能妥善协调各方面的利益关系,做到相互平等、相互尊重、团结友善且能有善待自然、保护自然环境的意识和能力,这些能力要求都需要大力发展公民意识教育,为社会主义和谐社会建设和社会发展提供高素质的人才。

2. 学校公民意识教育为和谐社会建设提供人力支持

当前我国学校公民意识教育的基础是对国家和民族的认同教育,对国家和民族的认同意识教育既包括培养对祖国和民族的归属感教育,也包括对社会主义制度的认同意识教育,离开对社会主义的认同,社会主义和谐社会的构建就迷失方向。对祖国和民族的认同教育是构建社会主义和谐社会的前提条件,保证了社会主义和谐社会的发展方向。

公民意识教育的核心是民主法治、自由平等、公平正义教育,公民的民主法治、公平正义、自由平等意识是现代公民应具备的基本素质,也是建设社会主义法治国家和实现政治文明的基本要求,更是实现社会和谐的政治基础和政治保证。学校公民意识教育通过加强对学生的民主法治、自由平等、公平正义理念教育,有利于养成学生的主体意识,使学生具备现代法治国家所必需的民主素质,这对化解和谐社会建设中的各类矛盾,促进社会的和谐稳定具有重要意义。

权利义务意识教育是学校公民意识教育的逻辑起点。公民权利是建设民主政治的基础,也是建设和谐社会的基础,如果一个社会公民的权利得不到保障,国家权力必然会侵染到社会的各个方面,导致权力的腐败与失控,最终会导致社会矛盾加剧。权利与权力是相互制约的关系,只有公民的权利得到充分的保障,权力才能受到制约,民主法治社会的建立才有可能。因此,加强公民意识教育首先应该加强权利意识教育。但权利和义务是统一的,一个国家的民主政治建设不仅体现在权利得以保障,同时也体现了公民义务意识的增强,权利与义务的统一才能体现民主法治国家的健康运行,也体现了社会的安定有序,因而公民意识教育必然是权利与义务相统一的教育。

公民意识教育的重点是公民道德教育。通过加强对学生的公民道德教育,培养学生诚实守信、相互尊重、与他人和睦相处的优良品质,养成学生遵守公共秩序,爱护公共财物,保护自然环境等道德意识,提高了学生的文明素养,使学生能够把个人利益和他人利益、公共利益联系起来,正确处理个人与他人、个人与社会、人与自然等各类利益关系,这不仅是公民意识教育的重点,更是构建和谐社会的基础。

学校公民意识教育与构建和谐社会之间的内在联系蕴含着这样的逻辑思路,公民意识教育的基础、内容、重点和核心都是与建设社会主义和谐社会的要求相一致,是和谐社会建设的重要组成部分。所以我们说,公民意识教育为社会主义和谐社会建设提供人才支持和发展动力。

第二节　公民意识教育:现代学校德育发展的需要

学校公民意识教育作为现代德育的重要组成部分,不仅是社会对公民品行的要求,也是学校德育本身发展的需要,是学校德育适应于国家现代化改革之举,也可以说,公民意识教育是学校教育现代化的组成部分。

一、现代社会发展提出德育发展新要求

我国已经进入现代化发展的全新时期,市场经济的健康运行、

民主政治的不断完善、社会主义和谐社会建设对学校德育也提出了新的要求。现代化要求学校教育培养的人才不仅具有较高的文化素质和专业技能，而且应当具有与现代化发展相适应的现代价值理念和公民素养，学校德育纳入公民意识教育的内容，丰富了学校德育的内容，回应了现代化发展对德育培养人才的新要求，同时也促进了德育的发展。

随着经济的全球化发展，整个社会生活方式、人们的思想观念、伦理道德、社会制度诸领域都受到了全球化的影响，全球化带来的明显变化是促进了社会结构的深刻转型，它促进了中国社会从传统社会向现代社会的变迁和发展，从农业社会向工业社会、信息社会发展，从封闭型社会向开放性社会发展。但是，全球化冲击着人的伦理观念和社会的伦理秩序，催生着新的伦理精神与价值范式的产生，也带来学生道德价值观的多元化，这使我们必须转换思考和观察社会道德问题和道德教育的新视角，把道德教育置于全球化的历史背景下来加以思考，如公民道德教育的问题。学校德育应该以全球的视野观照当代社会发展中的道德问题，自觉按照公民意识教育的价值内涵适时地提升和改进我们的德育目标和德育内容，加强学生对民族与国家的认同教育、全球意识的教育，权利意识和责任意识的教育、政治参与意识的教育等，培养全球化发展所需要的合格公民，从而实现道德教育在全球视域中的自我创新与发展。

我国社会发展的现代化和经济的全球化都给学校德育在培养现代公民人才素质方面提出了新的要求，学校德育要不断适应现代社会发展的需要，满足社会发展提出的人才质量标准，确立新的德育目标，更新德育的发展理念，拓展德育的发展视域，丰富德育内容，创新德育的手段和评价方式。只有这样，学校德育才能与我国的现代化建设的步伐保持一致。

2011年中共中央十七届六中全会通过的《中共中央关于深化

文化体制改革推动社会主义文化大发展大繁荣若干重大问题的决定》提出"要推进公民道德建设工程,加强社会公德、职业道德、家庭美德、个人品德教育"①。这一重大决议给我国学校德育的发展提出了新的要求。一方面提出加强学校道德教育的重要性,要求学校教育应把道德教育作为一个系统的工程来加强建设。从学校德育的内容来讲应是社会公德、职业道德、家庭美德和个人品德的系统教育,从学校德育的实施途径来讲,学校德育应从学校拓展到家庭与社会,从课堂深入到生活,形成学校、家庭、社会的教育合力。另一方面《决定》提出了新形势下加强"公民"道德教育的新要求,从公民的角度提出了学校道德教育的新标准,具有时代意义。

加强公民道德教育是消解当前我国道德领域所发生的不良问题的现实诉求。受市场经济的负面影响,当前我国社会发展中还存在着公民道德责任缺失、道德情感冷漠、道德行为失范以及粗暴践踏社会道德的恶性事件的发生,这些社会现象的发生制度上的因素是其主要原因,但学校道德教育也有责任。徐晓在自己的博客中针对某高校的大学生告发自己的老师"在课堂上批评传统文化和政府的行为"表达了这样的看法,他认为:"一个接受了十多年学校教育的大学生,竟然与现代社会的价值观如此疏远,一个接受了十多年学校教育的大学生,对于现代公民应有的素养却完全陌生,这不能说是教育的成功,这只能说是教育的失败。"②克服市场经济发展中道德领域出现的不良影响,加快我国现代化建设的步伐,消解道德领域中发生的现实问题,学校道德教育就应该承担起为未来社会培养具有爱国、守法、正义、勇敢、诚信、负责等公民品格的重要使命,不能回避现实生活中出现的道德问题进行单纯的道德说教,注重学校教育与现实生活的联系,注重对重大社会事件

---

① 《人民日报》,2011年10月26日。
② 徐晓:《亟待在中小学开设公民教育课或大学生告密折射公民教育缺失》[OL],2008-12-04,http://xuxiao8888.blog.sohu.com.

的针对性教育,提高学校德育的针对性和实效性。

公民道德教育是公民个体自身发展的需要。适应我国现代化建设和经济全球化发展的需要,现代公民只有具备独立自主的市场竞争意识,具备接纳、包容、诚信、合作等公民品格,具备自由平等、公平正义、民主法治等现代价值理念,具备一个合格公民应有的权利与义务意识、公共道德意识、理性精神等基本素养,才能说是现代公民。学校公民意识教育从公民与他人、公民与社会、公民与自然的关系出发,加强公民的主体性教育,构建自身的道德建设,学校德育应将学生个体自身的权利意识教育、责任意识教育、道德自律意识的教育、参与意识教育、诚信意识的教育等公民意识教育来充实德育,作为学校德育的重要部分,促进学生个体道德素质的全面提高,培养现代化建设的合格人才。

可见,加强公民道德教育不仅是社会发展的现实需要,是学生个体健康成长的发展需要,也是学校德育实现自我创新和自发展的需要。公民道德教育要借助公民意识教育来进行,通过学校公民意识教育,学校德育才获取了自我反思、自我批判的勇气和力量,创造自我发展、自我调整和自我创新的教育环境;通过公民意识教育,学校德育才能加强自身教育目标的重新定位,转变传统的思维方式和价值取向,不断更新德育的内容。加强公民道德教育,公民意识教育是其必然的、现实的选择。

二、公民意识教育是学校德育发展的新的生长点

"随着市场经济的发展和我国民主政治建设的推进,以自由平等为基础,以权利义务相统一的公民教育是所有现代国家的必然选择。"①公民教育及公民意识教育在我国现代教育中的基础地位

---

① 蓝维:《公民教育的现代崛起与现时代特征》,《江西教育科研》1999 年第 2 期,第 61 页。

毋庸置疑。我国目前公民意识教育主要由学校的德育来承担,公民意识教育是实现德育改革及创新发展的理想选择,公民意识教育在目标、内容、路径及评价方式等方面都为德育的创新发展确立了新的生长点。

公民意识教育实现了德育培养目标的价值转换。公民意识教育的目标是培养与现代社会发展相适应的合格公民,具有独立人格是现代公民的重要特征。正如鲁洁先生所说,"市场经济的发展确立了人与人之间新型的人际关系,市场经济开辟了培育新型的、独立的公民人格的可能空间,这为当前我国学校德育的发展也开辟了新的发展空间,有利于学校德育培养出具有独立、自由、民主、平等、公正的现代公民提供了可能"①。因而,选择以培养具有独立人格的现代公民作为当前道德教育的价值取向,这既是道德教育内容的现代转换,也是道德教育目标的根本转换。这一目标的转换克服了传统学校德育中的人学空场,使道德成为建构人的精神生活的价值追求;使人的独立性得以彰显,自主、自觉、自尊的人格尊严得以尊重,成为具有积极参与社会生活的能力和意向的人。这一目标的确立为过去的那种人文精神缺失的道德追求提供了新的理论生长点。

公民意识教育丰富了学校德育的价值理念和德育的内容。当代中国所倡导的学校公民意识教育是以民主法治、自由平等、公平正义为基本理念的教育,赋予公民更加丰富的价值内涵,克服了以往德育中将个人本位与群体本位对立的伦理价值观,既是当下人们道德生存方式的必然选择,也与道德教育的时代性特点相一致,实现了道德教育的与时俱进。公民意识教育的内容重在培养学生的权利义务意识、民主法治意识、公共道德意识、社会参与意识等,公民意识教育在内容上融合了古今中外伦理精神与法治精神的精

---

① 鲁洁:《转型期中国道德教育面临的选择》,《高等教育研究》2000 年第 5 期,第 7 页。

华,表现出一种兼容并包、东西融合的公民教育意识。新加坡在这方面的做法给我们提供了许多借鉴,新加坡把儒家的伦理文化传统教育作为公民意识教育的主要内容,但在教学方法上借用了西方国家流行的现代教育教学方法,实现东方的内容与西方的形式有机结合,并取得了明显成效。与传统的德育主要对学生进行思想教育、政治教育、道德教育、法治教育相比,公民意识教育内容不仅是对传统德育的一种丰富和补充,更是对传统德育的突破和创新。它以现代价值理念为基础进行道德教育内容的多元整合,在内容的选择上站在人类社会文明发展的高度,致力于现代人道德素质的提高和人类精神文明的提升。"它客观上实现了各个民族、各个历史时期的伦理文化在道德教育中相互借鉴,形成互补。"①但又立足于中国传统文化和现实国情,把生命本位、诚实、理性、善良、友爱、宽容、协作、自由、自律等融入教育内容,实现了学校道德教育的现代性追求。

公民意识教育实现了德育评价方式的创新,是道德评价的认知评价与行为评价、学校认同与社会认同的高度统一的教育。学校公民意识教育不仅追求学生道德知识的掌握,更追求学生道德生活的合理性,是贴近学生、贴近生活、贴近实际的教育,注重传授学生在生活中能够接受的道德规范和道德价值。在评价学生的道德水平时,它克服了传统德育的认知性评价的局限性,提倡一种具有实质性内容和教育效果的道德评价,注重学生的行为方式、内心世界和真实情感的社会评价,并把社会评价纳入学校的德育评价体系之中,这种评价方式"承认生命存在样式的多样性、价值的多元性,肯定和赏识优质生命存在样式,鼓励生命间的开放对话,导

---

① 李萍、钟明华:《全球化视野中的伦理批判与道德教育的重构》,人民出版社2007年版,第256页。

引体验的诉说与表达"①。在这种评价方式的导引下,学生道德生命的潜力才得以充分开发,通过道德生活的体验,学生的道德行为是发自内心的真实意思的表达。另一方面,如果我们仅局限于学校范围之内来对学生德育效果进行评价,这种评价未必能得到社会的认同,只有把德育的评价延伸到社会生活,得到社会认同才说明德育取得了实效。正如西方著名的教育家赫尔巴特所言:"德育绝不是要发展某种外表的行为模式,而是要在学生的心灵中培养起明智及适宜的意愿来。"②当学生的道德行为只有得到学校和社会的双重认同时,道德对生命的积极意义才能内化学生的真实行动,学生的道德热情才能被激发。

公民意识教育之所以是创新德育发展的新的生长点,还在于公民意识教育蕴含着一种新的教育关系。在当代中国,解构传统的传授主体与接受主体的教学关系,构筑师生和谐平等的教育教学关系已成为教育界的价值共识。公民意识教育追求的是道德个体作为"类"的或"历史性"的主体学习生活,而不是追求对学生的单向的学或教师单向的教的教育模式。公民意识教育在教育教学中强调主体间性,强调师生之间的对话与交流,教师与学生之间是平等的身份主体,不是主动教授与被动接受的关系,教师要特别尊重学生的人格尊严和精神自由,保护学生善良的意志追求,放弃对学生的行为和精神上的种种约束与规训,让学生在自主选择和自主判断中成长,成为具有普遍理性的道德主体。公民意识教育重在发展学生的道德判断、道德选择的能力,尊重学生自由选择的权利,让学生在自由意志的支配下自觉追求有德性的生活。这种在教育方式上对强制与规训的放弃才是真正的有生命力和有价值追求的教育,而不是在教育功利化目标和工具理性支配下的"机械化

---

① 刘惊铎:《道德体验引论》,《陕西师范大学学报》(哲学社会科学版)2003年第1期,第86页。

② 赫尔巴特:《普通教育学》,人民教育出版社1989年版,第39页。

的传输"。公民意识教育在教育方式上的创新也为现代德育提供了新的理论生长点。

综上所述,学校公民意识教育是学校德育发展的现实选择。实现德育的创新与发展不仅是德育自身发展的内在诉求,也是实现德育现代化的必然发展趋势。既是培育公民的现代意识、公共精神和理性精神的需要,也是学校德育与教育现代化、全球化接轨的现实需要。公民意识教育无论从其教育目标、内容与教育理念和教育手段等方面,都是对现代德育的创新与发展,为现代学校德育发展提供了新的生长点。

第三节　公民意识教育:现代公民人格建构的需要

社会结构的深层转型是我国现代化建设的主要特征。生产方式、经济结构、政治结构、文化形态的现代性转型构成现代化的主要结构要素,与上述结构要素的发展相适应,人的现代化应该是现代化建设的核心要素。人的现代化包括人的思想、观念、行为方式的现代化,人的现代化以现代公民人格的建构为前提,现代公民人格意味着学生应具备适应未来民主社会发展所需要的公民意识。有学者认为:"公民理论是把公民意识看作为共同享有民主文化的一员所具有的意识,这种意识强调培养公民参与公共生活的能力和方法,要求公民意识教育培养人的批判能力和思考能力,培养人的自决和自主的能力。"①现代公民人格的培育是学校公民意识教育的价值担当,公民意识教育是实现公民人格现代化的理性选择,公民意识教育是完成现代公民人格塑造的能动力量。

---

① 金生鈜:《规训与教化》,教育科学出版社 2004 年版,第 134 页。

一、现代公民人格及其外在表征

现代公民人格是公民适应现代社会发展需要应具备的人格品质。现代公民人格内涵的建构应有其自身的逻辑特点，从人自身的存在及发展的需要来建构公民人格，自由、独立、平等是现代公民应具备的基本人格素质；从处理人与人、人与自然、人与社会的关系出发建构公民人格，理性精神、责任意识、公共意识是现代公民的本质特征。

自由、平等、独立作为现代公民人格的基本要求，是同一哲学范畴的不同表现形式，是现代公民人格生成的前提。人的自由、平等、独立是不可分离的，它们都是人的存在状态，从存在论意义来讲，人的自我生成是自由的，每个人都是自己的主宰，是自主和自律的，是自我决断和选择的主体，自由是对人的权利的普遍确认，自由与独立是同一的，都是人的存在的最基本的价值追求。国内学者金生鈜认为："无论是成熟的成年人，还是幼稚的儿童，不论是富人还是穷人，不论是掌管权力的政府官员，还是远离政治的人，都享有平等的自由。"

人是自由的存在，同时也是平等的和独立的存在。作为权利存在的自由，主要是指政治自由，亚里士多德曾经说"人是天生的政治动物"，自由作为一种政治权利而存在，后来经过西方资产阶级思想家们的发展，洛克把自由、生命和财产作为人的三大天赋权利，是应该受到法律保护的。人的政治自由有两种表现形式。一种是积极的自由，是人作为一个能动者的主体的自由，能够积极关注和参与社会事务，能够根据自己的判断和意志决定自己的政治生活，把自己对政治生活的价值追求交给了自己。消极的自由是有责任限制的自由，它把自由约束在自由的责任之内，消极的自由要求一个人在行使自己的自由和权利的时候，不得妨碍别人的自由和剥夺他人的权利为前提。正如罗素所说："我们所要追求的自由不是压制别人权利,而是在不妨碍他人的前提下按照我们自己选择的方式进行生活和思考的权利。"①

平等作为现代公民人格的组成部分,也是人的基本权利。平等意味着不依附外在的强制和压力,是不可剥夺、出卖、让渡的。作为现代公民,在人格上是独立的,在权利上是平等的,尤其是人的价值、尊严和发展权都是平等的。平等表明任何人的行为都是出于自己的意志和理性选择而行动,同时也要尊重别人的意志和理性选择。哈耶克的话证明自由和平等作为哲学范畴的现代人格的关系,自由就是把别人的强制削弱到最小限度。任何人在任何条件下都有不受他人的歧视和任何处置的自由,任何社会规范、政治理论、伦理道德、法律制度等都不能压制、干预个人的自由。现代公民一旦失去自由,就失去了获取德性、智慧和真理的基础和前提,没有心灵和思想的自由就没有创造和创新。正是有了现代公民的自由、平等、独立等人格品质,才促进人性的不断丰富和经济的繁荣发展。

理性精神是现代公民人格的道德理想和终极价值追求,是人的一项重要人格品质。理性首先意味着人的独立思考和审慎判断,以科学的态度和方法指导自己的言行。理性是人的一种思维方式和认识活动,反映了人的认识能力,如对概念进行判断、推理或认识的能力,也包括了人通过自己的行为获得知识的能力。其次,理性精神包含着正义的价值理念,是人类对正义的无限向往和追求,对规则和秩序的自觉遵守,理性精神的获得过程是人类与公平、正义和善的世界交往的过程,也是人逐渐走出蒙昧与无知,不断走向正义与善的过程。再次,理性精神的实质和内核在于人类对美好精神生活的向往,对和谐美好的社会秩序保持高度认同。因而理性使美好和善的生活成为人的真正归宿和福祉,使人过上

---

① ［英］罗素著:《自由之路》(上),李国同等译,文化艺术出版社 1998 年版,第 221 页。

真正向善、崇真、尚美的生活。正如一些学者所言："理性精神是人类对自身生活保持的一份高度警觉,是对开放、尊重、真诚、民主、平等的守护,是对自然的真理的守护,也是对公共生活健康的守护。"①

把握理性精神的实质应该保持对理性的工具化和对象化的自觉抵制和警觉。人类进入工业社会以来,随着科学技术的不断发展,人类进入了技术几乎控制一切的时代,技术渗透到生产、消费、管理等各个领域,这使工具理性逐渐在自然和社会中寻求到自身存在的合理性,人被生活在其中的各种合理性所控制,并把这种合理性当作生活本身的合理性,个人的理性精神被淹没是必然的。在工具理性的扩张中,人的理性精神逐渐陷落,个体陷入他治、盲从与迷信、蒙昧和偏执等非理性状态,造成个人和社会公共理性的缺失。

责任意识是现代公民应具备的重要人格品质。前面已经论述了人是自由、平等、独立的存在,人的自由、平等与责任是密切相关的。作为存在的自由意味着每个人是自主自律的个体,同时又是自我选择、独立思考的个体,这就要求人要对自己的思考与自我选择承担相应的责任。作为权利存在的自由意味着人是天生的权利拥有者,人的自由、财产、生命权是天生的,应该受国家法律保护。这就是说人们有权追求属于自己的各项权利,但人在行使自己权利的时候,又负有不得侵犯他人权利的相关责任。哈耶克也在其《自由秩序原理》一书中对自由与责任的关系作了比较充分的论述,在他看来,"自由不仅意味着个人拥有选择的机会并承受选择的重负,而且还意味着他必须承担其行动的后果,接受对其行动的赞扬或谴责,自由与责任切实不可分"②。

---

① 金生鈜:《规训与教化》,教育科学出版社 2004 年版,第 41 页。
② [英]弗里德利希·冯·哈耶克:《自由秩序原理》,邓正来译,北京:生活·读书·新知三联书店 1997 年版,第 83 页。

公民的责任意识的养成对其个人及整个社会都具有重要的价值。对公民个体来讲,人生的价值不在于他的人生追求达到多么高的程度,人生的意义及价值在于为自己、为他人、为社会和国家是否承担了相应的责任。一个充满责任意识的现代公民不仅不逃避他应尽的社会责任,而且能够积极主动地承担责任,把承担责任作为自我实现、自我超越的评判标准,一个具有责任感的人才能拥有自己的精神寄托,才能在无限的世界中获取永恒。对社会而言,民主法治、公平正义、团结友善、诚信友爱的和谐社会应该是人人充满责任感的社会,而不是把追求 GDP 的增长作为衡量社会发展的主要指标。"天下兴亡,匹夫有责",在一个充满责任感的社会中,每个公民都把国家和社会的命运与自身所承担的社会责任紧密地联系起来,一个国家兴旺发达的标志在于他的公民对他人、对群体、对社会和整个人类承担和履行怎样的责任。一个社会公民责任意识的缺失会带来整个社会的公德意识淡漠、功利主义泛滥、人类生活意义的失落等灾难的发生。因而,公民责任意识的培育无论对和谐公民人格的建构还是对我国的现代化建设来说,都具有重要的价值。

公共精神是现代公民人格的社会基础和价值担当。公共精神是基于公民的公共生活而获得的关于公民的理性、德性和公民风范。公共生活是与现代公民生活私域相对的生活场域,公共生活实践是个人生活实践的主导,是个人德性和理性精神形成的母体,个人只有在公共生活实践中才能体现出向真、向善的人格品质,只有在公共生活实践中,公共精神才能得以生成。学者金生鈜对公民的定义就是基于公民的公共生活实践的视角,他认为,"公民不是特定的共同体中的政治身份,而是一个人在实践公共生活(或者更为彻底地说在具体的社会中的生活)中的自由人的身份"[1]。由

---

[1] 金生鈜:《规训与教化》,教育科学出版社 2004 年版,第 122 页。

此得出,公民资质是只有在公共生活实践中才能获得的身份认同,公共精神只有在参与公共生活的过程中才得以展现,体现了公共精神的形成与公共生活实践的内在相关性。这与政治上或法律上的公民身份不同,政治或法律上的公民身份体现了个体与政治共同体的相互关系。

公民德性是现代公民人格的核心要素和重要载体。自由、平等、独立是现代公民人格的基本特征,现代公民只有在平等、自由的条件下才能充分参与公共生活,形成与不同主体之间的相互合作,提升他们的自我价值感;公民的理性精神和责任意识是在参与公共生活中基于对社会公平、正义等社会价值的正确判断形成的。因此,对公共生活的伦理性价值判断形成了公共生活的基本道德,公共生活领域的价值正义、制度规范、社会合作、对他人的尊重、公民的基本道德等都是一切道德生活的前提条件,正是有了公共生活正义与善的实践,公民德性的形成才成为可能,并在公共生活实践中公民德性得以提升。公民的德性对公民个体生活和公共生活的善的追求,麦金泰尔作了这样的论述:"德性必定被理解为这样一种品质:将不仅维护实践,使我们获得实践的内在利益,而且也使我们能够克服我们所遭遇的伤害,危险、诱惑和涣散,从而在对相关类型的善的追求中支撑我们,并且还将把不断增长的自我认识和对善的认识充实我们。"①

自由、平等、独立的公民人格、理性精神、责任意识、公民德性作为现代公民的基本人格品质,作为公民在公共生活实践中的获得性品质,是经过学习和教育可以获取的,现代教育应在现代公民人格品质的建构中大有可为,现代公民人格的培育必须有与之相适应的现代公民意识教育作支撑。因此,传统人格教育向现代公

---

① 〔英〕麦金泰尔著:《德性之后》,龚群等译,中国社会科学出版社1995年版,第277页。

民意识教育的转型不仅是现代公民人格的价值诉求，也是现代教育的必然选择。

二、传统人格教育的错位及向现代公民人格教育转型的历史必然性

现代公民人格的基本特征对公民意识教育提出了价值诉求，但在我国传统人格教育中，人格教育的错位现象制约了现代公民人格的培育。反思我国多年来的人格教育历程发现，教育中确实存在着许多令人担忧的现象，它使我们的教育潜藏巨大的危机，使人的道德人格和责任意识的生成面临着障碍和困境，使人类共同的精神追求无法实现。具体来讲，学校教育中的人格错位现象，有几个方面尤其值得关注。

教育的主体性缺失导致学生人格错位。教育的主体性要求在教育中，教师应把学生当作具有独立人格和精神自由的人来看待，尊重他们的个性成长，尊重他们的个性差异，尊重他们的人格尊严，使学生成为具有精神追求和价值判断能力的人，成为有道德追求和渴望美好生活的道德主体，而不是教师塑造下的一个个被动接受知识的容器和袋子。反观当前的学校教育，教育成为对学生全面控制的工具，表现为课堂上教师对学生无条件的支配与掌控，学校纪律对学生的严格约束，用建构好的知识体系强迫学生接受，学生没有独立思考的余地，学生对学校和教师的教育内容和教育方式有时不能接受，却很少提出质疑和要求，更不敢起来反抗或表示不满，因为他们已经习惯了这种被动式的逆来顺受。

中国传统人格教育中有道德本位至上的特点，却忽视了现代公民人格教育中理性的启蒙的重要意义。中国传统的人格教育高度重视德性的养成教育，把追求理想的道德人格即"圣人"道德人格作为教育的最高理想，强调人的仁爱孝悌、谦和好礼、诚信知报、修己独慎等封建伦理道德规范的重要性，强化了个体对群体无条

件的服从意识,这种重德性尤其是重礼教的教育方式强化了人格的依附性,表现在教育中就是学生无条件服从家长和老师的要求。现代教育应是一个理性的启蒙过程,教育的理性启蒙在于教育应克服学生的被控制与依附状态,培养学生具有运用理性的勇气,使学生在理性的追求中获取对未知事物的好奇、探究的生命冲动,理性的勇气使学生的行为奠定在理智判断的基础上,自由地做出自己的决定,这种自由使人过向善、向真、向美的生活,使人把精神解放和人格完善作为终极价值目标。教育的理性启蒙反对任何形式的强制与规训,它意味着普遍理性的形成与运用,意味着对专制、独断、压抑、控制、教条、规则等的质疑和否定。

教育中的人格错位还在于教育中教师的霸权与支配权对受教育者的强烈的塑造心态。受应试教育的影响,我国的学校教育成为知识化教育的代名词,使教育成为一种无人的教育,主要表现为教育体制、知识形态的教育与意识形态的教育结合起来,形成相互支持的合法性教育体系,尤其是意识形态教育在政治系统的支持下取得合法性地位,形成对教育无所不能的霸权局面。教育中的人格缺失还在于它的威权意识,它依靠教师、家长的权威,为受教育者设计好成长的道路,甚至为他们的未来都规划了美好的蓝图,使受教育者处于被归顺、被修正、被监护的状态,这种专制式的教育使学生不能独立,缺乏创造性,不能按自己想要的方式去选择自己的生活,容易出现思想上的叛逆或者人格扭曲,造成人的理性精神的匮乏。

传统人格教育中自我实现的异化导致个体人格错位。受现代性和后现代性思潮的影响,教育的工具理性的倾向使得教育不断调整自身,适应社会机构的运作、生产过程、消费过程的合理性,教育所生产的个体也迎合了这种合理性的需要,把工具理性当作个人生活的合理性,工具理性也实现了对人的控制与对社会控制的高度统一。在这种高度规训式的教育中,个体失去了本真的自我追求,也谈不上自我价值的实现和超越。现代教育导致公民人格错位的另一方面的表现在于教导学生追求利益的最大化,使学生关注自我利益的实现,追求感性自发和感官释放,把外在的利益追求和感性享受作为生活的价值目标,个人对外在利益的追求作为成功的标志,生活中慢慢与道德的追求失去了联系,造成个体人格中道德价值和意义的缺失,这就是现代教育的去道德化和去价值化的实现。在现代教育的功能化倾向的教导中,自我的道德感越来越空虚,人逐渐失去了与道德自我的内在联结,学生无法在教育中获得生命的真谛。

学校教育中的同质化现象造成学生人格的同质化。现代教育是一种同质性教育,漠视学生生命个体的差异性和独特性,用同一种教育内容、同一种教育方式、同样的学校纪律对学生进行整齐划一的教育,这样的教育培养出来的学生几乎看不到个性和独特,也看不到学生的创新和创造,学生只能被动接受教育为他们所设置和预定好的一切轨道,沿着这条轨道前行,教育的结果是学生的服从与逆来顺受,缺乏批判性、质疑和否定性思维能力,学生成了教育中的一个机器部件,教育把他安装在哪里,他就循归蹈矩地固守在被预订好的位置。这种教育培养的学生只是为了满足自己私欲的同质性个体,是极端自私自利的个体,而不是具备公民德性的现代公民,是失去个性解放和个性差异的主体这种教育造成学生精神追求和内在灵魂的无差异性。

学校教育中学生公民人格的错位不仅造成学生精神的危机,带来学生道德价值观的失落、自我实现的迷思和学生内在精神的虚无,这种错位的人格教育培养出来的学生是与现代公民的人格特质相悖离,也与我国的教育现代化及人的现代化格格不入。进入近代以来,我国早期的先进知识分子和资产阶级思想家们就开始了对近代国民人格的改造思想,确立了自由、平等、独立的近代资产阶级的人格价值理念,为塑造现代公民人格提供了坚实的理论基础。改革开放以后,市场经济的发展为现代公民人格的确立开辟了新的空间,主体性和主体意识成为市场经济发展的人格诉求;现代民主法治建设的不断推进为现代公民人格的确立提供政治保障,民主法治、公平正义等理性精神成为民主法治社会的理想人格的价值旨归,这些为实现传统人格教育向现代公民人格教育转变提供了思想先导和经济、政治、社会组织保障。近年来我国学界关于现代公民人格建构的理论研究也实现传统人格教育向现代人格教育的转型的理论支撑,现代公民人格建构正是在此基础上的内在逻辑展开。

但现代公民人格不可能自发生成,也不可能依靠自身的力量来实现,公民意识教育是现代公民人格教育的真正价值诉求,它使教育成为提升人的精神、追求理想道德人格、充盈人性的教化力量,成为人的内在成长的根基和促使人过向善的生活的导向。学校公民意识教育作为启发学生的公民意识、塑造权利与义务的主体、启迪学生的理性精神和理性自觉的教育,应成为塑造健全公民人格的价值担当,也是现代公民人格教育的应然选择。

三、公民意识教育:现代公民人格生成的教化力量

公民意识教育是对传统规训式教育的超越。传统的教育是以规训的方式为主导的教育,这种教育方式是以控制、强制、压制、支配、塑造为主要特征的教育,这种教育的结果是人的主体地位缺失,人成为追求名利和物质欲求的工具,个体满足于外在的物欲的享受和快感的追求,人的个体化表现突出。规训化的教育在于对普遍理性的践踏,对工具理性的强烈追求导致理性主义的普遍化,理性的对象化和工具化是教育全面控制的结果。规训化的教育还表现在人的精神自由的丧失,人不能按照自己的思想去选择,只能沿着被设计好的方向去行动,使人失去了思想的自由,失去了德性的追求。公民意识教育是对传统规训化教育的一种超越,它以独

立型人格的养成为基本的教育目标,以培养学生的健康个性的教育来取代人的全面发展的教育,它是人的精神自由发展和精神创造的教育过程,把人的自我实现作为人的终极价值追求,它关注人的自我成长和自我发展,用教化的方式引导人的精神自觉实现人的灵魂自由,它是一种重在启蒙和教化的教育方式,它在教育目标、教育内容和教育手段上都是对传统规训化教育的超越和革新。

公民意识教育是人的理性启蒙和德性的生成性教育。理性启蒙是公民意识教育遵循的价值理念,德性是公民意识教育的核心和灵魂,理性、德性等主体性品格都是生成性品质,这些品格是可以启蒙,也是可以教化的。对公民进行理性的教化和德性的启蒙不同于一般的教育,教化和启蒙不能急功近利,不能以自由、民主为幌子对学生进行精神的压制和身体的强制,或者对学生进行自我的异化教育。现代公民意识教育的本质在于是一种自由平等的教育,这种教育有助于启迪学生的智慧、勇气和灵性,使学生灵魂深处善的追求、普遍的理性精神及德性都得以充分地展现;这种教化的力量在于使学生摆脱外在的权威,追求受教育者的内在的人格平等和意志自由,这种教化使人摆脱内在的虚假意识、自我压抑、内在蒙蔽状态,成为自己的主宰,实现自己的自主与自治。正是有了对自由平等价值理念的追求与感悟,才有了学生的理性精神和善的理念,才形成了学生在生活实践中审慎反思的态度,促使学生能够对自身生活做出有价值的判断和选择,养成学生承担起社会伦理责任的能力。人正是有了理性和德性,自由、平等、独立等公民人格才得以进入启蒙和教化的内涵结构中,成为人实现最高本质的标志。正如康德所指出的:"人类是有理性的存在物,我们内心的道德律使我们独立于动物性,甚至独立于感性世界,追求崇高的道德理想,摆脱尘世的限制,向往无限的自由世界。这才是真正体现了我们作为人类的价值和尊严。"①公民意识教育作为启蒙和教化的本质力量就在于此。

公民意识教育是促进公民人格自我实现的教育。公民人格的本质特征内在地决定了它是以公民个体独立的身份意识建构为前提,公民意识也是基于公共生活以及在公共生活的实践中获得的个人身份和个人意识。公民意识教育只有在肯定个人,把个人作为教化的终极单位,肯定个人的精神自由,肯定个人的人格平等,肯定个性的多元际遇中才能产生教化的力量。维护个人选择、批判、反思、质疑、型塑自我成长的空间,也是公民意识教育的价值指向。当代学校的公民意识教育应超越传统的意识形态教育的霸权话语或支配地位,营造人性化的教育场景,给教育者和受教育者创造出平等的对话氛围,实现师生之间的平等交往或对话。通过平等的主体间的相互沟通,彼此分享平等教育对话活动,在教育者主体与受教育者主体之间建立起彼此相互的关怀、信任、尊重与欣赏,这样的教育才能听到不同的声音表达,允许个性的多元化,个体才会在交往中获得价值的认同。

公民意识教育有助于培育公民个体的公共关怀意识和公民道德意识,形成公共精神。公共精神是公民关心公共事务,维护公共利益,承担公共义务的态度与行为,公共关怀和公民道德是现代公民人格的重要组成部分,人只有生活在一定的社会关系中、通过与他人的交往才能成为完整的自我,离开了公共生活,个体的自我价值无法得以实现,没有公共生活的公共责任意识和公民道德意识,就无从形成健康的公民人格和完善的个体自我。所以,培养学生的公共精神应重点强调参与意识的培养与习得,因为只有通过教育者与受教育者共同的行动和积极参与,使受教育者切实感受到生活在一个积极的、完整的、真实的公共世界中,在这个公共的世

① [德]康德:《实践理性批判》,韩水法译,商务印书馆1999年版,第164页。

界中,每个人都能通过与公共生活的联结,以自己的思想与行动建构自己的公共道德生活,在公共生活中追寻自己的价值理想,实现自己的关怀意识。这种参与式的教育,借助对话、协商、合作创造了自我实现的公共生活空间,促使个体过真正的道德生活,实现了教育的终极价值目标与公民个体的内在渴望。

现代公民的人格特征给学校教育提出了现实诉求,传统人格教育中的理性错位、人格缺失、生命异化等教育异化现象与现代教育本质的背离决定了它必然向现代公民人格教育转化。当代学校的公民意识教育是学生个体理性和德性的启蒙教育,也是学生自我实现的教育选择,又是学生公共精神和责任意识的教化力量,它超越规训化的教育障碍与困境,摈弃了传统人格教育的浅薄和势利、控制与霸权、平庸与狭隘,消解了各种教育形式的知识霸权、话语霸权和理性霸权,实现了公民个体自由与自律的统一,理性与德性的融合,欲望与意志的统一,实现了人的自我创造和精神追求,完成了现代公民人格的伦理建构。公民意识教育作为对人的自由自主的教育,它是现代公民人格教育的实然和应然选择,也是实现教育现代化的必由之路。

第四节 公民意识教育: 学生个体政治社会化的需要

建设高度的社会主义政治文明是社会主义现代化建设的重要目标之一。政治文明建设除了要求社会的政治制度、政治规范的现代化与民主化以外,关键是人的政治观念、政治行为的现代化与民主化,即要求公民个体对国家的政治制度、国家的基本性质和国家的路线、方针、政策等有一定的理解和把握,还应具备参与国家和社会的政治生活的能力,具有一定的公民美德,把一定国家的政治理念内化为自身的政治文化价值观,实现其政治行为的合理化与现代化。思想政治教育是我国学校政治教育的主渠道,是对学生进行直接政治社会化的教育过程。公民意识教育作为对思想政治教育的完善和补充,它的主要目的就是向公民传递特定社会的政治文化价值观,培养公民的主体意识,提高公民参与国家和社会政治生活的能力的教育,是对思想政治教育的奠基工程,也是促进个体政治社会化的重要因素。

一、公民个体政治社会化及其过程

对公民个体政治社会化的研究,我国学者多从政治学的视角来进行。本书所说的公民个体政治社会化,是作为学校教育对象的学生,经过学习把一定社会的政治思想、政治制度、政治规范等内化为自身的政治理念,形成与一定政治社会相适应的政治态度、政治信仰、政治理想、政治行为等的过程。这一过程既是学生个体主动学习政治文化的过程,也是一定社会的政治系统有目的、有意识地向学生传播政治文化的过程。这一过程的实施主要是依靠学校公民教育来进行。笔者认为,公民个体的政治社会化是一个过程,这个过程要通过两个步骤来完成:

一是通过国家的政治系统和实施政治社会化的具体机构来完成。作为学生个体政治社会化即政治教育的直接实施者,学校负有责无旁贷的职责。为贯彻一定社会政治系统的路线、方针、政策,学校要有计划、有目的地对学生进行政治教育,这一教育主要是向学生传授一定的社会政治知识和政治文化,影响学生的政治立场和政治态度,培养学生对一定社会政治系统的归属感,使学生获取正确的政治认识和政治支持,形成正确的政治价值观。

不同学者对政治文化的理解会有一定的差异。美国学者加布里埃尔·A.阿尔德蒙把政治文化理解为这个国家的成员中政治目标取向模式的一种特殊分布。它包括认知取向、情感取向和评价

取向。① 我国学者丛日云认为:"政治文化是政治体系的基本倾向
或心理方面,它包括一个民族在特定时期普遍奉行的一整套政治
态度、信仰、情感、价值等基本取向。"②王惠岩认为:"对以政权为核
心的政治统治体系而形成的政治思想、政治意识、政治情感就是政
治文化。"③本书认为,政治文化是与一定社会所信奉的、与该社会
主流意识形态相适应的政治思想、政治规范和政治价值观的总称。
因此,一定的社会政治系统为了维持其政治体系的有效运转和稳
定发展,必然要通过政治教育机构进行政治知识的灌输或政治行
为的训练来完成政治文化的传播过程,并把该政治体系所确认的
政治思想、观念、意识、行为方式内化为其社会成员的政治信念。
学校进行政治知识和政治文化的传播过程,既是一定社会统治阶
级实现政治控制的一种方式,是社会主流意识形态的形成过程,也
是对学生进行一定社会意识形态的教育过程。通过这种教育,以
促进社会的稳定和发展,保证统治阶级的统治。

　　学校传播政治知识和政治文化的主要目的是形成政治认同过
程。政治认同是指人们在政治生活中对一定社会政治制度、政治
规范、政治价值观的合法性所产生的认同感和归属感。在学者马
振清看来,政治认同首先是政治成员对自己政治身份的确认过程,
即加入某一党派使其作为某一政党的成员,追求某一种政治信念,
成为其积极的追随者。其次,作为某一政治组织的成员,能够积极
参与该组织的各类活动,服从政治组织的安排,接受该组织的行为
要求,支持该政治组织的路线、方针和政策。④ 政治认同有助于政

　　① [美]加布里埃尔·A.阿尔德蒙:《公民文化——五国的政治态度和民主》,马殿
君等译,浙江人民出版社1989年版,第16页。
　　② 丛日云:《西方政治文化传统》,黑龙江人民出版社2002年版,第3页。
　　③ 王惠岩:《当代政治学基本理论》,天津人民出版社1998年版,第142页。
　　④ 马振清:《中国公民政治社会化问题研究》,黑龙江人民出版社2001年版,第
111页。

治体系的成员确立共同的政治目标，积极参与和支持政治制度和规范的制定和执行，促使政策获得合法性，对政治体系的稳定十分重要。政治认同不会自发产生，尤其是处于成长中的青年学生，他们的人生观、世界观、价值观极不稳定，容易受不良思想倾向的影响，政治认同程度相对较低。对他们的政治认同教育显得更为重要。学校进行的公民意识教育从培养学生的公民意识着手，通过公民的自我政治身份认同教育，促使他们产生对国家、民族的责任感和归属感，从而对国家的政治制度、法律政治和社会制度产生自觉认同。

二是公民个体政治社会化是公民个体的政治人格和政治自我的养成过程。在当今社会，一个合格的公民必须具备全面公民知识，对现存社会政治有较为深刻的了解与把握，对一定社会的政治文化有自觉的认同，具有一定的政治敏锐性，这是公民政治社会化的前提和基础。所以，在公民个体公民人格的塑造和形成过程中，公民多方面吸收政治信息，了解与自身相关的政治事务，积极参与政治活动，形成正确的政治判断和政治意识，从而做出与一定社会政治现实相适应的政治行为。这一过程促进了公民个体政治素质的提升，逐步实现公民个体的社会化和政治化，使公民逐渐从个体人到社会人再到政治人成长转化。

但是，公民个体对政治文化的主动学习和政治自我的形成过程是一个复杂的过程，由于公民个体自身所处的社会地位、家庭背景、文化素质、知识结构、心理认识、接受能力等方面的差异，会影响公民个体政治社会化的进展和政治社会化程度。尤其是在学校教育中，多数学生处于成长时期，学生的认知能力和接受能力表现出很大的差异，对政治知识的学习、对国家政治制度及政治规范的理解与接受也会有差异，他们的政治社会化依靠自身的能力无法独立完成，需要借助于公民教育的力量分阶段、有计划地完成。

学校的公民意识教育在对学生进行政治知识、政治情感、政治态度和政治行为的塑造过程中,最基础的问题就是公民的社会政治地位的定位问题。纠正长期以来我国在公民意识上存在的错位问题,确立公民对自身的政治地位和社会身份的认同,对权利与义务观念的正确意识,树立平等观念和公正意识,养成自觉的政治行为,实现政治认知和政治实践的统一。也就是说,公民个体政治社会化的过程与学校公民意识教育在目标、内容、定位等方面有着内在的契合。

上述两个过程是一个辩证统一和良性互动的过程,在前一过程中,我国传统的思想政治教育在意识形态教育过程中发挥了极大的指导作用。但在公民政治人格的塑造过程中,传统的思想政治教育显示出其实效性上的不足,公民政治人格的塑造不可能单独依靠理论的灌输来完成,只有借助公民意识教育,提高学生的政治参与意识与参与能力,激发学生的政治热情,促使公民个体形成民主社会所需要的政治能力。所以,这两个步骤是一个传播与学习的过程,是学生个体接受的政治理念转化为政治实践的过程。

二、公民意识教育是公民个体政治社会化的助推剂

党的十七大报告确立了现代公民意识教育的核心理念,即民主法治、自由平等、公平正义理念。民主法治是社会主义政治文明和民主政治的本质要求,也是实现政治现代化的必由之路。自由平等是公民依法享有的基本权利,是公民参与社会政治生活的基础和前提,社会主义国家的公民享有宪法和法律规定的各项自由和平等权利。公平正义是人类对理想社会生活的永恒追求,也是社会发展进步的重要价值取向。社会主义国家通过公民意识教育,为推动社会主义民主制度化、规范化、程序化积蓄力量,有利于发展社会主义民主,建设社会主义法治国家。确保公民的各项自由和权利,实现社会各种利益关系的协调发展。学校实施公民意识教育的过程就是把民主法治、自由平等、公平正义的理念内化为

公民的自觉意识的过程，就是增强公民对民主法治、自由平等、公平正义的理念的理性认识，扩大公民的政治参与，提高公民民主政治生活的经验和技能的过程。因此，我们说，公民意识教育的基本理念的形成过程，也是公民个体正确的政治思想、政治态度和政治行为的确立过程，是公民个体逐步政治社会化的过程。

公民意识教育的本质是塑造公民的政治人格和民主精神，不断提升公民个体的政治素养。学者高峰认为，现代公民政治人格包含三个因素，首先，要求公民个体必须具备主体意识，对国家制度、法律制度自觉的理性认识；其次，公民政治人格应具备权利与义务相统一的观念，懂得一个合格的社会公民应该享有的基本政治权利和应尽的社会义务；最后，现代公民政治人格还应具备民主、平等、法治等现代精神，现代精神是法治社会的基本准则，是现代公民的基本素养。现代公民的主体意识的形成、政治权利的行使与社会义务的履行、现代公民精神的养成都不可能自发形成，只有在现代公民意识教育过程中通过公民知识的传授、公民技能的训练和公民品德的教育才能形成。现代公民的民主精神也包括理论和实践两个层面的内容。一是对民主政治国家核心价值理念的自觉理解与认同，应掌握一定的民主政治知识。二是具备参与民主政治生活的能力，民主政治知识的学习和民主政治能力的培养是各国公民意识教育的主要内容。学者唐克军在《为民主生活做准备》一文中，探析了西方国家公民教育在培养学生民主参与知识和参与能力的成功做法。该文中提到："法国的《初中教学大纲》明确规定：'公民教育必须使学生理解民主生活准则及其基础，了解国家机构及其历史渊源，并对当今世界尊重人权的条件和方式进行思考，即宽容、团结、种族平等、民族共存；公民教育应使学生能够满足他们滋生对自由与正义的要求，并能负责地面对当代的各种问题与挑战。'"①

公民意识教育的目标和任务具有政治性。它为一定社会的政治集团服务,是培养与一定社会政治系统相适应的合格公民的教育。公民本身是一个政治和法律概念,公民意识是公民对自身在政治国家和社会生活中政治地位和法律身份的自我确认,对自身权利与义务关系以及对公民与国家、公民与社会、公民与公民之间相互关系的认识,对社会政治系统及各种政治问题的情感、态度及价值观。权利与义务意识是其观念系统的核心要素,参与意识是公民意识的本质体现。社会主义公民意识教育是培养与现代民主政治和法治社会适应的现代意识的教育过程。公民个体现代意识的形成本身就是对一定社会政治系统的自觉认同过程,同时也是个体政治情感、政治态度和政治价值观的形成过程,又是政治行为的确立过程,因此说,对学生进行公民意识的教育、培养学生公民意识的过程同时也是学生个体政治社会化的形成过程。

公民意识教育所依赖的社会环境需要严格的政治条件。公民意识教育是市场经济和民主政治的产物。市场经济和民主政治对公民个体提出了更高的政治要求,市场主体必须有独立自主的人格特征和权利与义务观念,具有对民主政治强烈的渴望和参与管理社会的能力。独立的主体意识、权利与义务观念、参与能力都不会自发产生,需要通过公民意识教育和公民政治社会化的生活实践来培育。学校在对学生实施政治社会化的实践教育中,促进了学生的政治素质的成长和政治社会化方面的进展。

西方国家公民意识教育的实践历程证明了它是公民个体实现其政治社会化,培养政治人的过程。法国重视人权教育,德国重视民族认同和民主政治教育,美国注重对国家政治机构、相关政治人

---

① 唐克军:《为民主生活做准备——西方学校公民教育探析》,《外国教育研究》2004 年第 2 期,第 54 页。

的政治生活和国际政治关系等相关政治事务的了解与把握，亚洲的新加坡推行多元文化之间的认同教育，政治认同是公民个体政治社会化的有效方式之一。综观西方国家公民意识教育的有益经验，我们可以看到，公民意识教育的一个重要功能就是通过政治社会化的过程塑造公民的政治心理和政治意识，对学生来讲，通过加强学校公民意识教育，能够使学生对党在新的历史时期的政治路线、方针、政策有正确的理解和把握，形成学生正确的政治观念和特定的政治行为。

三、公民意识教育提供了公民政治社会化的民主政治实践

以政治文化的传播为主要特征的公民政治社会化是一个国家政治体系稳定的基础和前提。公民个体政治社会化既是公民意识教育的价值诉求，也是个体政治社会化对学校公民意识教育提出的现实要求，那么，如何实施学校的公民意识教育，实现个体的政治社会化？除了依靠学科化、课程化等显性的教育方式进行政治知识和政治文化的传播和政治理论的教学以外，从实践层面来讲，隐性的教育方式渗透性更强，更具有直接的教育意义，如主体意识和参与意识的培养是学校公民意识教育的主要特征和公民个体政治社会化的路径选择，而主体性和参与性应成为公民个体政治社会化的基础和前提，这一目标的实现有赖于一个民主的班级、校园和社会公共生活。因而，重建我们的校园与社会生活，让学生生活在一个班级、校园和周边社区建设更加民主的社会氛围中，积极参与校内及校外的各种政治生活实践，公民意识教育的政治社会化功能才能充分展现。所以，公民的政治生活实践也是公民个体政治社会化的重要路径选择。

公民政治生活实践就是通过学生参与学校或校外的重大政治事务的管理、政治成员的选举和对相关政治政策提出建议对策等活动，培养学生的主体意识和参与意识，增加学生对政治生活的热

情和关注。主体意识是公民个体对自己在国家和社会生活中主人地位的自我确认,参与意识是作为主体的公民的社会责任感的一种体现,是公民对社会公共事务和政治活动积极主动的关注和参加。公民意识教育过程中要突出学生的主体地位和参与意识的培养,选择有针对性的实践性活动显得尤为关键。应让学生深入政治生活实践,在生活中体验其主体意识与参与的价值。我国著名教育家陶行知先生曾提出"生活即教育",就是给生活以教育,用生活来教育,为生活向上的需要而教育。也就是说教育要通过生活才能发生力量而成为真正的教育。美国著名教育学家杜威提出教育即生活,教育即生长,学校生活是社会生活的一部分,学校生活应与社会生活相契合,适应现代社会变化的趋势并成为推动社会发展的重要力量。杜威还提出在"做中学",意在通过经验的改造让学生在生活中获取知识,形成能力。陶行知的"生活即教育"、"学校即社会"的教育理论和杜威先生的在"做中学"理论都向我们昭示一个真理,生活是最好的老师,体验生活是最好的教育,公民个体政治社会化教育也必须让学生回到公民政治生活实践中才能得以完成。

学生个体的政治生活教育主要包括学校生活和社会生活两部分。学校生活教育要求学校要努力创造条件,构建学校公共生活,促使学校各类民主政治活动的正常开展,提高学生参与的实际效果和主体性体验。一是通过参与班干部的选举活动、学生会负责人的选举活动和社会上的一些人大代表和领导人物的选举活动,让学生通过参与体验自己的政治权利的神圣性;二是让学生充分参与学生管理和班级管理等与学生自身利益相关的制度和政策的制订过程。如学生手册是学生最常见的管理规范,只有参与,学生才能珍惜自己的权利,充分体验到当家做主的主人意识,有利于激发学生参与的积极性和培养学生理性看待学生管理工作的重要性;三是可以通过组织学生参与校内政治学习活动、党课培训、校外各类博物院、科技馆和爱国主义教育基地参观考察、体验等政治性学习活动的意义与价值,引导学生关注社会政治现象,关心国家政治问题,并结合校内课程寻求解决政治问题的办法。

在学校的政治生活实践中,政治参与是学生最重要的政治生活方式。同样,对一个国家来讲,政治参与是现代国家政治文明的标志,政治参与的程度反映了一个国家的民主发展水平,参与有助于实现国家政治制度的合法化。对学生个体来讲,政治参与有助于学生个体表达自己的利益诉求,实现自己的政治权利,参与也是学生个体实现自我教育的重要方式。如何鼓励学生关注政治生活,培养学生参与政治实践活动的热情,引导学生理性参与和实现学生有序参与政治生活,不仅是学生政治社会化的主要途径,也是当前我国学校公民意识教育实践中值得探索和思考的问题。为提高学生的政治社会化水平和政治参与热情,拓展学生参与范围,积极参与社会政治生活也是个体政治社会化的主要路径。

参与社会政治生活要借鉴西方国家公民意识教育的有益做法,结合我国以往学校公民意识教育的实践经验,让学生回到社会生活中去培养学生的政治参与意识和参与能力。如社区服务是西方国家公民意识教育的重要方式,西方许多国家都规定了社区服务的时间和内容,有的国家把社区服务纳入学校的教育计划中,并规定了相应的学时和学分,只有完成了相应的学习内容,本课程的考核才能合格。因此,对当前我国学校来讲,社区服务还没有纳入统一的教学计划,基本上属分散进行和自愿参与。社区服务应由学校统一组织,由学生自愿参加,帮助社区和社会孤寡老人,支援慈善机构。其次,参与社会一些重大活动的志愿者活动,如积极支援奥运会、世博会,做优秀的志愿者等。参与其他形式的民主生活会、座谈会等。通过各种形式的参与实践活动,培养学生的民主意识,提高学生参与的技能和参政议政能力,促进学生对国家和社会政治事务的责任感和归属感,促进学生政治人格的成长和完善,增强学生政治社会化的程度。

　　总之,学生个体政治社会化是实现社会主义政治文明的价值诉求,也是学生作为公民个体成长为合格的社会公民的发展需要。学校公民意识教育与学生个体政治社会化有着内在的契合与支撑,学生个体的政治社会化是公民意识教育的主要目的和价值旨归,学校公民意识教育的本质就是通过政治社会化过程培养学生的政治理想、政治信念、政治行为的过程,是形成学生个体政治价值观的过程,也是形成民主社会发展所需要的参与意识和参与能力。所以,学校公民意识教育与学生个体政治社会化是互为目的、相互促进的关系。

第四章 学校公民意识教育的现实可能性

对于中国能否进行公民意识教育,如何开展我国的学校公民意识教育,学界还存在较多的争议,学界的争议主要体现在两个方面:一是公民意识教育是西方国家的意识形态教育,移入中国势必造成水土不服。二是公民意识教育是与思想政治教育对立的教育形态,开展公民意识教育就是要否定当前的思想政治教育,所以中国不能进行公民意识教育。

针对学界的意见分歧,笔者认为,公民意识教育不是西方国家的专利品,公民意识教育不等于资本主义教育,公民意识教育更不否定学校的思想政治教育,它对于致力于民主政治建设的国家来说都同样适用。对当前我国来讲,我们能够开展属于社会主义国家自身的公民意识教育,我们已经具备进行学校公民意识教育的可能性条件。近年来,党和国家在公民意识教育政策文件上的新导向、马克思主义关于人的自由全面发展教育观、社会主义核心价值体系的提出及实践、理论界丰富的研究成果、我国学校公民意识教育实践上的探索等都说明我国已经具备了进行公民意识教育的理论基础和实践条件,我国学校的公民意识教育具有现实可行性。

第一节　党和国家对学校公民意识
教育政策上的支持

20 世纪 80 年代以后,我国进入改革开放和社会经济快速发展的新时期。市场经济体制在中国逐步确立并不断得到发展,经济体制改革、政治体制改革不断推进并加以深化,教育秩序步入正常化轨道。特别是 1982 年新修订的宪法实施,明确规定了公民的各项基本权利和义务,公民的权利与义务赋予了法律保障,这是我国社会主义民主政治、法制建设的标志,也是公民身份得到党和国家重视的标志。市场经济的发展、民主政治的完善、宪法对公民权利的保障为我国的公民意识教育奠定了良好的社会基础,党和国家在政策文件上的新举措为学校公民意识教育指明了方向。

一、改革开放以后公民意识教育的新发展

1985 年,中共中央颁发的《关于改革学校思想品德课和政治理论课程教学的通知》,这一通知明确规定了中学政治课的基本内容和任务,基本内容包括:"道德教育、民主和法制教育、纪律教育,进行社会生活和社会发展规律以及社会主义建设常识的教育等,把培养'有理想、有道德、有文化、有纪律'的'四有'公民作为中学政治课教育的任务。"[①]决定在初中一年级开设公民课,并组织编写公民教育教学大纲和教材,这是新中国成立后首次开设的公民教育课程,把培养"四有"公民作为公民意识教育的目标得以肯定和确认。

1986 年《中共中央关于社会主义精神文明建设指导方针的决

---

① 　何东昌主编:《中华人民共和国重要教育文献(1976—1990)》,海南出版社 1998 年版,第 2302 页。

议》要求："社会主义精神文明建设的根本任务，是适应社会主义现代化建设的需要，培育有理想、有道德、有文化、有纪律的社会主义公民，提高整个中华民族的思想道德素质和科学文化素质。"[1]该《决议》同时规定："加强社会主义民主和法制的建设，根本问题是教育人。要从小学开始，在进行理想、道德、文明礼貌等教育的同时，进行民主、法制和纪律的教育。要在全体人民中坚持不懈地普及法律常识，增强社会主义的公民意识，使人们懂得公民的基本权利和义务，懂得与自己工作和生活直接有关的法律和纪律，养成守法遵纪的良好习惯。"[2]决议把民主法制教育作为公民意识教育的主要内容，将公民意识作为社会主义民主和法制教育的主要目标，为我国以后的公民意识教育指明了方向，并把权利与义务意识作为公民意识的主要组成部分，可见，改革开放初期公民意识教育已经在我党的教育指导方针中有所体现，并得到了党和国家的高度重视。

1988年，《初级中学（公民）改革实验教学大纲》颁布，我国开始在一些地区推行公民课改革实验，进一步强调公民权责教育和道德教育，突出了公民观念。1995年，国家教委颁布的《中学德育大纲》，对当前中小学德育的任务作出规定，中学德育工作的基本任务是"把全体学生培养成为热爱社会主义祖国的、具有社会公德、文明行为习惯的遵纪守法的公民，在这个基础上引导学生逐步树立科学的人生观、世界观和价值观，并不断提高社会主义思想觉悟，为使他们中的优秀分子将来能够成长为共产主义者奠定基

---

① 何东昌主编：《中华人民共和国重要教育文献（1976—1990）》，海南出版社1998年版，第2505页。

② 何东昌主编：《中华人民共和国重要教育文献（1976—1990）》，海南出版社1998年版，第2506页。

础"①。公民字样再次出现在党和国家的教育文件中,公民意识教育作为学校德育工作的重要组成部分得到关注。学校德育课无论在目标和内容上都与公民意识教育存在交叉点。随后的一段时间,部分省市如浙江、上海等地开始把公民课纳入学校教育综合课程体系之中,主要在初中开设公民课,公民意识教育的内容在小学社会课和中学的综合课程体系中得以显现。但遗憾的是,由于学校的公民意识教育缺乏具体的实施计划和教学方案,公民意识教育并未真正受到重视,公民意识教育的目标一直未能真正落到实处,对学生公民意识的培养也流于形式。

1996 年,光明日报出版社组织编写《中国公民手册》,基本内容分三个部分,即公民的权利和义务,公民的基本道德规范,公民要了解的基本知识。从法律、道德、社会、经济等方面提出了做一个合格公民的基本要求。也是新中国成立后为普及社会主义公民意识做的一次有益的尝试。新公民手册的出版,致力于向全社会宣传社会主义的法律知识、道德知识、爱国守法意识。这次宣传教育活动使全社会受到一次普法知识和公民知识的教育洗礼,受到中央领导同志的高度重视,对学校的公民意识教育也产生了重大的影响。

上述政策文件上的变革表明,和改革开放前相比,我国的公民意识教育在观念上和政策上已经有重大进展。但从总体上来讲,在我国还没有形成西方那样独立的公民意识教育学科体系,没有建立独立的、完善的课程结构、课程标准和课程体系,造成公民意识教育的目标不够明确,教育内容不全面、不平衡。这一时期我国学校的公民意识教育只能渗透于思想政治教育或学校道德教育中,思想政治教育或道德教育作为我国公民意识教育的主要方式,

---

① 参见:http://www. people. com. cn/item/flfgk/gwyfg/1995/206008199501.
html.

承担着培养"四有"公民或合格公民的重要使命，为我国的社会主义现代化建设发挥了重要作用。

二、新世纪以来党和政府教育政策上的新指向

21世纪以来，我国的社会主义现代化建设进入了崭新的历史时期，由于市场经济的快速发展和我国政治文明建设的内在要求，我国的公民教育也随着学校素质教育的逐渐推广和学校德育的改革步入新的发展时期，并得到国家相关部门的高度关注，逐渐走上新的发展之路。

2001年9月，我国公民意识教育的标志性文件《公民道德建设实施纲要》正式颁布。《纲要》主要针对我国在发展社会主义市场经济中由于过度追求经济发展的效率导致功利主义思想的泛滥问题和公民道德人格中存在的诚信缺失、道德失范、老实人吃亏、假冒伪劣、欺骗欺诈等现象，倡导爱国守法、明礼诚信、团结友善、勤俭自强、敬业奉献公民基本道德规范，从道德视角对新时期公民的道德素质提出了十项要求。《纲要》坚持马克思列宁主义、毛泽东思想、邓小平理论和"三个代表"重要思想为指导，从理论和实践的结合中，深刻、系统、全面论述了公民道德建设的重要性，阐明了公民道德建设的指导思想、方针原则、主要内容和方式方法，是新时期指导社会主义道德建设的纲领性文件。《纲要》很好地把握了道德建设的内在规律，很好地反映了人民群众在实践中创造的新鲜经验，对推动新形势下公民道德建设具有十分重要的作用，《纲要》首次从公民的角度提出了新时期道德建设和学校公民道德教育的实施方案，也标志着以公民道德教育为切入点的我国学校公民意识教育迈入了历史发展的新阶段。

《纲要》的提出表明了党和国家对公民意识教育的高度关注，把公民意识教育的先进性要求与广泛性要求结合起来，推动了我国公民教育的发展，对新时期我国的道德教育提出了新的更高的

目标要求。北大学者程立显认为,"公民道德相对于封建臣民道德,是现代宪政国家的社会公德,它撇开了社会道德的阶级性,强调宪政国家之社会道德的社会性,特别凸现了社会成员作为公民的宪法地位,彰示公民权利的不可侵犯性。在当代中国,既然在政治领域确立了依法治国、建设宪政国家的目标,那么在道德领域,就必然要求加强现代公民道德教育,以培养宪政国家的合格公民"①。

所以,《纲要》的颁布,不仅是赋予道德发展的新内涵,也是道德建设和道德发展的新突破。公民道德教育应成为推动现代公民教育发展的核心力量,公民道德意识是公民意识的基础和灵魂,只有全体公民的道德意识提高了,才谈得上现代公民人格的培育和公民意识的发展和完善。目前,《纲要》中"爱国守法、明礼诚信、团结友善、勤俭自强、敬业奉献"这一公民基本道德规范已经纳入高校思想政治理论课建设中,它和家庭美德、职业道德一道成为我国大学生道德教育的三大支撑,公民道德教育由此成为对大学生进行道德教育、培育大学生公共精神和公民意识的核心内容。

2007年,在党的十七大提出了"加强公民意识教育,树立民主法治、自由平等、公平正义的理念"②。民主法治、自由平等、公平正义是人类社会的美好追求,是我国政治建设、政治发展孜孜以求的价值和目标。这一理念的提出必将对社会的政治、经济、文化产生重大影响,促使人们价值理念、生活方式、行为方式等发生重大改变,在我国民主政治发展中具有基础性和战略性地位,对我国的教育发展具有重大的理论指导和实践意义。

十七大报告将公民意识教育和民主政治观念的培养置于显著

---

① 程立显:《当代中国的大学公民教育:以北京大学为例》,《中国公民教育》2008年第3期,第15页。

② 中共中央文献研究室编:《十七大以来重要文献选编》,中央文献出版社2009年版,第23页。

的地位。因为社会主义政治文明建设需要两个因素作支撑,即民主政治制度的发展和公民的民主观念的培养,民主观念的培养是民主政治制度发展的前提和基础,公民的政治素质和民主政治观念的培养对我国当前的公民意识教育提出新的目标要求。十七大报告将公民意识教育提到了新的历史高度,明确了公民意识教育的重要社会地位。十七大报告是党和国家开展学校公民意识教育的政治宣言书,揭开新世纪我国学校公民意识教育的新篇章,在我国教育发展史上具有里程碑式的意义和价值。公民意识教育是对培养"有理想、有道德、有文化、有纪律"的社会主义公民内涵、目标要求、价值理念的进一步的明确和创新发展,是提高全民政治素质、建设社会主义政治文明的基础工程。

党的十七大报告开创《公民道德建设纲要》的新视域,赋予当前学校公民意识教育新的理论内涵。从前面所述我国公民意识教育的发展历史中可以看到,我国过去学校进行的公民意识教育主要通过德育和思想政治教育来进行,教育内容包含了权利与义务意识教育、道德意识教育、法律意识教育等内容,十七大报告将"民主法治、自由平等、公平正义"作为公民意识教育的新内涵加以确定,赋予了公民意识教育哲学和政治学内涵。

2008 年 3 月,出席全国政协十一届一次会议的何悦委员向大会提交了"应加强我国中小学公民教育的建议"提案。何悦委员从中小学公民意识教育的意义、目标和内容等方面谈了当前我国进行公民意识教育的紧迫性和必要性,他指出:"公民教育是我国政治文明建设的重要基础,需要我们从现在开始通过向中小学生提供公民教育课程,培养更多的勇于承担社会责任的合格公民。我国公民教育的目标应该是:培养认同、理解、遵守与维护国家宪法,关心及参与公共事务,具有独立思考与敢于承担责任的公民,对民族的传统和文化有归属感的现代公民,即具有权利意识、义务意识、自主意识、程序规则意识、法治意识、纳税人意识、道德意识、生态意识、科学理性精神、具有与时代共同进步能力的现代公民。我国公民教育的意义在于：培养国人的公共心和合作精神，一方面要在社会层面上，培养国人的团结力、公共心，使他们无论在什么团体，都能做一个忠实而有效的分子；另一方面要在人类普遍共有的良心上，发掘出一个公民的批判力和正义心，使他们都有自决自信、公是公非的主张。为'作为未来公民'的中小学生开设公民教育课程，是我们关切他们成长、关注未来国家的开始。"①这一提案得到了与会成员的高度重视，也向我们昭示了当前我国实施公民意识教育的重要性与紧迫性，何悦委员的提案充分认识到当前我国中小学生开展公民意识教育的基础性地位，抓住了中小学公民意识教育的目标要核和实质内容，对于我们加快中小学教育改革步伐，不断开拓创新我国学校公民意识教育的新思路，为把公民意识教育的目标、理念及内容及时落实在中小学生的课程体系当中提供了非常有价值的参考。2011 年 3 月，在全国正在召开的"两会"上，何悦委员再次提交了这一议案，提案指出："《十二五规划纲要》（草案）将'广泛动员和组织群众依法有序参与社会管理，培养公民意识，履行公民义务，实现自我管理、自我服务、自我发展'作为十二五期间创新社会管理体制、健全社会管理格局的主要内容。为此，建议在十二五期间，在我国中小学开设公民教育课程。"②在这一提案中他首先引用了法国、美国、新加坡开设公民课在培养本国合格公民中发挥的作用，再次重申了在我国中小学开设公民教育课的重要性和紧迫性。

2010 年 7 月，《国家中长期教育改革和发展规划纲要（2010—2020)》第二章明确规定，"加强公民意识教育，树立社会主义民主

---

① 《天津日报》2008 年 3 月 5 日，第 2 版。

② 人民网，2011 年 3 月 12 日。http://2011lianghui.people.com.cn/GB/214383/14127706.html.

法治、自由平等、公平正义理念,培养社会主义合格公民"①。在国家级的教育文献中第一次把公民意识教育纳入未来国家教育发展的战略目标和战略主题之中,是对十七大报告的承续和发展,公民意识教育已成为我国实现教育现代化的重要条件,《纲要》再次强化了民主法治、公平正义、自由平等的核心理念地位,突出以人为本、能力为重、去行政化、扩大办学自主权等思想,这对加强我国公民意识教育将产生积极影响。《纲要》把培养社会主义合格公民作为公民意识教育的重要目标突出出来,说明了党和国家实施公民意识教育的既定方针不变,公民意识教育作为德育体系建设的重要内容,是学校德育内容的重要组成部分,它的核心是解决培养什么样的人、如何培养人的重大问题。

《国家中长期教育改革和发展规划纲要(2010—2020)》把培养社会主义合格公民作为基础教育最重要的任务,应加强培养学生爱国、爱社会主义、具有社会责任感、孝敬父母、关心他人、有守法精神、有职业道德等。《纲要》以培养社会主义合格公民为目标,对新时期我国学校公民意识教育的主要内容做出界定,这表明当前我国学校公民意识教育应把培养对国家和社会主义的认同意识、社会责任意识和积极守法精神作为主要目标常抓不懈。

2011年2月28日,中共中央办公厅、国务院办公厅转发了《中央宣传部、国务院国资委关于加强和改进新形势下国有及国有控股企业思想政治工作的意见》中把"开展以爱国主义为核心的民族精神和以改革创新为核心的时代精神教育,增强干部职工的国家意识、公民意识"②列为推进社会主义核心价值体系的学习教育的任务之一。这份文件表明,党和国家加强公民意识教育的指导思

---

① 《人民日报》2010年7月30日。
② 中央宣传部、国务院国资委:《中央宣传部、国务院国资委关于加强和改进新形势下国有及国有控股企业思想政治工作的意见》。新华网,http://news.xinhuanet.com/politics/2011-02/28/c_121131705.htm.

想不会动摇,公民意识教育应以社会主义核心价值体系为指导,把以爱国主义为核心的民族精神和以改革创新为核心的时代精神相结合,才能体现中国特色,实现公民意识教育的中国化。公民意识的内容也应该与时俱进,公民意识教育的重点是公民国家认同和公民身份认同意识,增强国家意识、公民意识的导向也在不断明晰。

2011年10月18日中共中央十七届六中全会通过的《中共中央关于深化文化体制改革推动社会主义文化大发展大繁荣若干重大问题的决定》(下文简称《决定》)指出:"坚持以人为本,贴近实际、贴近生活、贴近群众,发挥人民在文化建设中的主体作用,坚持文化发展为了人民、文化发展依靠人民、文化发展成果由人民共享,促进人的全面发展,培育有理想、有道德、有文化、有纪律的社会主义公民。"①把推动文化的发展作为促进人的全面发展,培养"四有"公民的有力抓手,同时也强调了培养"四有"公民是实现我国文化大发展大繁荣的主要目标之一,也是我国实现文化大发展大繁荣应坚持的指导方针之一,是我国实现和谐文化建设的关键,也是和谐社会建设的重要组成部分。《决定》中提出"要深入开展社会主义荣辱观宣传教育,弘扬中华传统美德,推进公民道德建设工程,加强社会公德、职业道德、家庭美德、个人品德教育"②。把增加公民道德判断力和道德荣誉感作为开展社会主义荣辱观教育的主要目标,推进公民道德建设工程是开展社会主义荣辱观教育的主要途径,充分体现了公民道德教育对推进社会主义核心价值体系的重要意义。该《决定》从文化角度把公民道德建设作为系统工程来抓,说明公民道德建设在推动社会主义文化大发展和社会主义精神文明建设中的重要地位。公民道德素质的提高和"四有"公

---

① 《人民日报》2011年10月26日。
② 《人民日报》2011年10月26日。

民目标的实现是公民意识教育的价值追求和应有之意,公民意识教育是培养"四有"公民和进行公民道德教育的主要途径,是推动社会主义文化建设的主要力量,也是实现文化大发展大繁荣的现实选择。在新的历史时期,实现社会主义文化的大发展大繁荣,推动公民道德工程建设,公民意识教育应发挥其重要的历史使命。

2012 年 11 月 8 日,党的十八大报告提出了加强社会主义核心价值观教育,"倡导倡导富强、民主、文明、和谐,倡导自由、平等、公正、法治,倡导爱国、敬业、诚信、友善,积极培育社会主义核心价值观"[1]。社会主义核心价值观是社会主义核心价值体系的内核与精髓,决定了社会主义核心价值体系的特征和发展方向。三个倡导的提出,是我党对中国特色社会主义理论体系的创新发展,是对马克思主义价值学说的进一步发展,是对人民主体地位和人民价值诉求的充分肯定,是对马克思主义意识形态指导地位的进一步巩固,三个倡导虽然没有直接提出加强学校公民意识教育,但在其内容上一方面是对中华民族优秀文化传统的概括和升华,又与人类共同的优秀文明成果相承接,蕴含了公民意识教育的基本内容和价值理念,同时又是对公民意识教育内容的丰富与发展,与学校公民意识教育的目标相一致,反映了公民意识教育的特征和价值诉求。

2013 年 12 月 23 日,中共中央办公厅印发《关于培育和践行社会主义核心价值观的意见》进一步指出:"社会主义核心价值观与中国特色社会主义发展要求相契合,与中华民族优秀传统文化和人类文明优秀成果相承接,是我们党凝聚全党全社会价值共识作出的重要论断。"《意见》还指出:"把社会主义核心价值观纳入国民教育总体规划,贯穿于基础教育、高等教育、职业技术教育、成人教育各领域,落实到教育教学和管理服务各环节,覆盖到所有学校和

---

① 《人民日报》2012 年 11 月 18 日。

受教育者,形成课堂教学、社会实践、校园文化多位一体的育人平台。"①《意见》决定社会主义核心价值观进课堂、进教材、进头脑,说明了当前学校德育的重要任务就是加强对学生的社会主义核心价值观教育社会主义核心价值观教育注重对学生进行富强、民主、文明、和谐理念的教育,进行民主法治、公平正义、自由平等等人类优秀文明成果教育,进行爱国、敬业、诚信、友善等优秀文化传统教育,其实质是再次强调了学校进行公民意识教育的极端重要性和时代迫切性。

所以,进行社会主义核心价值观教育与公民意识教育是一体两翼,是凝聚全党全社会共识、集聚实现中华民族伟大复兴中国梦强大正能量的时代需要,符合时代要求、社会要求和全体人民的要求。

综上观之,改革开放后尤其是进入 21 世纪以来,我国学校的公民意识教育得到了党和国家的高度重视,也得到了来自全国各地的专家学者们的鼎力支持。加强学校公民意识教育已成为当代社会发展的必然趋势,也是学校教育的价值追求和教育界共同的历史使命,对公民意识教育的研究必将有力推动学校的公民意识教育的开展,为学校公民意识教育提供有价值的学术支撑。上述党和国家在文件上的新指向表明公民意识教育在新的历史时期必将获取更大的发展空间和发展机遇,也为当前我国学校实践公民意识教育提供政策支持和合法性依据。

第二节　学校实施公民意识教育的理论依据

党和国家对公民意识教育政策上的重视和支持是实施学校公民意识教育的前提条件。公民意识教育要进入我国国民教育体

---

① 《中国教育报》2013 年 12 月 24 日。

系，成为我国教育领域的主流话语，必须有充分的理论上的支撑。马克思主义关于人的自由全面发展教育观、社会主义核心价值体系的提出与实践、学界关于公民意识教育的理论研究成果为我国学校公民意识教育的实施提供充分的理论指导和思想启迪。

一、马克思主义关于人的自由全面发展教育观提供了学校公民意识教育的理论前提

马克思关于人的自由全面发展是马克思一生孜孜以求的奋斗目标，无论从理论上还是从实践上，马克思一生倾其毕生精力为实现人的自由全面的发展而不懈奋斗。人的全面发展理论既是马克思人学的终极价值关怀，也是人类社会的最高理想和追求。人的全面发展理论包含三个方面的内涵：一是指人的能力的全面发展，二是指人的社会关系的全面发展，三是人的个性和人的素质的全面提高。

人的能力的全面发展主要是指人的体力和智力的全面发展，强调人的脑力劳动与体力劳动的结合。在马克思主看来："我们把劳动力或劳动能力，理解为人的身体即活动的人体中存在的、每当人生产某种使用价值的时候就运用体力和智力的总和。"[①]马克思关于人的全面发展是以劳动为基础的，劳动是人类最基本的实践活动，要完成一定的实践活动，人必须具备相应的能力，这种能力的要求首先是人的肉体上的能力，其次是人的精神活动的能力，二者的结合共同组合成人的劳动能力，才能从事一定的社会实践活动。只有经过体力和脑力相结合的社会实践活动，每个人才能根据自己的天赋、爱好和兴趣选择适应自身的活动领域，使人成为"全面发展自己的一切能力"的人，成为"发挥他的全部才能和力量"的人，成为"人类全部力量的全面发展"的人。"任何人的职责、

---

① 《马克思恩格斯全集》第23卷，人民出版社1960年版，第190页。

使命、任务就是全面地发展自己的一切能力。"①所以说,人的能力是人作为类的存在物对自己区别于其他动物的本质力量的一种实现和确证。

马克思关于人的全面发展还指社会全体成员的全面发展,作为个体的人的全面发展总是和全体社会成员的全面发展密切联系在一起的。在马克思看来,没有个体的解放就没有整个人类社会的解放,"每一个单独的个人的解放程度是和历史完全转变为世界历史的程度一致的。"②全体社会成员的全面发展是社会成员各方面的、充分的和自由的发展,这是人类发展的终极目标,也是实现人类解放的前提条件。正如马克思指出的,共产主义是以每个人的全面而自由的发展为基本原则的社会形式,恩格斯也指出只有实现每个人的解放才能实现整个社会的解放,这里的人的全面发展意味着人的彻底解放。

人的全面发展还包含着人的社会关系和交往关系的发展。马克思对人的本质进行这样的概括:"人的本质不是单个人所固有的抽象物,在其现实性上,它是一切社会关系的总和。"③人的发展受制于其所存在的社会关系,社会关系的发展程度决定了人的发展程度,人的发展过程就是从其所在的社会关系中不断获取解放的过程。人的社会关系具有多方面的规定性,即人与人、人与自然、人与社会等,人的社会性决定了人不可能离开社会及与其交往的群体和个人,通过交往人与人之间形成经济的、政治的、文化的等各种关系的共同体,人的社会关系的发展表现为其交往关系的不断扩大和实践范围的不断发展。正如马克思所说:"没有共同体,这是不可能实现的。只有在共同体中,个人才能获得全面发展其

---

① 《马克思恩格斯全集》第 3 卷,人民出版社 1960 年版,第 330 页。
② 《马克思恩格斯全集》第 3 卷,人民出版社 1960 年版,第 42 页。
③ 《马克思恩格斯选集》第 1 卷,人民出版社 1995 年版,第 56 页。

才能的手段,也就是说,只有在共同体中才可能有个人自由。"①交往是人的生存方式,也是人类实践的重要组成部分,正是在交往中,人才能获得自由、丰富、全面的社会关系,成为自由的人和全面发展的人。同样,交往范围的扩大可以使人突破地域的界限成为世界历史性的个人,成为全面发展的人。

人的全面发展还指人的素质的全面提高和自由个性的形成。人的素质是多方面的,有生理素质、心理素质、知识素质和思想素质等,人的全面发展不是指人的某一方面的素质的发展,而是指人的综合素质的全面提升与完善,只有人的各个方面素质的协调发展和自由个性的形成,人才是完整的人和全面发展的人。当代社会的马克思主义者也高度重视人的素质的全面提高,毛泽东、邓小平、江泽民、胡锦涛都对人的全面发展思想做出补充与完善。毛泽东关于人的德、智、体全面发展就是对人的全面发展的具体化和时代化,邓小平提出的"有理想、有道德、有文化、有纪律"的四有新人就是对人的全面发展理论的继承和发展。胡锦涛把人的全面发展作为科学发展观的核心和我党的奋斗目标,体现了社会和谐发展的时代要求。所以,当今社会的素质教育与马克思关于人的素质的全面发展在内涵上具有一致性。

人的能力的全面发展、人的社会关系的全面发展、人的综合素质的全面提高都突出了人的主体性在历史发展中的能动的积极作用。马克思关于人的全面发展理论及其人的全面发展的教育观也给当代学校教育提出新要求,现代教育应尊重自身的发展规律,充分尊重人作为社会主体的需求、动机和愿望,积极创造条件,促进人的主体性的解放和提升,发展人的开放意识和全球胸怀,以实现人的普遍性交往和人的自由而全面发展。

马克思关于人的全面发展理论充分确证了人的主体性地位及

---

① 《马克思恩格斯选集》第1卷,人民出版社1995年版,第119页。

价值,使人成为自由、自觉、能动的全面发展的个体,促使人类自身的丰富与完善。公民意识教育作为现代教育的主要形式,主要任务是培养人的主体意识,确立人自身主体身份和主体地位,强化人的社会责任意识,建构人与人之间的尊重、协商、平等对话的关系,形成主体间的自由、民主与和谐的人际关系,培养人的自主精神、进取精神、创新精神、协作精神等主体精神,引导人的知、情、意、行全面发展,使人成为具有主动精神追求和全面发展的社会个体方面。所以说,马克思主义关于人的全面发展理论与公民意识教育的目标、任务和内容等方面存在着内在的价值联结。

马克思主义关于人的全面发展的教育观与现代教育的本质要求相一致,学校公民意识教育作为现代教育的重要形式,应把人的全面发展放在突出位置,所以说,马克思主义关于人的全面发展的教育观是实现学校公民意识教育的前提和理论基础。人的自由发展是公民意识教育的前提,人的自觉意识的教育是学校公民意识教育的根本,人的创造性的发展是公民意识教育的最高目标。公民意识教育中"以人为本"的教育观正是马克思主义公民教育观的内在追求,也是马克思主义公民教育观在现当代的创新发展,公民意识教育应以马克思主义的主体性教育观和人的全面发展的教育观为主旨,克服传统教育的规训与控制,转向对人的生活的终极关怀,对社会生活的关怀,通过公民意识教育使个体由单个的人逐渐成为全面自由发展的人是公民意识教育的价值使命。所以,马克思主义对人作为主体性存在确认及人的全面发展理论为当代学校公民意识教育提供理论支撑,同时也是现代公民意识教育的必然逻辑选择。

二、社会主义核心价值体系建设为学校公民意识教育提供理论指导

党的十六届六中全会首次提出了建设社会主义核心价值体系

的战略要求,把社会主义核心价值体系作为建设社会主义和谐文化的重要组成部分。党的十七大报告进一步明确了社会主义核心价值体系作为社会主义意识形态的本质在我国当前意识形态教育中的核心地位,它的提出是对我党中国特色社会主义理论的丰富、创新与发展。社会主义核心价值体系的提出对当前我国社会政治、文化和生活各领域都产生重大影响。因此,在陈锡喜教授看来,社会主义核心价值体系的提出"可以为党和国家制定或调整具体方针和政策时,提供正确的价值导向;可以对各种思想观念提供科学理性的价值评价,抵制各种危害社会进步和人民思想健康的错误思潮;可以在尊重差异和包容多样中,扩大社会认同和增进思想共识,用共同的价值理想的合理性来提升群众的价值追求;在国际交流领域,可以提高国家的文化'软实力',扩大中国特色社会主义的影响力"[1]。

党的十七届六中全会精神把社会主义核心价值体系作为推动文化大发展大繁荣的有力抓手,社会主义核心价值体系是社会主义中国先进文化的精髓和灵魂,把社会主义核心价值体系融入国民教育之中,必将有力地推动有中国特色社会主义文化的繁荣发展,提升整个民族的思想道德素质和科学文化素质。余玉花教授认为,"社会主义核心价值体系的价值并不仅仅限于对于理论发展的贡献,而且体现在其所承担的引导现代中国文化发展主体性的责任上,对社会主义核心价值体系的认识仅仅停留在重要性认识的层面上是不够的,更具有实质意义的,是把握社会主义核心价值体系主导性的实践价值"[2]。社会主义核心价值体系是社会主义先进文化的精髓,也是中国特色社会主义理论的重要内容,在指导社

① 陈锡喜:《建设社会主义核心价值体系增强意识形态的吸引力凝聚力》,《思想理论教育导刊》2009年第4期,第26页。
② 余玉花:《论社会主义核心价值体系的主导性》,《思想理论教育》2008年第1期,第25页。

会主义现代化建设中具有战略地位。把社会主义核心价值体系教育融入国民教育之中，必将对我国的国民素质产生重大影响，为各级各类的学校教育提供理论上的指导和实践价值。学校的思想政治教育加强社会主义核心价值体系教育，必将成为学生思想政治教育的主导思想和主流意识形态。因此，加强对学生的社会主义核心价值体系教育，对提高学生的思想素质、政治素质、道德素质，教育学生树立正确的世界观、人生观、价值观，提高学生的民族自尊心、自信心和自豪感，引导学生增强道德判断力和道德荣辱感，培育学生的现代公民意识和理性参与精神，成为现代化建设的合格公民具有重要的意义。

社会主义核心价值体系理论的提出和实践加快了学校公民意识教育的实践步伐。具体来讲，社会主义核心价值体系在意识形态教育中的重要地位、社会主义核心价值体系的内涵、社会主义核心价值体系的特色、社会主义核心价值体系的重点、社会主义核心价值体系在多样化思潮中的引领作用，都决定了它与学校公民意识具有本质的、内在的关联性，社会主义核心价值体系为学校公民意识教育的实施不仅提供理论指导，还提供了实践可行性基础。

社会主义核心价值体系作为社会主义意识形态的本质决定它在我国学校公民意识教育中的指导地位。"社会主义核心价值体系作为我国社会精神生活领域占主导地位和引领地位的价值观念体系和行为规范体系，也是社会主义国家的'制度化的思想体系'和'观念形态的国家机器'，是国家重要的'软实力'。"[①]社会主义核心价值体系的这一特点决定了它必然坚持马克思主义的指导地位，对学生进行社会主义核心价值体系教育首要的任务就是进行系统的马克思主义的基本理论及马克思主义中国化的最新成果的

---

① 李虹:《社会主义核心价值体系是社会主义意识形态的重要体现》,《乌蒙论坛》2009年第2期。

教育,用马克思主义的观点科学分析当代中国的现实党情、国情、时情,了解我国改革开放和社会主义现代化建设基本情况,充分认识我国社会发展的基本规律,实现马克思主义中国化、时代化。学校公民意识教育是实现学生个体政治化的过程,是培养学生的政治态度、政治情感和政治认同的教育过程,要求学生对当代中国的马克思主义的理论成果有充分的认识,并把马克思主义的最新理论成果内化为自身的理论信仰和行为规范,这样才能保证学生学会用马克思主义的观点来观察分析问题,成为一名合格的公民。所以,实现学生的政治社会化,学校公民意识教育必须坚持社会主义核心价值体系为指导,马克思主义指导思想不仅是社会主义核心价值体系的指导思想,也是学校公民意识教育的指导思想和理论基础。正如一些学者所言:"社会主义核心价值体系作为我国先进文化和核心和意识形态的本质,如果公民意识教育不能充分保证社会主义核心价值体系的统领和支配地位,公民意识教育必然要迷失方向,失去根本。"①

社会主义核心价值体系的内涵与学校公民意识教育的本质和基本要求相一致,体现了学校公民意识教育的价值取向。社会主义核心价值体系的基本内容包括马克思主义指导思想、中国特色社会主义共同理想、以爱国主义为核心的民族精神和以改革创新为核心的时代精神、社会主义荣辱观。这四个方面相互联系、相互贯通、相互促进,是一个有机的统一整体。这一内容体系中蕴含了民主法治、自由平等、公平正义等价值理念,它决定了学校公民意识教育的性质、特征和发展方向。以人为本、民主、公正、开放、和谐作为社会主义核心价值体系的基本价值取向,是社会主义核心价值体系从以人为本的科学发展观的角度提炼和总结出来的,也

---

① 王伟:《社会主义核心价值体系是培育公民意识的根本》,《人民日报》2009 年 6 月 10 日。

是学校公民意识教育的价值旨归。"社会主义核心价值体系体现了个人发展理想、社会进步理想和党的价值理想的结合,体现广泛性教育和层次性教育的结合,体现了尊重人、关心人和激励人、发展人的结合,用此来引领社会思潮",可以促使"每个人的自由而全面的发展"。① 树立有中国特色的社会主义共同理想是全社会人民的价值追求,也是学校公民意识教育的应有之意。社会主义核心价值体系的这一理念充分体现了学校公民意识教育的终极追求和目标指向,培养合格公民,促进社会的发展进步也是学校公民意识未来发展的理想追求。因此,社会主义核心价值体系与当前学校所倡导的公民意识教育有着内在的、不可分割的必然联系。学校公民意识教育坚持以社会主义核心价值体系为指导,不仅是公民意识教育本身的价值诉求,也是社会主义核心价值体系的本质特点所决定的。

以爱国主义为核心的民族精神和以改革开放为核心的时代精神是社会主义核心价值体系的精髓,坚持民族精神和时代精神的统一教育也是学校公民意识教育的时代最强音。民族精神和时代精神的紧密结合,能够焕发出中华民族强大的生命力、创造力和凝聚力,铸造自强不息、开拓进取的民族精神品质,成为推动中华民族伟大复兴的精神动力。加强对学生以爱国主义为核心的民族精神和民族传统文化教育,是学校公民意识教育自身发展的内在要求。弘扬优秀的民族文化传统,培育学生的民族精神,树立民族自尊心、自信心和自豪感,能够为学校公民意识教育提供深厚的动力资源。公民意识教育通过对学生进行以改革开放为核心的时代精神教育,培养学生的创新意识和创造力,形成与时俱进、开拓创新的精神品质,是学校公民意识教育的重要职责。因而,以爱国主义

---

① 陈锡喜:《建设社会主义核心价值体系增强意识形态的吸引力凝聚力》,《思想理论教育导刊》2009年第4期,第27页。

为核心的民族精神和以改革开放为核心的时代精神是学校公民意识教育重要的价值使命。

社会主义荣辱观教育是社会主义核心价值体系的基础要求，也是学校公民意识教育的实践方向。社会主义荣辱观教育把弘扬中华民族传统美德、推进公民道德工程建设，加强社会公德、职业道德、家庭道德、个人品德教育作为其实践方向，把道德模范评选和先进典型的宣传教育作为其进行道德教育的着力点和有力抓手，把增加学生的道德判断力和荣誉感，提高学生的公民责任意识作为其目的。这为学校公民意识教育指明了方向，确定了着力点，找准了突破口。学校公民意识教育的一个重要内容就是促使学生"明是非、知荣辱"等公民道德意识的形成，发展学生的道德能力，使学生过上有道德的生活，形成正确的公民价值观和公民素质。因此，学校公民意识教育与党的十七届六中全会精神关于社会主义荣辱观教育价值取向相一致，社会主义荣辱观教育是培养学生公民责任意识和道德意识的实践方向。

坚持社会主义核心价值体系的引领作用也是多元文化冲突中学校公民意识教育自身的现实选择。在当前社会，推动社会主义文化的大发展大繁荣，"必须坚持用社会主义核心价值体系引领社会思潮，在全党全社会形成统一指导思想、共同理想信念、强大精神力量、基本道德规范"[1]。在当前全球化的宏大视域下，在我国社会结构的深层转型过程中，各种各样的文化思潮如主流文化与非主流文化、传统文化与现代文化、西方文化与中国文化的交织、碰撞必然带来多样化的社会文化思潮并存与冲突的局面，受各种不良思潮影响，学生容易产生价值判断和选择的困惑以及是非观念模糊、道德行为失范、公民意识淡化等不良思想倾向，坚持用社会

---

[1] 国家教育部编写组：《毛泽东思想和中国特色社会主义理论体系概论》，高等教育出版社 2010 年版，第 256 页。

主义核心价值体系引领多样化的社会思潮能够避免西方不良的文化思潮的恶意渗透,强化对主流价值体系的认同,有利于在全社会形成价值共识。

学校公民意识教育同样面临着自身思想观念、体制的转变和传统文化束缚的双重压力,面临着多元社会文化思潮的冲击,全球化使各种非马克思主义意识形态和西方各种文化思想出现相互交织、相互碰撞、相互渗透的局面,我国的社会转型和市场经济的发展造成了社会的"物化"现象日益严重,新旧思想观念的碰撞使人们原有的理想信念、价值取向开始动摇,个体利益追求和自我中心越来越突出。多样化的文化交织、新旧观念的冲突与碰撞必然造成社会价值取向的复杂化和多样化。公民意识教育作为社会意识教育的重要组成部分,既要从全球化的语境中培养学生的全球视野与国际化的生存与发展技能,使学生具备全球公民意识、宽容与合作意识、尊重与理解等文化意识,又要从本国的实际出发,培养适应社会转型发展需要的主体意识、民主与法治意识、自由平等意识、权利与义务意识等。加强学生对本国、本民族的文化认同,在多样化的冲突中做出理性选择,以保证学校公民意识教育的方向性。为此,必须坚持社会主义核心价值体系的指导地位,充分发挥社会主义核心价值体系的引领作用,用社会主义核心价值体系的价值理念影响和塑造学生的思想观念、行为方式和价值取向,发挥其引领多种社会思潮,整合、尊重与包容多样化的功能,营造学生共同的价值追求,形成个性充分张扬的教育和谐氛围。

所以,社会主义核心价值体系在意识形态领域的本质作用决定了它在学校公民意识教育中的指导地位,社会主义核心价值体系的科学内涵决定了学校公民意识教育的基本内容和价值取向,社会主义核心价值体系的核心决定了学校公民意识教育的中国特色和时代特征,社会主义核心价值体系的道德要求决定了学校公民意识教育的实践方向和实践重点,社会主义核心价值体系对多样化思潮的引领创新了学校公民意识教育的新思路,社会主义核心价值体系的实践过程与学校公民意识教育的本质要求相一致。

三、学界关于公民意识教育的研究成果为学校公民意识教育提供理论支持

市场经济的充分发展,社会主义民主法治建设的不断推进,社会主义文化的大发展大繁荣和精神文明建设等都为学校公民意识教育的研究提供了政策支持和制度文化上的保障。尤其是《公民道德建设纲要》颁布以来,我国学术界掀起了公民意识教育的研究热潮,通过借鉴西方公民意识教育的理论与实践经验,回顾并反思我国关于公民意识教育的发展历史,聚焦当代中国的民主法治建设,在密切关注党和国家对公民意识教育的相关政策文件的基础上,形成对公民、公民意识、公民意识教育等研究的丰富理论成果,拓展了关于学校公民意识教育的研究视域,这些研究成果奠定了学校公民意识教育的理论基础。概括起来主要表现在以下几个方面:

1. 翻译和评介外国的相关理论著作

翻译和评介外国相关的理论和著作的过程,既是借鉴和学习西方公民意识教育的理论过程,也奠定了国内外比较研究的理论基础,为国内公民意识教育的研究积累了丰富的资源。改革开放以来,我国学者翻译的西方著作主要有加布里埃尔·A.阿尔蒙德、西德尼·维巴所著的《公民文化——五个国家的政治态度和民主制》,2008年由东方出版社出版,由徐湘林翻译,郭忠华、刘训练翻译的英国学者 T.H.马歇尔、安东尼·吉登斯所著《公民身份与阶级社会》,2008年由江苏人民出版社出版,柯雄翻译的美国学者托马斯·雅诺斯基著的《公民与文明社会》,2000年由辽宁教育出版社出版。除此之外,我国学者还翻译了西方学者的《公民品德与公共教育》、《美国"蓝带学校"的品性教育——应对挑战的最佳实践》

等著作,通过翻译、学习和借鉴西方的公民教育理论,为我国学界开展公民教育的研究提供了理论参考。

2.关于公民意识教育思想的历史回顾与评价研究

改革开放以来,我国学者对公民意识教育的研究除了翻译、评价西方的著作文献之外,还对近代以来我国先进的知识分子为救亡图存所进行的改造国民性运动及思想进行了相关的研究,学者们研究的重点主要集中在梁启超、严复、蔡元培、晏阳初等人的教育思想,梁启超的《新民说》提出了国民的概念、国民的权利与义务及国民性改造的思想,严复提出了"三育"救国论,蔡元培提出"五育"并举的教育方针,晏阳初的平民教育思想,他们的思想中包含了丰富的现代公民观念及公民意识教育思想,学者通过他们的思想及教育理论的研究,总结概括了晚清以来的公民意识教育思想的发展历程,并著书立说进行评价,获取关于公民意识教育的理论思想资源,这些理论为进一步探索当代中国学校的公民意识教育,构建具有中国特色的学校公民意识教育体系,推动公民意识教育在中国的实践发挥了重要的作用,也奠定了今天学校公民意识教育实践的理论可行性基础。

3.关于公民意识和公民意识教育等相关问题的研究

公民概念的引进,学界进一步开展了关于公民教育和公民意识教育的研究热潮。尤其是改革开放以后,关于真理标准问题的大讨论破除了教条主义的种种束缚,促使人们对过去许多不切实际的想法和做法进行了深刻的反省和批判,冲破了思想领域为人们设置的种种禁区,人们开始敢于怀疑过去的一切,独立思考中国所面临的现实问题,这场大讨论带来了思想领域的空前活跃,在政治、经济、文化各个方面都表现出前所未有的历史性转变。表现在教育中首先就是教育观念的变革与教育理念的创新,克服了学界对过去不敢涉足的公民教育研究障碍,形成了关于公民教育和公民意识教育研究的问题域,围绕公民概念的界定及讨论和相关概念的研究,公民意识概念的研究,公民意识教育的研究,公民意识教育的意义与价值的研究,公民意识教育体系的建构研究,公民意识教育与思想政治教育、德育的关系研究,公民意识教育的国际比较研究,积累了丰富的理论研究成果,出版了大量公民意识教育方面的专著,汇集了丰富的课题成果,发表的期刊论文及硕士、博士论文数不胜数,这些理论研究为学校公民意识教育的实践提供了理论依据。

上述理论研究成果不仅为我们进一步研究学校公民意识教育提供了丰富的理论资源,也奠定了学校实施公民意识教育的实践基础。

第三节 学校公民意识教育的实践探索

进入新世纪以来,随着市场经济的发展和我国民主政治建设的不断推进,当代中国的现代化建设促进了社会经济制度、政治制度和文化体制的结构转型,公民意识教育不再被视为洪水猛兽,公民意识教育越来越广泛地得到社会的认可,学界的观点也由分歧逐渐走向共识。在党和国家政策上的支持下,在学界理论研究的推动下,学校公民意识教育的实践探索活动也有序地开展。我国学校公民意识教育的实践探索主要通过两个方面来开展,一是通过学校德育课和社会科课进行公民意识教育的内容渗透,其次通过项目带动,选择试点单位进行公民意识教育的探索,这些实践探索的成果是推动学校公民意识教育的主要力量。

一、我国学校德育课程中公民意识教育的实践探索

1.我国学校德育课程中公民意识教育的渗透与体现

学校德育课程对于公民意识教育的最早关注是在 1985 年中共中央颁发的《关于改革学校思想品德课和政治理论课程教学的

通知》中,《通知》规定在初中一年级开设公民课,组织编写了相关的教材和教学大纲,并在上海、广东等省市单独试行改革方案,前文已有述评。在随后的几年中,国家教委相继颁了系列的文件,从德育教育的目标、教育内容、教材设置等方面都对公民意识教育进行了渗透。但是,我国公民意识教育的标志性文件《公民道德建设实施纲要》揭开学校公民意识教育实践探索的开端。进入新世纪以来,在新的政策文件的指导下,我国学校公民意识教育实践开始了伟大的复兴之路,在相关政策和理论研究成果的支持下,学校公民意识教育的实践探索也同步展开。下文主要从课程的视角探索新世纪以来学校公民意识教育的实践探索。

我国目前没有开设独立的公民教育课程,学校德育一直承担着公民意识教育的职责。在党和政府的高度重视下,经过多次课程改革,我国学校德育和思想政治教育逐渐形成了较为完善的、系统的课程体系,并在学校德育和思想政治教育中通过课程标准、目标、任务和内容等方面给予公民意识教育适切的关照,使公民意识教育的内容更多渗透到学校的德育课程和思想政治理论课程建设之中。

社会科课程作为我国素质教育和基础教育改革的重点和难点课程,是推动我国基础教育阶段公民教育发展的主要路径,如何有效地实现其培养现代社会合格公民的目标,体现其综合化、开放性、实践性、人性化的特点是备受专家学者们关注的问题,也是社会科课程改革的重点问题。

适应时代发展的要求和社会科课程发展的趋势,2002年我国课程改革将小学的德育课合并为"品德与生活"、"品德与社会",两门课程标准均定位于提升学生的公民素质。其中,《品德与生活课程标准》规定课程性质为:"是以儿童的生活为基础,以培养品德良好、乐于探究、热爱生活的儿童为目标的活动型综合课程。负责任有爱心地生活是儿童自身的道德要求,也是社会的要求。它旨在使儿童形成对集体和社会生活的正确态度,学会关心、学会爱、学会负责,养成良好的品德和行为习惯,为其成为爱祖国、爱人民、爱劳动、爱科学、爱社会主义的公民打下基础。"①《品德与社会课程标准》规定:"品德与社会课程是在小学中高年级开设的一门以学生生活为基础、以学生良好品德形成为核心、促进学生社会性发展的综合课程。"②由此可见,"品德与生活"和"品德与社会"均定位于培养社会主义合格公民的目的和要求。2005 年教育部《关于整体规划大中小学德育体系的意见》把小学德育的目标和任务确定为培养"五爱"的情感,树立是非观念、法律意识和集体观念,养成文明礼貌的行为习惯,小学德育的内容为培养对祖国的情感教育、合格公民的社会生活习惯和文明礼貌教育,开展热爱劳动、爱护环境、爱祖国和社会主义、社会生活常识等教育。从上述小学德育的目标和内容的规定可以看出在小学德育的目标和内容中存在"公民"或"合格公民"字样,并对培养合格公民的标准也从小学德育的内容上增加了较多的比重,这说明我国小学课程中已经有了较为具体的公民意识教育内容和相关要求。当前我国小学德育内容越来越生活化,越来越贴近学生实际,并注重实践的教学要求,充分认识到学生生活能力和参与能力的培养在小学生品德中的重要作用。

2003 年教育部将原来初中开设的思想政治理论课改为"思想品德"和"历史与社会"两门课,这两门课的课程标准从我国的现实国情出发,均定位了公民教育,是对小学"品德与生活"和"品德与社会"课程标准的进一步丰富和补充,是小学中高年级学生社会生活范围不断扩大的实践。在这一基础上,《思想品德课课程标准》

① 中华人民共和国教育部制定:《品德与生活课程标准(实验稿)》,北京师范大学出版社 2002 年版,第 5 页。
② 中华人民共和国教育部制定:《品德与社会课程标准》,北京师范大学出版社 2011 年版,第 1 页。

的基本理念是帮助学生过积极健康的生活,做合格公民。该课程标准定位于使学生成长为具备参与现代社会生活能力的社会主义合格公民奠定基础。"思想品德"课的内容涉及"成长中的我"、"我与他人的关系"、"我与集体、国家和社会的关系"三个方面,涵盖了心理教育、道德教育、法律教育和基本国情教育等方面的内容,道德教育是其核心。道德教育的主要内容是让学生正确认识诚信、正义等道德品质,做负责任的公民,法律教育在促进学生公民法律素质方面也起重要作用,"思想品德"课在帮助学生认识未成年人犯罪及保护和生活相关的法律问题,认识依法治国的重要意义。中学"思想品德"课的内容充分关注学生的成长需要和生活体验,以民族精神和传统文化教育学生,突出学生的人文素质和人文精神的培养与教育,注重学生参与意识与参与能力的培养,实现学生主体意识和生活能力的提升。所以,在"思想品德"课的课程目标及内容中,公民意识教育的目标及具体内容在课程标准中都有所体现,公民意识教育已经被纳入中学德育目标之中,既符合教育的国际发展趋势,又符合我国社会发展的实际国情,是我国学校教育的现实选择。

"历史与社会"课程是我国首次在全国范围内开设的中学综合社会课程。《历史与社会课课程标准》(一)规定该课程旨在对学生进行人文精神的培养教育,加强对学生的需要与生活的高度关注,对有关历史、地理、经济、政治、社会等多领域的知识进行整合,促进学生的社会性发展;提倡参与式、体验式、合作式等学习方法,为成为未来社会的合格公民奠定基础。从课程标准的角度来考察,该课程对公民知识和公民技能方面都作了比较明确的规定。《历史与社会课程标准》(二)规定,其目标在于在掌握必要的人文社会科学知识、历史文化知识和公民生活技能的基础上,正确面对当前的生活和社会发展的各种问题,正确处理人与人、人与自然、人与社会的相互关系,初步形成科学的世界观、人生观和价值观。主要围绕三个主题展开：生活的世界、文明的传承、面对的机遇与挑战。因此，"历史与社会"课程作为我国首次在全国范围内开设的中学综合社会课程，其课程目标、课程内容中都涵盖了社会主义合格公民的目标要求以及现代公民应具备的公民知识和公民技能，突出了公民意识教育在我国的社会科课程中已经占据一定的重要位置。

综合分析我国当前小学的"品德与生活"、"品德与社会"和中学的"思想品德"和"历史与社会"的课程标准可以看出，我国的中小学综合课能够根据学生不同年龄阶段的成长特点和生活实际，由浅入深、由低到高综合设置了从小学到中学的课程目标体系，课程从教育学生学会生活入手培养学生良好的行为习惯和品德习惯，逐步过渡到培养学生的责任意识和道德意识、法律意识，到学生科学的世界观、人生观和价值观的确立，使他们成为自觉的社会主义现代化国家的合格公民。课程内容涵盖了道德教育、公民意识教育和政治意识形态教育的内容，其中公民意识教育的内容比重不断增加，根据王文岚博士关于《社会科课程中的公民教育研究》的分析，"目前我国新版的社会科教科书公民意识的内容和旧版教科书相比增加了12%，新版社会科课程教科书的内容公民意识涉及了爱国主义、民主意识、权利意识、责任意识、参与意识等公民意识教育的多方面的内容。课程在公民技能方面也有一定的要求，从培养学生学会关心、学会生活到学会参与再到培养学生学会面对和学会体验等"[①]。整体看来，我国已初步形成了以培养社会主义合格公民为核心的从小学到中学的完整的社会科课程体系。

但是，公民意识教育的内容在我国中小学德育课程中仍然是隐性存在的，我国中小学德育课程中并没有突出公民的自我认知、

---

① 王文岚：《社会科课程中的公民教育研究》，中国社会科学出版社 2006 年版，第 105 页。

公民身份、权利与义务和公民意识的养成等教育。中小学德育课中虽然多次提到合格公民的培养以及公民意识教育的相关内容，但公民意识教育在中小学德育课程中目标层次划分不明确，内容比较庞杂，重复和交叉现象比较严重，公民知识、公民技能和公民能力的培养的具体方式也不够明确。

当前我国高中"思想政治"课的课程性质是思想政治理论课，具有强烈的思想性和政治性。课程的主要任务是对学生进行马克思主义基本理论教育和马克思主义中国化的最新成果的教育，使学生具备适应现代生活的能力和态度，培养对祖国和社会主义的情感，形成学生正确的世界观、人生观和价值观。高中"思想政治"内容涉及公民的政治生活、经济生活、文化生活等不同领域的生活，教育学生掌握生活的基本知识和技能，了解国家的政治制度，正确对待公民的政治权利和义务。积极参与国家的经济、政治和文化生活，具备观察、分析和解决问题的能力。加强对民族和传统文化的理解和教育，培育民族精神，树立民族自尊心、自信心和自豪感。注重学生的民主与法治意识、参与意识、政治意识、国际意识等公民意识的培养与教育。所以，高中"思想政治"理论课从目标和内容来看，更多地符合了公民意识教育的要求。

2005年，教育部发布的《关于整体规划大中小学德育体系的意见》中把加强大学生的道德修养，培养学生艰苦奋斗和开拓进取的精神，使学生具备良好的心理素质、思想政治素质、科学文化素质的全面协调发展作为大学阶段德育的重要目标内容之一。同年教育部颁布了《关于进一步加强和改进高等学校思想政治理论课的意见》把"思想道德修养和法律基础"作为对大学生进行公民意识教育的一门必修课，它坚持马克思主义的指导地位，坚持贴近实际、贴近生活、贴近学生，把思想道德教育和民主法治观念的培养作为该门课程的主要任务，重点加强对学生的理想信念教育、人生观、价值观教育、道德教育和法治教育，培养学生健康的心理素质，塑造学生和谐的现代公民人格,使学生自觉成长为全面发展的高素质的社会主义合格公民为主要目的。所以,高校的思想政治理论尤其"思想道德修养和法律基础"课虽然仍定位于政治理论课,但其课程目标、课程内容都从不同层面、不同视角体现了对大学生进行公民意识教育,符合社会发展对大学生提出的较高的目标要求,也与学校加强公民意识教育的价值取向相一致。

2. 相关评价

根据我国当前学校公民意识教育的现实情况,由于道德教育和思想政治教育在我国意识形态教育的重要地位,目前我国无论是中小学还是在高校,开设独立的公民意识教育课都是不现实的,我们只能通过综合社会课或者实践活动课的形式来进行我国学校的公民意识教育。鉴于中小学校公民意识教育的基础地位及对培养社会合格公民的重要意义,目前我国小学开设的"品德与生活"、"品德与社会",中学开设的"思想品德",高中开设的"思想政治"课中,公民意识教育的价值取向已经居于相当重要的地位,而且新课标明确规定了社会科是当前我国学校公民意识教育的主要课程,据王文岚教授所著的《社会课程中的公民教育研究》显示,在新版的社会课教科书中,公民意识教育的内容和道德意识教育的内容所占比例已经达到 42% 和 50%,而长期占主导地位的政治意识形态的教育内容仅占 8%,说明公民意识教育在我国的存在并且越来越多地体现在社会课程中,这在我国教育领域实现了一次重大的突破,也说明公民意识教育越来越得到党和国家的高度重视。

改革开放三十年来,国内学者和专家也在努力进行公民意识教育的理论和实践探索,他们除了加强公民意识教育的理论研究之外,还在课程开发和教材设计方面也付出了辛勤的努力,取得了明显的效果。但由于种种原因,无论从课程目标、课程内容或者课程的价值取向上来看,出现课程设置缺乏系统性,课程内容庞杂而且重复现象严重,课程目标定位不清,既无法区分各级各类学校之间的区别,也无法区分各门课程之间的不同,这与现代公民人格的培育目标还有相当远的距离。适应市场经济、民主法治的发展需要,培养理性的、自律的、自由全面发展的现代社会公民,科学合理地设置学校公民意识教育课程体系,开发适合学生发展需要的公民意识教育教材,是实现社会现代化也是实现教育现代化的发展诉求。

目前,世界上绝大多数国家都把公民意识教育纳入学校课程体系之中,通过各种形式的课程设置来进行公民意识教育,公民教育课程化成为世界公民教育发展的必然趋势。国际上,公民教育课程化主要采用了学科化的公民课程、社会综合课程、渗透式的公民教育课程。借鉴发达国家公民意识教育课程设置的一些有益的经验,结合我国近年来学校推进公民意识教育的实践状况,有步骤、有计划、科学系统设置从小学到大学的公民意识教育课程,开发系统的、与学生实际成长相适应的公民意识教育教材,明确而系统地设置各级各类学校、不同学龄阶段学生的公民意识教育目标,使我国的公民意识教育跟上时代发展的步伐,实现我国的公民意识教育与世界现代公民教育的接轨。

根据前面所述,新课程标准虽然把公民意识教育的价值取向贯穿在当前学校的社会课之中,但是,"由于缺乏对社会课程中公民教育内涵的深入探讨,直接导致了人们对于公民教育概念模糊,使得社会科课程定位笼统、理念粗糙,直接影响了社会课程设计的合理性和周密性"①。此外,对公民意识教育的相关概念定位不准、公民意识教育的内容排列逻辑思路不清、内容脱离实际等现象不同程度地存在,都不同程度地影响了学校公民意识教育的效果。

---

① 高峡、赵亚夫:《探索小学〈品德与社会〉课程的新思路》,《中国教育学刊》2003年第4期,第33页。

二、我国中(初中)小学公民意识教育的实践探索及个案研究

我国学校公民意识教育的实践探索由来已久,早在 2004 年中央教育科学研究所深圳南山附属学校就开始了公民教育的实践探索,2005 年 7 月,江苏省教研室与美国公民教育中心在江苏南京签署了开展学校公民教育实践活动的协议,开始在常州一些地方学校进行公民意识教育的理论研究与实践探索的结合,2009 年 9 月开始,信阳市平桥区部分中小学开展了公民意识教育教学实验。另外,北京的部分中小学校、云南的部分学校都曾进行过公民意识教育的研究与实践尝试。

为充分把握我国当前学校的公民意识教育实践状况,加强对学校公民意识教育的可行性研究,笔者作为平桥区学校公民意识教育试验项目的组成人员之一,对河南省信阳平桥区中小学正在实施的中(初中)小学公民意识教育实验情况进行了全面深入的实地考察,以获得学校公民意识教育实践中更加真实有效的信息,从中总结经验教训,为学校公民意识教育的有效开展提供一些有价值的参考资料。

河南省平桥区的公民意识教育实践主要由郑州大学公民教育研究中心进行总体设计,由平桥区政府统一领导,区教委负责具体组织实施,选择部分试验区学校进行学校公民意识教育的实验,以项目推动、课程开设和各类活动载体的形式来进行。郑州大学公民教育中心成立项目小组,王东虓教授是该项目的主要负责人,负责专家报告、教师培训、教材编写等工作的总体指导,并设置问卷,对实验区和非实验区的 50 多所学校、10000 多名学生进行问卷调研,本人参与了问卷的调查及结果分析。对平桥区的调研涉及的内容比较广泛,主要包括平桥实施公民意识教育的背景、具体做法、取得的效果、遇到的现实困境以及对未来的预计和打算等,下

面针对调研的具体情况对平桥区的公民意识教育实验状况进行总结如下：

1. 关于平桥区中小学实施公民意识教育的背景

政府及各级领导高度重视。近年来，平桥区政府非常关注学校公民意识教育的开展情况，为推动平桥区学校公民意识的开展，在平桥区成立了论坛，邀请全国上百位知名专家做报告，加强对平桥区社会各界人士和领导进行公民教育，使公民的理念和公民教育的思想渗透到各级领导及社会各界人士的观念之中。2007 年党的十七大报告提出要加强公民意识教育，树立社会主义民主法治、自由平等、公平正义理念。十七大报告得到全国人民的热烈拥护，也受到全社会的高度重视，平桥区政府对公民意识教育给予高度重视并具体予以落实，对教育行政机构及相关领导下发任务，认真实施。十七大报告有力地推动了平桥区政府、教育行政部门开展公民意识教育的决心和信心。

2009 年春季，平桥区区委书记王继军在全区三级干部会议上提出要在全区加强公民意识教育，并对教育界提出要求，要求平桥区部分中小学校把公民意识教育的理念落实到具体的实践活动中，让公民意识教育进学校、进课堂，成为学校德育的重要组成部分，在调研过程，平桥区教育行政主管部门也高度重视公民意识教育实施工作，充分认识到开展公民意识教育的重要意义。

为贯彻落实十七大报告中公民意识教育的理念，根据平桥区政府的指示，围绕教师的公民素质、开发校本教材、教学活动的组织方式、课程设置等问题前往北京、扬州、郑州、山西等地进行考察，借鉴一些地区公民意识教育的有益做法，这为平桥区开展中小学公民意识教育提供了前期基础。

2. 平桥区中小学开展公民意识教育的实践探索

为在平桥中小学校顺利开展公民意识教育，平桥区政府先后邀请郑州大学公民教育指导委员会主席秦树理教授、郑州大学公民教育中心主任王东虓教授、华东师范大学余玉花教授、北京理工大学杨东平教授等全国知名专家来平桥讲学,对平桥全体领导及教育界开展公民意识教育,并对实验学校的领导及全区一百多名班主任老师、语文课教师、品德课教师等进行专题培训,促使教育界、学校领导及教师转变思想观念,由被动接受转为主动学习,充分认识到中小学开展公民意识教育的重大意义,营造了学校公民意识教育的氛围。

在教材开发和课程开设方面,在郑州大学公民教育研究中心的指导下,信阳市平桥区教委组织编写了校本教材《公民常识读本》初中试用版和小学试用版,先后多次组织北京大学、首都师范大学、华东师范大学、郑州大学等全国各地的 20 多位专家学者和上百位教师参与讨论研究。《公民常识读本》的适应对象是小学五、六年级的学生和中学七、八年级的学生,《公民常识读本》试用本在 2010 年春季已经在信阳市平桥区 69 所实验学校开始试用,其中小学五、六年级的学生共计 56 学时的公民意识教育课,中学七、八年级共计 46 学时的公民意识教育课,公民意识教育走进课堂目前已经一年多的时间,有 132 名教师参与课程实施,近一万名学生通过公民意识课堂教学,培育了公民意识,体验了公民角色,养成了公民的行为习惯,2011 年 9 月由郑州大学公民教育研究中心和信阳市平桥区公民教育实践研究项目组共同开发的《公民常识读本》(中、小学试用版两册)已经由人民出版社正式出版。成为学校公民意识教育的正式出版教材,得到了相关专家、领导、教师们的一致好评,也深受学生欢迎。

平桥区的公民意识教育内容选择主要围绕"一个基础、两个对子"来开展,一个基础即以"公民"的概念作为公民常识读本最基础的知识,两个对子即"公民权利"和"公民义务","公民意识和公民行为",公民概念是进行公民教育的前提,了解公民概念是为了实现学生对自身作为国家公民的身份认同和对国家的认同。关于公民权利教育,公民常识主要围绕人权、生存权、发展权、儿童的受保护权和参与权等方面来进行公民教育。公民义务教育主要加强对学生的责任意识的培养与教育,其中,社会责任、学校责任、家庭责任、个人责任是公民常识的责任教育的主要内容,目的是教育学生了解自身责任与义务的同时,努力做负有责任的社会公民。公民意识教育部分主要培养学生树立做合格公民的基本理念,包括民主意识、法治意识、自由意识、平等意识、公平意识、正义意识以及道德意识、规则意识、生态意识教育等。公民行为教育以具体活动为载体,教育学生学会做家庭里合格的好孩子,学会做学校里的好学生、做社会合格的小公民,为将来成长为真正的合格公民做准备和训练。

平桥区的公民意识教育教学方式主要通过课堂教学,借助项目推动和以实践活动为载体开展公民意识教育。项目推动主要由郑州大学公民教育中心以项目的形式推动实施。为了检验项目实施效果,2010年11月至2011年6月,该中心对已经针对中小学生的现实状况,设计调查问卷,对全区实验班和非实验班一万多名学生进行公民意识教育调查研究,目前数据统计工作、项目的各种研究成果已基本完成。通过项目研究,推动并进一步改进学校的公民意识教育。根据中小学生的认知能力和心理接受能力,各实验学校通过开展不同形式的教育教学活动如少先队活动、主题班会和主题队会、班干部选举活动和校外实习基地活动等开展学校的公民意识教育,让学生从过去纯理论的教学模式中走出来,借助活动,通过各类体验和参与来加强自身对公民角色的认识,学生的学习兴趣得到了极大的提高,学生的主人意识、安全意识、民主意识、法制意识也都相应得到提高。除了公民课堂教学之外,各实验学校还通过语文、数学、思想品德课等渗透公民意识教育。

3.平桥区中小学开展公民意识教育取得的成效

以活动为载体开展公民意识教育,创新了教育教学模式,改善了学生的课堂生活，提高了学生的学习兴趣。多数学校领导及教师认为，公民意识教育对中小学生来说非常必要、意义重大，学生在活动中学会了搜集信息、查阅资料、沟通与合作，提高了学生的合作学习、探究学习的能力，发展了学生的人际交往与沟通能力，有利于培养学生的学习积极性。尤其在中学，根据对平桥一中何校长的访谈，何校长认为，面临升学压力，开展公民意识教育不仅没有影响学校的升学率，反而极大地激发了学生的学习兴趣，在一定程度上缓解了学生的学习压力，有利于学生综合素质的全面提高。在公民意识教育开展过程中，多数学校能把公民意识教育与学校日常管理、学生工作、少先队工作结合起来，从学校管理到班级建设，学生从参与班级管理到参与学校制度建设，主人意识、参与意识都得到提高，班风、学风都得到明显改善，全体师生的精神面貌焕然一新。

开创了思想品德工作的新途径，创新了思想品德课的教学方法，是思想品德课的补充和完善。各实验学校的公民意识教育没有像传统的德育工作那样唱高调、讲大道理，而是在课堂教学和实践活动的结合中促使学生确立正确的价值取向，公民意识教育活动通过引导学生接触社会、关注社区的公共政策，发现社区管理中存在的问题并提出解决问题的方案，有利于培养学生的国家意识、参与意识、民主意识、责任意识、诚信意识等。

编写了公民教育的校本教材《公民常识读本》，《公民常识读本》包括初中试用版和小学试用版两册教材，《公民常识读本》包括对公民的认识及如何做公民、公民的基本权利、公民的义务和责任、公民意识的培养、如何做合格的小公民五部分内容，涉及一些生活基本的法律、法规，如宪法中的基本权利和义务、中小学生守则、中小学生日常行为规范、生活中的一些小常识等；编写从公民认知到培养学生的公民意识再到公民行为的养成这样的逻辑顺序来安排，内容由浅入深，编写形式图文并茂，插入读一读、想一想、做一做等小板块使其更加形象生动,易于学生接受,符合中小学生的认识发展规律和学生的成长发展需求,《公民常识读本》对促进中小学生公民意识的形成和推进学校公民意识教育的学科化建设步伐具有十分重要的意义。

培养了一批公民意识教育的师资队伍。从 2009 年 9 月开始,信阳市平桥区政府聘请了来自郑州大学、首都师范大学、北京理工大学、华东师范大学等地的几十位专家,对平桥区中、小学德育教师、辅导员、语文教师等 100 多名进行了专门培训,然后通过在本辖区 11 个乡镇中、小学试点。在 1 万名小学生、1 万名中学生中同时开展公民常识教育教学实验。通过培训丰富了老师对公民意识教育的知识,加强了对公民意识教育的重要意义的认识,提高了实施公民意识教育的基本技能,为平桥区的公民意识教育奠定师资基础。经过培训和参加实验的教师们积累了丰富的教学经验和研究成果,并对进一步改进平桥区的公民意识教育提出了宝贵的修改意见。

通过一年多的公民意识教育活动,到 2011 年春季,平桥区教委已收到近 50 所学校的教学工作总结、50 多篇优秀教学研究论文、优秀教案近 45 篇、典型教学活动案例 76 篇、教学反思 71 篇,这些优秀的教育教学成果汇集起来,形成公民意识教育的有效资源,通过经验总结、教学反思、教案评比、征文竞赛等活动丰富了教师的公民教育理论,提高了教师的理性思维能力和教学研究能力,强化了对公民意识教育的认识,为进一步改进学校的公民意识教育既提供了宝贵的经验,也提出切实有效的建议及对策,奠定了平桥区公民意识教育的坚实基础,也使平桥区中小学校的公民意识教育走在全国的前列。

学生的公民意识状况得到极大提高。表 4-1 是选取其中的 10 道问卷题目,显示了开课班级与未开课班级学生公民意识状况的比较结果,也说明了公民意识教育实践取得的初步成效。

表 4-1 开课班级与未开课班级学生公民意识状况的比较结果

题 目	正确率%		
	开 课	未开课	差 值
6	75	69.3	5.7
3	64.5	56	8.5
5	65.6	53.7	11.9
4	23.7	10.6	13.1
19	65.6	51.4	14.2
1	89	74.4	14.6
2	43.3	27.3	16
17	50.2	29.4	20.8
16	51.3	26.6	24.7
18	46	19.5	26.5

为更加具体地了解平桥区中小学公民意识教育的成效,我们根据对公民概念的理解、公民的身份意识、法律意识、公平意识、参与意识、权利意识等从调查问卷中抽取 7 道题的调查结果进行了更加具体的对比分析,通过对比,我们发现实验班的中小学学生公民意识状况普遍要高于非实验班学生的公民意识状况。通过下列七道问题中的数据对比分析,能够明显认识到公民意识教育的实际效果。

问题 1:以下对"公民"的解释正确的是　　　　(　　)

A.没有行为能力的人不是公民

B.公民就是臣民

C.公民是指具有国籍的人

问题 2:公民与国家关系的核心是　　　　(　　)

A. 社会福利　　　　　　　B. 公民的法律身份

C. 公民的政治地位　　　　D. 权利义务关系

问题3：公民身份认同意识主要是指公民认识到自己是国家的一员　　　　　　　　　　　　　　　　　（　　）

A. 正确　　　　B. 不正确　　　　C. 不清楚

问题4：哪部法律是国家的根本大法，具有最高的法律效力？　　　　　　　　　　　　　　　　　　（　　）

A.《刑法》　　　　B.《宪法》　　　　C.《民法》

问题6：教育公平是社会公平的重要基础　　　　（　　）

A. 正确　　　　B. 不正确　　　　C. 不清楚

问题12：您想参与和自己生活相关的公共决策吗？

A. 想过　　　　B. 没有想过

问题9：市委书记和普通公民在法律面前可以区别对待

A. 正确　　　　B. 不正确　　　　C. 不清楚

表 4-2　开设公民教育课与未开设公民教育课小学生答卷正确率对比

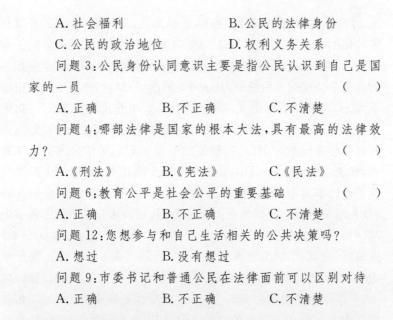

	问题 1	问题 2	问题 3	问题 4	问题 6	问题 12
开设公民课	89.0%	43.3%	64.5%	23.7%	75.0%	60.7%
未开设公民课	74.4%	27.3%	56.0%	10.6%	69.3%	41.5%

注：此表仅列举有代表性的几个问题。

表 4-3　开设公民教育课与未开设公民教育课中学生答卷正确率对比

	问题 1	问题 2	问题 3	问题 4	问题 6	问题 12
开设公民课	93.0%	52.9%	51.7%	37.2%	83.6%	75.9%
未开设公民课	88.0%	42.8%	51.0%	23.6%	77.3%	51.4%

注：此表仅列举有代表性的几个问题。

结果分析：关于对公民概念的理解，从表 4-2 问题（1）中可以看出,小学生的开课学生的正确率为 89.0％,未开课 74.4％,开课和未开课的学生相差 14.6％,表 4-3 问题(1)中初中生开课学生正确率为 93.0％,未开课正确率为 88.0％,开课学生和未开课学生相差 5％;关于公民的身份意识,从表 4-2 问题(3)显示,小学生开课正确率为 64.5％,未开课的正确率为 56.0％,相差比率为 8.5％,初中生的调查情况表 4-3 问题(3)显示,开课学生正确率为 51.7％,未开课学生正确率为 51.0％,相差比率为 0.7％;关于公民的法律意识,从表 4-2 问题(4)显示,小学生开课正确比率 23.7％,未开课学生正确比率为 10.6％,相差比率为 13.1％,初中生的调查情况表 4-3 问题(4)显示,开课学生正确率为 37.2％,未开课学生正确率为 23.6％,相差比率为 13.6％;关于公民的公平公正意识,从表 4-2 问题(6)显示,小学生开课正确比率 75.0％,未开课学生正确比率为 69.3％,相差比率为 5.7％,初中生的调查情况表 4-3 问题(6)显示,开课学生正确率为 83.6％,未开课学生正确率为 77.3％,相差比率为 6.3％;关于公民的参与意识,从表 4-2 问题(12)显示,小学生开课正确比率 60.7％,未开课学生正确比率为 41.5％,相差比率为 19.2％,初中生的调查情况表 4-3 问题(12)显示,开课学生正确率为 75.9％,未开课学生正确率为 51.4％,相差比率为 24.5％;此外,本调查中涉及公民意识中的其他方面都显示了同样的结果,开课学生的正确率都明显高于未开课的学生。

这说明,通过试验班和非试验班的对比调查,信阳市平桥区开展的公民意识教育试验取得的成效还是比较显著的。开课的试验班学生公民意识如对公民概念的理解、公民的身份意识、法律意识、公平意识、参与意识、权利意识等明显好于非实验班学生的公民意识状况。因而,公民意识教育走进中小学课堂不仅是必要的,对提高学生的公民意识状况具有非常重要的意义,为推动公民意识教育在各级各类学校的进一步实施积累了丰富的经验,奠定了坚实的基础。

4.平桥区中小学开展公民意识教育的现实困境

在调研中发现,在政府及教育行政部门的推动下,在全体学校领导及教师的努力下,平桥区中小学校的公民意识教育取得了明显的成效,但存在的问题也不容忽视。这些困境也制约了今后学校公民意识教育的有效开展。

学生公民意识发展水平的不平衡显示出公民意识教育的地区差异。由于教育的地区差异,城市的文化教育水平普遍高于农村的文化教育水平,从而使城市和集镇学生的公民意识水平普遍高于农村学生,且农村学生与城镇学生之间的公民意识状况落差较大,这说明农村学生公民意识状况急待提高,加强农村学生的公民意识教育还存在重重困难,提高农村学生的公民意识尤为紧迫。这里还以上述 10 道题为例,从表 4-4 可以显示出不同地区学生的公民意识发展状况。

表 4-4　不同地区学生的公民意识发展状况

题 目	正确率%				
	城 市	差 值	集 镇	差 值	农 村
1	88.5	−0.3	88.2	−7.8	80.4
2	37.6	10.6	48.2	−15	33.2
16	49.3	−2.2	47.1	−9.2	37.9
17	43.9	9.8	53.7	−15.8	37.9
18	38.3	7.9	46.2	−14.6	31.6
3	58.4	7.6	66	−5.7	60.3
19	71	−0.5	70.5	−16.7	53.8
4	16.8	3	19.8	−1.1	18.7
5	58.9	11.6	70.5	−12.2	58.3
6	74.7	−0.1	74.6	−2.8	71.8

　　学校公民意识教育缺乏制度、体制、机制保障。目前针对我国中小学校的公民意识教育仅限于部分试验学校，虽然地方政府在人力、物力、财力方面给予了极大的支持，但在具体操作过程中，制度供给不足仍然是制约平桥区开展公民意识教育的主要因素，如在教材的出版过程中受到上级教育行政主管部门制度方面的严格制约，致使统编教材的开发仍然受限，《公民常识读本》只能以校本教材的名义进入课堂。除了上级行政主管部门的制度约束外，学校的管理制度与公民意识教育的要求不能有效地衔接起来也是制约学校公民意识教育开展的主要因素，尽管部分学校的领导已经注意到让教师、学生参与到学校管理制度、班级管理制度的重要意义，但在具体实践操作过程中，教师和学生仍然不能充分地行使自己的参与权利。

　　师资队伍问题是多数学校有效开展公民意识教育的瓶颈。目前平桥区教委在实施公民意识教育过程中的师资问题主要体现在以下几个方面：一是专门从事公民意识教育的教师很少，多数教师是班主任、语文教师和学校的一些分管领导来担任，缺乏专门从事公民意识教育的教师致使公民意识教育的系统化、科学化开展难以为继。二是由于缺乏专门教师和专业化的知识，目前教师的公民素质、公民知识、公民能力、公民理念和公民技能方面都与现代社会对公民的要求有一定的距离，师资力量的不足使公民意识教育困难重重，仅靠几天的培训或短期学习很难承担公民意识教育的重任，再加上公民意识教育给多数教师提出了更高的要求，既要求教师在公民教育方面有较高的理论素养，更要求具有一定的实践经验，这都给当前学校的公民意识教育提出了严峻的挑战。三是由于公民意识教育对大多中小学来讲是一种全新理念的教育，对教师来讲，开展一种全新的教育活动在教学素材的搜集、备课准备、设计活动方面都增加了一定难度，造成个别教师疲于应付的局面。

课程建设方面,平桥区教育行政主管部门非常重视教材的开发建设工作,但就目前的试用教材来讲,平桥区教委所开发的适合中小学生的试用教材分别只有小学版和中学版各一册,存在着教材体系不完善,教学内容过于简单化,知识点少,教材不成熟现象;另一方面,新编《公民常识读本》缺乏配套的参考资料,教师无法准确把握该课程的知识目标、能力目标和价值目标,导致教师备课难度增加,有的教师是摸着石头过河,尝试着根据教材提供的非常简单的教学内容设计教学活动;就教学内容与思想品德的关系来说,《公民常识读本》避开了思想品德课的内容体系,但多数教师认为,公民意识教育本身就与思想品德教育有交叉重叠之处,不能把二者划开界限,应注意二者之间的链接,目前的《公民常识读本》在这方面还存在一定不足;就学时来讲,多数学校能够根据教育主管部门的要求开足开够公民课,个别学校还顾虑重重,迫于升学压力减少公民意识教育的学时数,在调研中发现,有的学校每周只有一学时的公民课,这无法满足培养学生做合格公民的要求。

基础设施建设是多数学校顺利开展公民意识教育的主要物质基础。目前平桥区多数学校教学场地较小,公民意识教育的活动场所供给不充分,公民意识教育的实践活动多数依托校外实训基地来进行,给教学活动的设计增加了难度。个别学校甚至缺乏现代教育技术设备,无法用多媒体来开展公民意识教育活动。而中小学校的公民意识教育主要以活动载体的形式来进行,基础设施的受限与教学活动要求之间存在矛盾,造成部分学校公民意识教育的实效性差,学生对该课程的兴趣性降低,一些学校公民意识教育目标无法真正实现。

在党和政府的支持下,越来越多的学校实施公民意识教育的理论研究与实践探索,说明学校公民意识教育已经不再停留于口头和理论研究的层面,学校公民意识教育正在越来越多地由理论走向现实,构建有中国特色的学校公民意识教育体系,实施学校公民意识教育、实现公民意识教育的重大发展已经指日可待。

三、我国高校大学生公民意识状况及教育实践探索

1. 当代大学生公民意识状况

为更好地把握高校公民意识教育实践状况,笔者通过问卷调查的形式对在校大学生的公民意识状况进行调查分析,在对大学生公民意识状况调查分析的基础上,分析当前我国高校的公民意识教育实践状况。调研选取的调研对象是河南农业大学、黄河水利职业技术学院、河南农业职业学院共三所学校的 500 名学生,共发放问卷 500 份,收回有效问卷 481 份,三所学校分布于河南郑州、开封和中牟三个地方,借助问卷分析,了解当代大学生的公民意识状况,为学校公民意识教育状况研究提供实证材料。

第一,当代大学生对公民概念和相关公民知识的理解与把握。

反映在调查问卷中,对公民概念的理解,回答正确的占被调查总人数的 79.2%,对《公民道德建设纲要》中公民道德规范的内容能够准确把握的占被调查总人数的 69.9%,当代大学生对公民知识的理解与把握总体状况较好,这得益于长期以来所接受的学校教育和思想道德教育,使大学生积累了丰富的科学文化知识和相关的公民知识。

第二,当代大学生对于国家和民族文化的认同感。

对国家和民族文化的认同问题是公民意识教育的首要问题,围绕这一问题本调研设计了三道问题,如图 4-1 中,对中国举办2010 年世博会的感受,有 84% 的大学生为自己祖国的繁荣与强大感到非常自豪,在图 4-2 中,对于把清明节、端午节、中秋节等中国传统节日定为国家法定节假日有 94% 的学生认为非常有必要,但对于自己的同学或朋友加入外国国籍的看法中就表现出不同的观点,如图 4-3 所示,仅有 8% 的同学表示支持,有 75% 的同学表示理

解,有 16％的同学表示反对,这一回答与前边的回答基本一致,
75％的同学对出国表示理解,也说明随着改革开放和国际经济文
化交流的发展,在全球化背景下,同学们能以开放的、国际的视野
看问题。

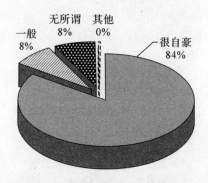

图 4-1　对中国举办世博会的感受

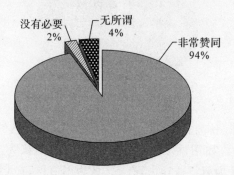

图 4-2　对把端午节、清明节、中秋节等传统节日纳入国家法定节日的态度

第三,当代大学生法律意识状况。

法律意识是公民意识的重要组成部分,公民法律意识的强弱
关系到个人权利的维护和国家的长治久安问题,对大学生法律意
识的调查研究涉及三个方面的问题,在对宪法的本质及对宪法作
用的理解中,有 71.1％的学生能够对宪法的本质及其作用有正确

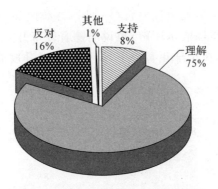

图 4-3　对同学、朋友加入外籍的态度

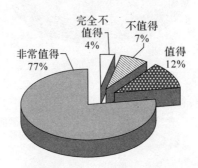

图 4-4　关于电影《秋菊打官司》对秋菊打官司的态度

把握。在电影《秋菊打官司》中,针对秋菊为给自己的丈夫讨公道打官司的行为,如图 4-4 所示,有 77％的同学认为非常值得,有 12％的同学认为值得这样做,有 7％认为不值得,有 4％的同学认为完全不值得。在当你遇到法律纠纷时或自己的权利被侵犯时,你选择解决问题的途径这一问题中,如图 4-5 显示,选择走法律途径的同学只有 11％,选择忍让的同学有 3％,有 65％和 21％的同学选择协商和调解的办法来解决纠纷,这说明当代大学生法律意识总体状况较好,但也反映了对法律的信任程度存在疑虑,法律并没有成为同学们的内在需求。学生寻求解决问题的途径不是诉讼,却

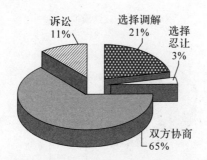

图 4-5　遇到纠纷选择解决问题的途径

是法律以外的渠道,这无疑是值得我们反思的。

第四,大学生权利与责任意识。

权利与义务意识是公民意识教育的核心,权利与义务涉及的内容非常广泛,由于文章篇幅所限,本调查主要以当代大学生的人身权和生命权作为调查的对象。

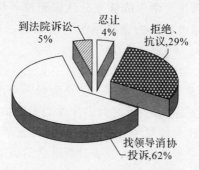

图 4-6　关于在商场购物时被怀疑偷盗而遭搜身后的做法

问卷中涉及公民权利意识的问卷有三题,对于个别高校为加强学生管理在宿舍楼道中安装监视器这一做法,有 41.5% 和 19.1% 的学生表示强烈气愤和反对,并采取相关维权行动,关于在商场购物时被怀疑偷盗而遭遇保安无理搜身后的做法,如图 4-6 所示,有 62% 的学生选择找领导或消协投诉,有 29% 的同学表

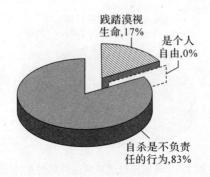

图 4-7 对大学生因挫折选择自杀行为的态度

示拒绝或抗议,另有 5％的学生选择起诉,只有 4％的同学选择忍让。在对大学生因生活或情感挫折自杀行为的态度中,如图 4-7所示,有 83％的学生认为生命权是每个人的权利,自杀是一种极不负责任的行为,有 17％的学生认为这是一种践踏和漠视生命的行为,这说明当代大学生能够充分认识到权利与义务对自己的重要意义,并能通过自身的选择维护自己的合法权利,自觉履行相关义务。

第五,当代大学生的参与意识。

参与是公民意识的重要特征,也是衡量一个国家现代民主政治发展水平的重要标志之一,对大学生参与意识的考察,本调查主要从政治参与和社会参与两个方面来进行,调查结果如下。

在对大学生参与选举人大代表及听证会的态度中,如图 4-8 所示,有 71％的学生选择应该积极参与,有 23％的学生认为参与只是一种形式,有 5％的学生认为参与不参与没有关系,对学生参与社区服务及志愿者活动的态度调查中,有 83.1％的学生能够积极参与,对社会上发生灾难或灾害时的参与态度调查中,如图 4-9 所示,有 69％的学生和 17％的学生选择积极参与,只不过前者是捐款、献血等参与方式,后者是直接赴灾区参与,有 11％的学生根据要求参与,有 3％的学生不参与。数据表明,当代大学生的总体参与意识

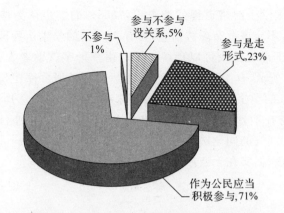

图 4-8　对参与选举人大代表等政治活动的态度

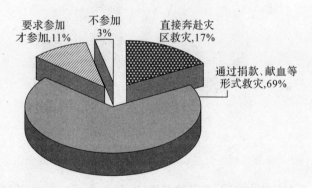

图 4-9　当社会发生灾害和灾难时,你会怎么做?

比较高,但相比之下,社会参与的积极性比政治参与的积极性要高,参与中存在问题也比较多。

第六,关于道德意识与纪律意识。

一个健康有序的社会环境需要健康的道德意识与规则意识,培养公民的道德意识与规则意识是公民意识教育的重要组成部分,为了解当代大学生的规则意识,本调查主要从网络道德、社会公德和课堂及考试纪律方面做出调查分析。结果如下:

在对大学生网络道德的调查中,78.8％的学生认为应该遵守网络道德,不应该散布虚假信息,另有24.7％的学生认为网络作假的行为是正常现象或可以理解。针对南京彭宇救助老太太一案,如图4-10所示,有47％的学生选择以后遇到类似事件还是应该帮助,有41％的学生选择打110让警察来帮助,有9％的选择旁观,还有3％的选择不管不问。在对在校大学生插队买饭、抢座位现象的调查中,73.6％的同学选择不应该这么做,但也有21％的同学选择知道不应该,但实在无奈才这样做。

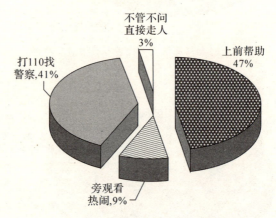

图4-10　如果你遇到类似南京彭宇案中需要帮助的老人,你会怎么做?

关于大学生的规则意识的调查中,针对当代大学生考试作弊、充当枪手的行为,如图4-11所示,71％的学生表示强烈反对,15％的学生认为可以理解,还有13％的学生认为是正常现象,有1％的学生支持。

上述调查反映了当代大学生的社会道德与规则意识总体状况良好,但存在的问题也不少,在一定程度上反映了大学生不健康的社会心理和冷漠的心态。

第七,关于民主、公平、公正意识。

民主是一种价值理念,还是一种生活方式,民主反映了一个国

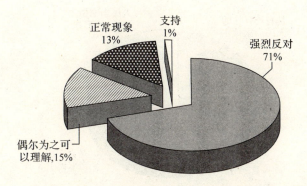

图 4-11　针对大学生考试作弊或充当枪手的态度

家公民的基本生活状况。在本书对民主的调查中,在对当前我国民主、自由的评价一题中,34.1%学生认为当前我国的民主状况好,有32.8%的学生认为当前我国的民主状况一般,还有23.7%的学生认为我国的民主状况还不太民主,在对人民当家做主的评价中显示,如图4-12所示,35%的学生认为是真正的民主,43%的学生认为是有选择性的民主,只有22%的学生认为人民当家做主只是一种形式。这说明,当代大学生对民主制度总体上有积极、肯定的认识,对自由民主生活有美好的向往,但上述数据也显示出我国的民主政治建设与当代大学生的理想、期望之间还存在一定距离,我国民主政治建设还有待进一步地加强与完善。

在对公平与公正的评价中,对当前我国学校教育公平的态度的调查中,如图4-13所示,有35%学生表示非常关注,38%的学生比较关注教育的公平、公正问题,有23%的人不太关注,有4%的人从不关注,这说明大多数学生能够关注教育的公平与公正,具有公平与公正的价值理念。

2.高等院校学校公民意识教育的实践状况透析

通过大学生的公民意识状况分析表明:当代大学生的公民意识总体状况较乐观。在调查中显示,当代大学生对公民认知程度

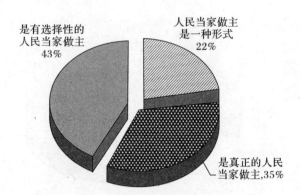

图 4-12　对人民当家做主的评价

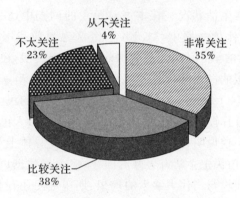

图 4-13　你对教育公平公正问题的关注态度

比较高,对公民概念的把握正确率高达 79.2％,表现出较强的民族自豪感和国家认同意识,在调查中 84％的大学生对中国举办世博会感到非常自豪,法律意识明显增强,有 77％的学生对秋菊为自己的丈夫打官司表示支持。另外,在权利、义务意识和社会道德意识方面都表现出较好的公民意识状况。

　　这说明了当代大学生公民意识状况普遍较高,一方面得益于我国基础教育长期以来丰厚的教育积累,另一方面也是高校实施公民意识教育的实践结果。根据梁金霞所著《中国德育向公民教育转型研究》一书的调查显示,目前我国高校有 81％的学校开设了公民意识教育的相关课程;有 79％的高校对公民意识教育非常重视和比较重视;有 43％的大学生对公民意识教育相关的课程非常有兴趣,兴趣一般的占 55％;有 55％的学校对大学生的公民素质状况评价较高。我国高校公民意识教育主要通过思想政治教育进行渗透,借助学校的各类活动来具体实施,有的学校通过校外实习基地或与社会联合的方式开展对学生的公民意识教育的培养探索,个别学校公民意识教育课程化的尝试是推动学校公民意识教育的催化剂,并取得了明显的成效。

但是,目前我国高校公民意识教育中存在的问题也不少,主要表现为领导重视程度不够、教学内容和教学方法不科学、师资队伍不足、学生兴趣不高等问题,在调查中显示有 28％的学校认为领导对公民意识教育重视不够,有 36％的学校认为教学内容不科学,有 36％的学校认为教学方法不恰当,有 60％的学校认为师资队伍不足,还有 30％的学校认为学生的学习兴趣不大。① 高校公民意识教育存在的问题需要引起全社会尤其是政府的高度重视,加快高校公民意识教育的学科化进程,促使公民意识教育的内容贴近生活、贴近学生、贴近实际,积极推进教育教学方法的创新与改革,加强师资队伍建设,不断提升大学生的公民素质应成为高校人才建设工程的重要课题。

中国的市场经济、民主政治、文化体制、教育制度都实现了深层的转型与重大发展,为学校公民意识教育的实施提供了物质基础、政治保障和实践动力,说明了我国学校公民意识教育是适应时代发展的现实选择。党和政府关于公民意识教育的新政策为学校

① 参见梁金霞:《中国德育向公民教育转型研究》,知识产权出版社 2009 年版,第 170—177 页。

公民意识教育提供了政策支持；马克思主义关于人的全面发展的理论，社会主义核心价值体系的提出与实践研究，学界关于公民意识教育所积累的丰富研究成果为学校公民意识教育的实施提供了理论基础；学校公民意识教育实践探索尤其是河南省信阳市平桥区的实践探索为学校公民意识教育提供实践依据，实施学校公民意识教育已经成为教育现代化的必然选择，也是中国现当代社会现代化发展的历史趋势。

　　但我们应该清晰地认识到，由于学校公民意识教育与我国的传统思想观念、教育体制、传统文化所固存的惯性之间充斥着矛盾和张力，致使学校公民意识教育依然面临着诸多的困境和制约因素，分析当代学校公民意识教育的制约因素，破解学校公民意识教育所面对的诸多矛盾与张力，对于构建有中国特色的学校公民意识教育，推进学校公民意识教育的顺利实施具有重要意义。

第五章　学校公民意识教育的制约因素

　　公民意识教育的历史发展及实践状况表明,在当代中国进行学校公民意识教育是中国现代化建设的必然趋势,进行学校公民意识教育无论从理论层面还是从实践层面,无论从历史还是从现实的视角来看都具有现实可行性。因而,进行现代学校公民意识教育是现代教育面临的必须而又紧迫的时代课题。但是,由于受封建历史文化、传统专制政治体制、计划经济体制的制约,影响我国学校公民意识教育的因素在一定程度上还普遍存在。教育理念的偏差导致对公民意识教育的认识不到位,制度保障供给的不足导致学校公民意识教育举步维艰,传统伦理文化的消极因素制约了学校公民意识教育的有效发展,学校公民意识教育的制约因素是造成我国公民意识状况薄弱的一个重要原因。充分认识、分析、破解学校公民意识教育中的矛盾冲突和制约因素,对于有效构建学校公民意识教育体系、推进学校公民意识教育的实施具有重要的理论及实践价值。

第一节　教育理念的偏差

　　长期以来,受教育的传统惯性思维的制约,教育的意识形态化和以知识为中心的教育观、功利化的教育观形成了学校公民意识教育的思想障碍,各级领导不够重视是制约学校公民意识教育的重要条件,偏狭的教育理念使我国的教育无论在教育体制制定还是在教育目标的设定、教育实施方式及教育的评价方式等方面都存在着与现代教育理念的错位、与教育本质相悖离的现象,这些现象严重制约了学生主体意识的形成,也使学校公民意识教育无法真正开展。因此,对偏狭的教育理念分析与批判,实现现代教育对传统教育的超越是教育发展的内在的、必然的要求。这对于我们加强公民意识教育无疑是非常重要而现实的。

一、偏狭的教育理念是制约学校公民意识教育开展的瓶颈

1.教育的意识形态化观念的影响

任何国家都有自己的意识形态教育,不同国家、不同阶级、不同政党有不同的意识教育形态。思想政治教育是我国主流的意识形态教育,思想政治教育的主要任务是进行马克思主义的基本理论及党的路线、方针、政策的教育,确立了中国共产党的价值取向在社会主义政治教育中的主导地位,坚持教育的社会主义方向,坚持教育为我国社会的政治、经济、社会发展服务的宗旨,体现了鲜明的政治性和阶级性。

教育的意识形态化与教育的意识形态性不同,教育的意识形态化是在教育的过程中,过于强调本阶级占主导地位的意识形态在意识教育中的极端重要性,把意识形态教育教条化、绝对化、标准化,并严格按照本阶级的标准设定教育内容和与之相关的道德规范、纪律规范等,排斥一切与之相异的教育理念。教育的意识形态化在我国的道德教育和思想政治教育中都有所表现。教育的意识形态化表现在德育中就是道德教育的泛政治化,用政治的标准去规定道德教育,不仅使政治教育与道德教育的关系不清,也使道德教育失去相对独立性,成为政治教育的附属品,不能有效地发挥其教导学生如何做人的功能。在思想政治教育中的表现就是因过于强调思想政治教育在意识形态中的主导地位,从而忽略了思想

政治教育发展的社会需求的多样性要求和内容的多样性,使思想政治教育陷入既定的思维模式之中,不能把公民意识教育作为思想政治教育的重要组成部分纳入思想政治教育的内容之中,使思想政治教育失去了自我丰富、自我发展、自我创新的机会。

受教育的意识形态化观念的影响,在我国教育领域,公民意识教育长期被看作资本主义的专利品而被拒斥在教育之外。认为在中国进行公民意识教育就是把西方的东西强行移入中国,社会主义国家不能进行公民意识教育,搞公民意识教育不符合社会主义国家的意识形态要求。这种看法存在三个误区:一是不了解公民及公民意识教育的本质特点;二是没有弄明白公民意识教育和思想政治教育的关系;三是不懂得社会主义国家也有属于自己的公民意识教育。社会主义的公民意识教育在我国宪法条文中、在党和国家的政策文件上都有所体现,我国宪法明确规定了公民的基本权利与义务,党的十七大报告和相关的政策文件都给予我国的公民意识教育以充分的肯定和支持。

但在意识形态化的观念影响下,我国教育行政部门虽然认识到公民意识教育的重要性,但仍然不能冲破教育的意识形态化所设置的观念上的种种禁区,不能有效地落实党和国家关于公民意识教育的文件精神。在理论界,这种意识形态化的倾向表现较为突出,对中国是否能够进行公民意识教育存在较大争议,甚至一些在教育界有影响的人士公然反对公民意识教育,认为搞公民意识教育就是反对当前我国的思想政治教育,就是否定党和国家提倡的马克思主义理论教育,试图改变党的教育方针和否定全面发展的培养目标。

所以,在教育意识形态化的观念影响下,在我国教育行政部门和学界还不能冲破由于教育的意识形态化所设置的思想观念上的束缚,使公民意识教育被看作资本主义的东西一直未能进入中国的国民教育体系之中,这也是我国学校的公民意识教育未能开展的主要原因。

2. 教育的知识化和功利化倾向的影响

受应试教育的影响,以知识为中心的教育观目前仍然在我国的学校教育中占据主导地位。以知识为中心的教育观在教育的价值取向上,"强调教学为社会发展服务,关注客观知识的代际传递;强调教学为学生的专业发展及将来的就业服务,关注学生专业能力的提高;强调教学为升学服务,关注知识掌握程度的目标达成"①。在这样的价值取向下,知识的传授与掌握是教学的主要目的,把学生完整的生命看作认知体来对待,遮蔽了教育中人的主体地位,无视教育的特殊性在于把人德性的自由自觉成长看作是教育的主要使命。这种无人的教育价值取向成为制约人的发展的主要因素。

以知识为中心的教育观与功利化的教育倾向密切联系在一起。市场经济在促进人们的主体意识、权利意识、民主法治意识觉醒的同时,也带来了整个社会市场化和功利化的社会追求。受这种价值观的影响,我国学校教育的工具理性和意识形态性倾向也日益严重。与教育的功利性、世俗化相适应的教育是把市场经济的效益最大化和实用化理念纳入教育体系之中。功利化的教育取向渗透在教育的方方面面。

功利化的教育取向在教育中的突出表现就是把升学率和就业率作为办学的宗旨。在应试教育中的表现是学校的一切教育以升学率的高低来衡量教育的成败,为追求较高的升学率,学校在课程设置方面表现出严重的功利化倾向,如语、数、外作为学生升学的主考科目备受重视,把更多的时间用来开设实用性数理化、英语类课程,压缩科普类、人文类、社科类的德育、与公民教育相关的课程等。家长为了迎合这种功利化追求,给孩子报考各类奥赛班、特长

---

① 叶澜等:《基础教育改革与中国教育学理论重建研究》,经济科学出版社 2009 年版,第 290 页。

班进行各种培训,以提高学生的考试成绩。功利化教育在高校表现更加突出,为迎合社会发展对效益的过度需求,追求较高的就业率,多数学校都把教学资源投入到社会效益好的专业上来,加强对热门专业的学科化建设,专业设置和课程设置也体现了较强的功利性,对英语、法律、金融、计算机、外贸等有利于学生就业的课程表现出较高的兴趣,投入大量的人力、物力和财力。近年来社会上出现热门专业人才过剩的一个主要原因就是教育的功利化效应所带来的副产品。高校教育的功利化还表现在教育教学评估的功利化,近年来高校所进行的名目繁杂的各类骨干院校评估、示范类院校评估、专业评估、课程评估等,评估对促进学校的办学规模、办学效益和办学质量起了重要的作用,但评估也同时把市场经济的功利化价值标准纳入学校评估中来,造成一些评估走过程、搞形式、铺张浪费等功利化现象的发生。

教育的功利化在学生身上的表现主要是以考试成绩和顺利就业、找一份理想工作作为衡量学生自身价值观的标准。在升学上表现为选择名校,上名牌专业,出国热、留学热等成为学生时尚的追求。功利化教育不仅表现在专业教育和专业发展领域,同样在道德领域功利化也有所渗透,比如一些学生做好事追求道德成本的最低化,并非出于良心或自身德性发展的内在需求去做,而是为追求某种效应去做;在人际交往中表现出更多的利益关系,不是基于情感和友谊发展的需要;道德追求的功利化是导致校园道德滑坡、公民素质低下的一个重要原因。

学校教育中的功利化取向影响了学校教育追求社会的公平正义这一本质,近年来学校教育中出现的绿领巾等事件就是功利化的教育观在现实生活中的一个反映,它严重违背了教育的公平与正义。在教育功利化的影响下,培养学生民主法治素质、人文科学素养和公共责任意识的公民意识教育,由于其教育效果不能立竿见影而长期被置于边缘化的境地。虽然大多数学校也严格规定了人文类、社科类的课程设置并要求学生修够相应的学分,但这并不能激发学校对人文类、社科类、与公民教育相关课程的教育热情,学生也迫于压力去接受公民素质的培养教育,表面上是学生对人文素养和民主政治素质的教育追求,但在功利性价值观的影响下,这种做法有时也是无奈之举。

现代教育的本质在于不仅能为社会经济发展提供人力支持,还要秉持公平正义的价值理念,为社会公共生活提供社会动力资源。公民意识教育的本质在于其公共性、公益性,它强调了人的社会性和公共性教育,致力于学生公共关怀意识、社会责任意识等民主政治素养和科学素养的养成教育,致力于整个社会的公平正义观。而民主科学的教育体现了教育的科学素养和人文素养的高度统一。民主科学素养的养成有助于提高学生积极参与公共事务和公共决策的参与意识,提高学生的生命质量和生活情趣,培养学生对政治的敏感度和对国家事务的关心与热情。民主科学的教育理念还体现在对学生人文素质的养成与教育上,民主的教育意味着每个学生受教育的机会平等,意味着每个学生的个性和生命质量在教育过程中都能得到关注,意味着不管身智健全还是有智障和残缺的学生都能被公平地加以对待,绿领巾事件绝不会在民主公正的教育理念中出现。民主科学的教育观体现了对学生基本的尊重和人文关怀,使学生在真正的关怀中体验到生命的价值与意识,应该使学生的生活和精神在和平、愉悦的环境中健康成长。这种体现民主科学精神与人文精神的教育才是现代教育应秉持的价值理念,是现代公民意识教育的价值诉求和道德旨归。

所以,以知识为中心的教育观、功利化的教育取向与民主科学的教育理念之间的矛盾制约着我国学校教育学科设置、课程设置的均衡发展,导致与培养公民教育相关的课程被搁置或不被重视。这与现代教育培养社会合格公民的教育本质相违背,它使学校有关公民意识的培养教育长期被边缘化,无法发挥其应有的培养现代社会合格公民的功能,也使学校的教育不能真正为了学生而进行。现代公民意识教育是民主的科学的教育形态,它以培养学生的人文精神和科学素养为旨归,能够实现对知识化、功利化教育的超越,促进学生真正实现自我价值回归和道德上的自我完善。

二、各级政府重视不够是制约学校公民意识教育开展的思想障碍

1. 各级政府不够重视公民意识教育

政府重视与否是有效开展公民意识教育的前提条件,各级政府部门能否从国家战略的高度和全局的高度认识公民意识教育的重要性,对公民意识教育的开展至关重要。学校公民意识教育只有通过政府行为,得到政府的重视和支持,加强政府的组织管理,才能保证公民意识教育的顺利开展。

当前,由于我国政府对公民意识教育的重视不够,严重制约了学校公民意识教育的开展。而西方国家的政府高度重视公民意识教育,政府的强力支持使西方国家的公民意识教育为资本主义的经济建设、政治建设和文化建设提供了高素质的社会公民,保证了国家现代化建设的人力资源支持。美国政府高度重视学校公民意识教育,历史上的许多美国领导人普遍认识到美国民主政治制度确立需要全体公民具备良好的公民素质,以培育公民知识、公民技能和公民道德为内容的公民教育应承担重要任命。为此,出台了推动美国公民教育的各项政策及法规,把培养美国公民的教育目标纳入国家政策之中,相关教育部门制定美国公民教育的课程计划和课程标准,编写教科书。如 1991 年颁布的《公民教育大纲》和1994 年通过的《公民学与政府》将美国的政治体制、政府与职能、美国与世界事务纳入公民教育内容之中,1997 年美国总统《国情咨文》对培养学生的公民道德品质做出具体规定,2003 年参议员拉马尔·亚历山大提交了《美国历史和公民学教育法》的立法草案,以

推动美国公民教育的发展。在法国的历史上,有关公民意识教育的文件、法案及教学大纲、课程标准非常丰富并制定完整规范,使法国的公民教育也走在世界前列。新加坡是公民教育比较成功的亚洲国家,新加坡的成功离不开领导及政府的有力推动及强有力的公民教育实施计划,1991年新加坡政府公布《共同价值白皮书》,提出了新加坡各民族都能接受的共同价值观教育,新加坡的中小学的公民道德教育基本上围绕这五个方面的价值观来组织教学内容。1985年香港就通过了《学校公民教育指引》,在整个香港推行从幼儿园到小学再到中学的公民教育,随后又多次修改《指引》内容使之更加符合香港形势发展的变化需要。和上述西方国家和亚洲的发达国家与地区相比,我国政府对公民意识教育的关注严重不足,缺乏相应的法律法规和领导机制,也没有公民意识教育的专门机构,是我国学校公民意识教育无法开展的重要因素。

2.我国教育行政部门对公民意识教育的政策落实不到位

领导重视是我国搞好学校公民意识教育的前提,教育行政部门对政策的落实对扭转整个社会的思想观念以及资源配置方面都有极大的作用。在我国目前公民意识还普遍薄弱的情况下,①公民意识教育走进课堂、公民课教师的培养、发展中国的公民文化,都

---

① 注:根据沈明明所做的《中国公民意识调查数据报告》所作的有关公民民主意识、法治意识、权利与义务意识、公正意识显示:"对民主是什么"的看法中,42.8%的人回答不知道,17.8%的人没有回答,在"你对民主的评价"的调查中,只有30.2%的人打了中间分,49.1%的人打了及格分;在对法治意识的调查显示,有71.2%的人同意"出现社会危机时,政府有权超出法律规定的范围去处理问题";对于情与法的关系的调查,有76.1%的人同意法大于情,但也有24%的人认为情大于法;关于权利与义务意识的调查显示:有68.6%的人不能说出两条宪法中对权利的规定,有75.3%的人不能说出宪法中关于义务的两条规定;关于公民意识的调查显示:"对掌握权力的人享有一定的特殊待遇"这一问题的回答有20.4%的人认为非常不公正,39.6%的人认为不太公正,6.8%的人持中立态度。根据上述调查表明,目前我国公民意识普遍薄弱。参见沈明明:《中国公民意识调查数据报告》,社会科学文献出版社2009年版,第126—194页。

离不开政府及相关领导的高度重视与积极主动的推动与实施。只有领导及各级政府的高度重视和积极支持,充分发挥政府及教育行政部门在公民意识教育中的主导作用,通过政府推进、顶层设计来进行,建立强有力的领导体制,是开展和实施公民意识教育的组织保证。党的十七大强调了公民意识教育的重要性,这说明党和中央政府已经把公民意识教育提升到民主政治发展的战略高度。但在具体实施过程中,到目前为止只有个别地方政府认识到公民意识教育的重要性,并积极采取行动,开展公民意识教育的研究与尝试工作,深圳市南山附属学校的公民意识教育就是在深圳市政府的大力支持下进行教育试点的,河南省信阳市平桥区的公民意识教育完全是在政府的主导下开展的,平桥区政府及教育主管部门领导在推进公民意识教育中发挥了总体策划、项目引进、广泛动员、组织实施的作用,并给予财力、物力上的极大支持。另外南京、上海等城市部分学校在政府的支持下也进行了公民意识教育的试验工作。但从全国范围来看,从中央到地方各级政府都没有对公民意识教育做出具体的部署和安排,教育行政部门也缺乏相关的法律法规给公民意识教育制度上的保障,这说明公民意识教育还未引起相关领导的重视,这是当前我国学校公民意识教育难以走进学校和课堂,在全国范围内有效开展的主要原因。

　　由于各级领导及政府对学校公民意识教育的意义重视不够,使公民意识教育的重要性和紧迫性无法在全社会形成共识,公民意识教育还不能落实到位。美国"现代公共教育运动之父"霍拉斯·曼曾指出如果一个国家不具备发展儿童的公民能力和丰富他们的公民知识,不能够使他们形成对真理的热爱和对责任的追求,那么儿童很难成为国家的好公民。这说明,现代公民的生成不可能天生造就,也是不能完全依靠自我力量完成的,开展公民意识教育是造就现代公民的必由之路。但是如果国家领导及各级政府不够重视公民意识教育,好公民就难以产生,国家就没有出路。在我国现代化建设的关键时期,经济的全球化带来整个人类社会政治文化的全球化,各级领导及政府应该认识到,"一个自由、民主和开放的社会,是人权得到尊重,个人的价值和尊严得到确认,法治得以遵循,人们自愿履行他们的职责,共同体利益得到全体人民的关心,公民对民主基本价值合乎原则的理性认同。……教育家、政策制定者和成员必须对这一点给予充分强调,并从各级机构和政府中寻求学校公民意识教育的最大范围的支持"①。为了融入世界一体化进程,加速我国的现代化发展,推进我国社会主义民主法治建设,完善社会主义的市场经济,推动社会和谐的发展都需要高素质的现代人才做支撑。高素质的公民应具备参与社会政治和社会公共事务管理的公民知识、公民技能和价值理念,应具备与现代社会发展相适应的公民美德,公民知识的获得、公民技能和价值理念的形成、公民德性的养成是现代民意识教育的重要历史使命和价值承担。

但是,对于公民意识教育在培养有效能的、负责任的高素质的社会公民,构建社会主义和谐社会,实现中华民族的伟大复兴中的重要性和紧迫性认识上,相关领导还受当前意识形态教育的制约未能转变观念,甚至把公民意识教育当作西方的意识形态教育盲目排斥,更没有出台相关措施和政策为学校公民意识教育的实施提供制度层面的保障和相关支持,导致学校公民意识教育未能在全社会有效开展。在学者夏世忠看来:"只有经过制度层面的路径才能在实践层面取得较好的体现,这是确保公民教育主体地位,实施好现代公民教育的前提条件。"②

3.社会对公民意识教育的宣传力度不够

由于相关领导及政府部门对公民意识教育的重视不够,整个

---

① 蓝维,等:《公民教育:理论、历史与实践探索》,人民出版社2007年版,第208页。
② 夏世忠:《论高校实施现代公民教育的宏观制度保障》,《邵阳学院学报》2007年第6期,第158页。

社会对有关公民意识教育的宣传力度远远不够。众所周知,随着现代媒体技术的发展,现代通信技术高效、快捷的特点为社会的发展和人们的生活提供极大的方便,借助大众媒体,我国公民对政治的关注和参与程度越来越高,大众媒体是公民个体实现其政治社会化的重要途径,大众媒体对公民政治社会化的功能主要通过传播政治知识、政治信息和培养政治人格来实现。根据"IEA(国际教育成就调查委员会)的研究得出:传媒在培养高校学生的公民知识与参与能力方面的作用是相当重要的,青年人在电脑和电视上的消费时间与他们的公民知识水平成正比(以公民教育测试的评分为标准)"①。我国政府一贯高度重视大众媒体作为意识形态组成部分的功能的充分发挥。但是由于对公民概念的本质及学校公民意识教育的内涵、意义和作用还缺乏科学准确的领悟和把握,对学校公民意识教育在促进学生个体政治社会化的功能认识不到位,学校公民意识教育的重要性仅见诸学者们的研究视域,只有在相关的学术性刊物上才能看到有关公民意识教育的观点和看法,各级领导、教育行政部门、社会和学校对此的关注很少出现在一些重要的媒体和报道上,媒体的呼声不够,也不能通过自己的声音在宣传领域凝聚共识和发挥其对学校公民意识教育的宣传和推动作用。网络媒体也只能借助一些具体事件从一个侧面做些零星的宣传,以此来反映我国的公民素质状况,强调加强公民意识教育的重要性的认识。

笔者以为,各级领导高度的重视、整个社会媒体和学校在提高整个社会的公民素质、建立健全学校公民意识教育的制度保障体系、确保公民意识教育顺利实施方面负有义不容辞的责任。但遗憾的是,由于对学校公民意识教育的意义宣传教育力度无法与社

---

① 张志俭:《21世纪中国公民教育的机遇与挑战》,郑州大学出版社2008年版,第25页。

会主义民主政治建设和市场经济发展的步伐相适应，整个社会公民意识状况薄弱仍然是一个无法改变的事实。公民意识教育不仅关系到民族的兴旺发达和整个社会的繁荣发展，也关系到整个社会的发展个人权益的切实保障，只有全社会行动起来，加强宣传教育、动员社会力量共同参与，促进整个社会公民意识的觉醒，才能为学校公民意识教育的实施提供舆论支持和社会保障。

第二节 制度供给保障的不足

相关领导及政府高度重视学校公民意识教育，充分发挥公民意识教育在培育有知识、有能力、负责任的公民方面的重要功能是当代中国学校公民意识教育能够顺利开展的非常重要的因素。另外，完善的法律法规和相关的制度措施、实现学校公民意识教育的制度化也是学校公民意识教育的有力保障。目前，公民意识教育法律法规、相关教育制度规划、学科建设规划和教学制度规划等方面制度保障供给不足也是制约学校公民意识教育开展的瓶颈。

一、缺乏学校公民意识教育的教育制度规划

缺乏教育制度规划导致无法形成学校公民意识教育的整体思路。制度形态的公民意识教育一般存在于党和政府的政策、法规和文件中，只有建立制度与学校公民意识的有机联系，才能保证公民意识教育在教育中的核心位置。制度能够为学校公民意识教育提供政治保障和政治环境，良好的制度本身包含着公民意识教育的因素，能够催生公民的权利与义务意识、民主与法治意识、道德与文明意识等，制度作为一种文化形态，还能为学校公民意识教育提供文化支持。所以，公民意识教育只有经过法律、法规及制度的设计和规划，才能走向科学化、规范化。只有采取一定的机制及制度的约束，公民意识教育经过制度的洗礼，才能形成整个社会的公

民思想观念。当前我国学校公民意识教育之所以未纳入国家教育系统，最主要的因素是缺乏法律法规、体制机制等方面的整体设计。在上文已经说过，世界上许多国家公民意识教育之所以取得成功，相关的教育法律法规及制度上的总体规划是必不可少的要素。对我国来讲，由于制度供给的不足，还无法建立学校公民意识教育的整体规划和具体思路。

在我国目前的法律法规和具体的教育指导性文件中，没有关于公民意识教育的具体规定，也没有专门的关于公民意识教育的法律规定和制度保证，更没有全国统一的公民意识教育培养计划，也没有把政府、社会和家庭纳入学校公民意识教育的计划之中，使全社会的教育力量形成合力，推动学校公民意识教育的有效开展。因此，公民意识教育的制度化建设任重而道远。由于没有法律法规的权威保证，不能明确政府、社会、家庭等在学校公民意识教育中的职责和作用，学校公民意识教育就得不到法律和制度方面的支持。

由于缺乏制度化的保障，我国还没有建立公民意识教育的专门指导机构，或者指定由某一机构具体负责，并给予这些机构权威的力量，统一指导全国的学校公民意识教育工作。西方国家的公民教育一般在教育部的领导之下统一开展，教育部作为我国学校教育的最高行政机关和权威部门也应该把公民意识教育纳入教育部的相关部门法规和文件中，充分发挥其权威性、指导性和组织性功能，制定全国统一的教育计划、统一的课程标准和统一的教学大纲。比如成立全国公民意识教育指导委员会，专门负责学校的公民意识教育工作，并在课程设置、教材编写及参考材料等方面的工作采取统一的标准，使学校公民意识教育有章可循，做到规范有序，只有这样，才能使学校的公民意识教育得以顺利开展。

缺乏制度保障，我国也没有成立专门的学校公民意识教育的评估检查机构，形成科学的公民意识教育评估体系。公民意识教育的评估机构负责定期开展对学生的公民意识状况和学校公民意识教育工作的实施情况（课堂教学、实践教学、教材的开发、教学时数等的安排）评估检查，评估指标具体化、可测量化、可操作化，加强对学校公民意识教育实施监督具有重要的意义。再加上缺乏相应的奖惩制度，在一定程度上抑制了学校公民意识教育的发展。同样，在我国地方教育行政机构中，也没有设立专门负责公民意识教育的机构，没有指定专门人员负责学校的公民意识教育工作，尽管一些地方政府在人力、物力、财力方面给予公民意识教育以极大的支持，在他们的支持下，地方一些中小学校虽然已经进行了公民意识教育的有益尝试，但在具体实施及工作操作过程中，制度供给不足仍然是制约地方学校开展公民意识教育的主要因素，导致在项目申报、课程开发、教材出版等方面出现了一些主观上的困境和障碍，造成我国的公民意识教育难以有效推进，甚至一些专家们做出多年的努力遭受搁置。

除了上级行政主管部门的制度约束外，学校的教育管理制度与公民意识教育的要求不能有效地衔接起来也是制约学校公民意识教育开展的主要因素。尽管我国部分学校的领导已经注意到让教师、学生参与到学校管理制度、班级管理制度的重要意义，但在具体实践操作过程中也没有能在教学计划、学时安排、教学实践等方面突出公民意识教育的地位和作用，教师和学生仍然被排除在教育管理的门槛之处，他们的参与权利不能通过学校的民主生活得以体现，当然也得不到学校相关制度的合法性保障。

二、缺乏学校公民意识教育的学科建设规划

缺乏学科建设规划导致学校公民意识教育学科化建设步履艰难。公民意识教育的学科化是公民意识教育发展的内在趋势和要求，是公民教育实践发展的必要形式和过程，也是教育现代化的必要条件。公民教育学科化对于公民教育科学功能和价值功能的发

挥,具有积极的推进作用。学科化既是一种科学事业现象,也是一种教育事业现象,是适应科学、教育、社会发展需要的实践过程。因此,加强公民意识教育的学科建设,将公民意识教育纳入整个学校的课程体系,设置相关的专业,开设专门的公民课(包括显性课程,也包括隐性课程、实践课程和活动课程),开发公民意识教育的相关教材,让公民意识教育进课堂,是众望所归,也是对学生进行公民意识教育最有效、最直接的方式。学校公民意识只有走学科化、课程化的发展道路,学生普遍的公民意识才能真正确立,也是专家学者及理论界的教育价值共识。

目前,我国学校公民意识教育的学科化建设仅限理论研究层面,制度层面的学科化建设还未形成。学者们对推进学校公民意识教育的研究形成了许多学科视野,纷纷从不同的领域为学校的公民意识教育寻求学科归属,如王智慧博士认为公民教育是思想政治教育学的一个应用性分支学科,并把它命名为公民教育学,[①]郑州大学的张宜海博士所著《公民学》是从公民教育的学科基础的视角加强学科研究的。但从制度层面来看,目前我国还没有形成关于公民教育及公民意识教育的学科制度,从教育目标、课程设置、教学内容、教材编写、教学方法、考试考核发等方面都缺乏整体设计和系统开发,造成从小学到大学的系统的学校公民意识教育学科体系、课程体系和教材体系的缺位。

学校公民意识教育的学科化建设从课程设置和内容安排上应根据社会发展需求和不同学龄阶段学生的身心发展规律系统设计,要体现出一定的阶段性特点和层次性差异,由于不同年龄阶段的学生因受教育程度、社会认知能力、自我认知水平、思想价值观念、实践活动能力不同,使不同年龄阶段的学生的公民意识状况表

---

① 王智慧:《论公民教育与思想政治教育的关系》,《思想政治教育研究》2011 年第 6 期,第 59 页。

现出不同的阶段性特点和层次性差异。在笔者对大、中、小学生公民意识的调查中发现,大学生的公民意识状况总体表现高于中小学生,初中生的公民意识状况总体高于小学生。在设置学校公民意识教育的目标、内容、课程体系及实施方式等方面应根据不同学龄阶段学生的需求层层递进、有针对性地统筹规划从小学到大学的公民意识教育体系,做到既有系统性又有针对性地实施学校公民意识教育,以提高学校公民意识教育的针对性和实效性。但由于缺乏学校公民意识教育学科化制度建设,我国从小学到大学的有关公民意识教育的教育目标、教育内容等方面存在着层次不清、内容庞杂和交叉重复的现象,由于缺乏整体性、学科化的规划,学校公民意识教育在学科建设、人才培养、课程开发、师资队伍建设等方面缺乏经费保障,导致我国的公民意识教育还只能零星地散落在学校的隐性课程、活动课程和其他课程中来进行,系统的公民意识教育学科设计还没有在我国教育系统中普遍形成。

教材建设是实现学校公民意识教育学科化建设的主要途径,缺乏学科建设规划导致公民意识教育教材建设困难重重,这是制约学校公民意识教育发展的又一重要因素。西方国家开设有专门的公民课、社会课、历史课等,这些都是他们进行公民意识教育的主渠道和主要载体。和西方国家相比,我国学校公民意识教育的学科化道路艰辛而缓慢。目前我国学校的公民意识教育只能通过"思想与品德"、"品德与生活"、"品德与社会"、"思想政治"等课程来进行渗透,虽然这些课程里面也有不少关于公民意识教育的内容,但因缺乏科学的学科建设和专业设置,公民知识、公民技能和公民价值观的培养不能系统地在教育目标、教育内容和教育途径中得到体现。在课程开发、教材编写的过程中缺乏支持力度导致相关资料中心缺乏,财政资助不到位,教材开发培训工作无法进行,公民意识教育作为考试考核课程无法体现在学校教育的全过程中。虽然极个别地方也尝试着编写了公民教育的教材和教学大纲,开设公民常识课,个别有条件的高校开设公民意识教育的选修课程,开始进行学校公民意识教育的实践活动,但真正距离学科化的落实还比较遥远。学校公民意识教育的教材开发仍然是零星的、试验式的开发,教材只能以校本教材的方式出现在课堂教学中,导致学校公民意识的全面开展难以为继,有的甚至中途夭折。

和思想政治教育、学校德育已经形成了相对稳定的学科教育制度相比,公民意识教育的学科化道路任重而道远。思想政治教育、学校德育是对学生进行思想教育、道德教育、法制教育、纪律教育的主渠道,它的学科发展备受专家学者们的关注,也得到教育行政部门政策及制度上的支持。在学者宇文利教授看来,"现代思想政治教育学的学科制度构建以知识规律为基础,以政策指导为特色,以知识制度、教学制度和管理制度为基本内容。同时要处理好思想政治教育学科制度建设与相邻学科制度建设的关系"①。公民意识教育是和思想政治教育、道德教育的要求不同的教育形态,对于它和思想政治教育、德育的关系,学界论述非常丰富,观点各异。笔者认为公民意识教育的学科化建设应立足于培养合格公民的目标设计,把公民意识教纳入思想政治教育和道德教育学科建设之中,才能发挥其培养民主社会合格公民的功能与价值。由于思想政治教育和学校德育在意识形态领域的指导地位,有人认为进行公民意识教育就是要改变党的教育方针,否定全面发展的教育目标,以此替代思想政治教育和学校德育,这种认识上的偏颇在一定程度上造成学校公民意识教育的思想障碍,从而制约了它的学科化道路的发展。

因而加快学校公民意识教育的学科化制度化步伐是推进学校公民意识教育的前提和保证。但遗憾的是,虽然公民意识教育在

① 北京大学马克思主义学院:《以理念引领创新,以实践推动发展——"全国思想政治教育前沿论坛"综述》,《思想政治教育研究》2011年第10期。

党和国家的相关文件中被提上重要议程,相关理论研究也非常丰富,但政府及教育行政部门的制度保证还不能及时到位,教育的行政化倾向也是制约学校开展公民意识教育的潜在动因。鉴于公民意识教育的学科化建设的特别重要性,加快学校公民意识教育的学科化建设是落实党的关于公民意识教育方针政策、实现教育现代化、提高整个国民素质的关键所在。

三、缺乏学校公民意识教育的教学规划

缺乏教学规划导致学校公民意识教育不能真正落实。课堂教学是世界各国各级各类学校进行公民意识教育的主渠道,学校公民意识教育只有走进课堂,让学生在学习中掌握公民知识,在参与中体验公民角色,在实践中掌握公民技能,公民意识才能确立。因此,制订科学的教学规划是实现公民意识学科化建设的必由之路,也是学校培育合格的社会公民的重要路径。学校的教学规划是指各级各类学校应在一定的教育方针和教育精神的指导下,根据课程标准和教学大纲的要求,制订出相应的人才培养目标,科学设计教学内容,创新教学方式方法,合理安排教学时数和教学活动,建立科学的评价体系和评价方式,不断提高教师的教学能力等方面做出科学设计和全面安排。当前我国学校的公民意识教育也应自觉遵守党的十七大精神和《〈2010—2020〉远景规划》纲要的指导精神,给公民意识教育准确定位,人才培养的思路明晰,制订统一的课程标准和教学大纲,分阶段、有步骤地设计出学校公民意识教育的目标、内容、教学方法、教学时间、教学活动和评价办法,提高学校公民意识教育的实效性。

由于当前我国公民意识教育的总体制度建设不够,相关法律法规和专门的教育制度供给不充分,学科建设规划的缺乏,公民意识教育制度化、学科化发展推进还比较曲折,公民意识教育的教学规划一直未能在学校的教学计划中得以体现,致使学校公民意识

教育的目标针对性不强，内容安排比较混乱，教学方法单一，教学评价体系不科学，其结果造成学校公民意识教育的目标、内容、方法等严重脱离学生实际，使学生的公民意识状况难以提升而处于薄弱的状态。

由于缺乏科学而合理的教学规划，学校公民意识教育的教学目标不够清晰。一是由于公民意识教育通过思想政治教育和学校德育来进行，教育目标的政治化严重，教学工作主要围绕马克思主义教育、党的基本路线教育、共产主义理想、社会主义教育来进行，这种泛政治化的教育倾向，无法突出公民意识教育的目标，使学生产生了对公民意识教育的疏离与冷漠心理。二是思想政治教育和学校德育在教学过程中对学生要求过高，脱离了学生的发展需要，忽略了教育本质规律，我国学校德育中的"倒挂"现象就说明了这个问题。三是教学过程忽略了学生发展的层次性要求，使学生感觉这些要求可望而不可即，造成了学生对高尚道德的漠视心理。上述教学目标都体现了一种理想化的教育标准和道德要求，在理想化、行政化的教育倾向的指导下，往往拔高了社会的育人标准，造成教育脱离社会经济发展的实际状况，也脱离了学生成长的内在需求，使教育难以取得实际性的效果。

由于缺乏科学而合理的教学规划，学校公民意识教育的教学计划缺乏针对性，教学内容体系庞杂，逻辑混乱，脱离学生的实际需求。教学计划是对课堂教学内容、教学时数、教学实践、课后作业等进行的统一安排，制订严密的教学计划是顺利开展教学活动的前提，构建科学而严密的教学内容体系是搞好学校公民意识教育的基础。目前，由于学校公民意识教育教学规划的缺失，导致教学计划的针对性不强，只能沿着传统的教学模式来进行。学校公民意识教育内容体系的建构也缺乏教学规划和计划指导不能科学构建，没有着力于学生公民知识的掌握、公民技能的提高、公民德性的养成和公民价值观的培育；也没有着力于社会发展的实际需求和学生个体成长的实际需求,根据不同的教学阶段科学设置教学内容;也没有着力于现代公民人格的建构需求;公民意识教育内容体系的建构没有实现与传统文化和西方先进文化的传承、创新和借鉴。实践教学本是培育学生公民意识的有效方式,西方国家的社会会服务已经被纳入国家和学校的教育规划和教学计划之中,充分发挥了培养合格公民的重要职能。由于我国的学校社会服务活动缺乏有效管理,社会服务的计划没有纳入学校公民意识教育的教学计划之中,再加上没有科学的考评方式,社会服务或社区服务出现了盲目性和滞后性,服务的效能性差,还不能真正有效地解决社会问题,学生的服务意识还有待提高。

公民意识教育教学方法的不断创新、教师素质的不断提高以及教学评价体系的确立都需要加强教学规划建设。由于各级各类学校缺乏针对公民意识教育方面的教学规划,导致公民意识教育的教学方式仍然局限于以知识的传授为主,以技能的培育为辅,以教师的主动教授为主,以学生的被动接受为辅,以理论教学为主,以实践教学为辅,这种传统的教学方式无法培养学生的创新意识和批判性思维能力。由于缺乏教学规划,学校教师在编制、专业结构和人才引进等方面不能满足公民意识教育教学的现实需求,也不利于教师公民素质的培养与提高;对于评价方式,学校公民意识教育仍然沿用传统的思想政治教育和德育工作的评价方式来进行,造成教学评价方式的不科学。

综上所述,制度化是学校公民意识教育有效开展的保证,由于法律法规等制度的匮乏使我国学校的公民意识教育得不到制度保障而发展滞缓,制度的缺失使公民意识教育的学科化建设障碍重重,制度供给不足使公民意识教育的教学工作脱离育人的实际需要,教育工作者只能局限于理论上的说教而不能付诸实际操作的困境。相关教育制度的缺失使公民意识教育长期被边缘化而在学校教育中不能占有一定的位置,这不能不说是学校公民意识教育

屡屡受挫的重要因素。制度上的不足是制约学校公民意识教育的
外在环境,内在文化上的消极因素也同样对当前我国的学校公民
意识教育造成一定的冲击。

第三节　传统伦理文化教育的制约因素

　　教育理念的偏差、制度供给保障的不足是制约我国学校公民
意识教育开展的表层因素,在教育制度和教育观念的消极影响中,
蕴藏着深层次的文化教育上的制约因素。我国传统的伦理文化教
育不能形成对公民意识教育观念上和教育制度上的文化支撑是导
致学校公民意识教育无法开展的最根本、最深层次也是最持久的
因素,是学校公民意识教育难以开展的文化根源。

　　中国是一个受传统伦理文化影响比较深刻的国家,尤其是以
儒家伦理为代表的伦理文化在中国传统文化教育中占据着重要地
位。中国传统伦理文化中蕴含着丰富的人文精神、道德资源和生
命智慧,中国的传统文化教育培育了一代又一代中国人的刚强、勇
毅、自强不息的进取精神,养成了国人的宽以待人、厚德载物、推己
及人的和谐精神。但是,受社会结构转型影响和现代化建设的双
重推动,现代民主、法治、权利观念逐步觉醒和确立,传统伦理文化
中重德治轻法治、重义务轻权利、重整体轻个体的价值取向与现代
人权、民主、法治、平等等观念形成严重对立,同时也造成国民传统
的思想观念、价值判断与行为模式与他们的现代性需求之间的日
益疏离。

　　传统的伦理文化渗透在社会生活的各个方面,尤其对学校教育
的影响最为深刻和持久。这种影响主要表现在三个方面:学校教育
对法治教育的重视不够,对权利教育重视不够和对个体主体教育的
重视不够,这种教育背离了现代教育的价值追求,这是与现代公民意
识教育相排斥的教育形态,不利于学生现代公民意识的形成。

破解传统伦理文化取向与现代民主法治理念之间矛盾的关键所在就是对我国的传统文化要有系统的、客观的认识与评价,不仅要传承传统文化中蕴含的丰富的道德资源和优秀的民族精神,更应加强对传统文化教育中的德治化、义务化、整体化倾向对现代教育的影响的研究。加强这一问题的研究,重构现代教育对学生主体意识的确认,对个性和价值的尊重,对理性的张扬,对现代民主、法治和权利意识重视的价值,唯有如此,才能为学校道德教育走出德治化、义务化、整体化的樊篱寻求良好的出路,学校公民意识教育才得以真正展开。

一、重德治轻法治的传统文化教育的影响

在封建专制制度和宗法社会结构的双重制约下,道德是封建教育的主要内容,道德不仅是调节人与人之间的行为规范,也是封建统治者治理国家的主要手段,因而,德治作为封建社会的最高法律规范和道德准则发挥着重要作用。中国古代的思想家们提出了许多治理国家的道德思想,如儒家学者提出的"仁政",不仅强调仁者爱人,即提倡人与人之间的相互关爱,保持社会关系的和谐,更强调对统治者个人的道德人格和道德修养在治理国家中的重大意义,"王道"或者"仁政"作为一种治国方略或治理手段,最终目的是维护封建君主对天下的统治秩序,达到治人的目的。所以,在德治传统的影响下,政治与伦理不分,道德与法不分,强调修己是为了实现更好的治人目的。

封建伦理纲常即"三纲五常"作为封建社会的道德规范和统治者治国的法律准则,是封建传统教育的主要内容。"三纲"所强调的君臣、父子和夫妇之间的法律规范是封建法律教育的主要内容,它宣扬君为臣的法律规范、父为子的法律规范、夫为妻的法律规范,使"三纲"的教育内容服务于维护封建等级秩序。同样,在中国古代"五常"教育中,"仁"、"义"、"礼"、"智"、"信"也是古代社会的

道德教育的重要内容，"仁"是最高的道德准则，提倡人与人之间的和谐相爱，即"己欲立而立人，己欲达而达人"，体现了基于家族本位的人伦情感关系，这种情感关系由家族开始，由近及远，由内向外。"五常"中的"礼"也是封建伦理纲常的重要组成部分，蕴含着丰富的人伦情感因素，所谓的"非礼勿视、非礼勿听、非礼勿言、非礼非动"既是一种宗法伦理关系，也体现了上下尊卑不平等的人际关系。这种依附关系不仅是封建教育的全部，在当前的家庭和社会教育中还发挥着重要作用，导致学生对家长和老师的顺从和依赖，独立人格难以形成。"五常"中的"信"就是我们今天道德教育内容中的诚实守信，它有两层含义：一是为政者应取信于民，这样才能获得民众对领导决策的普遍遵守与服从；二是人与人之间的交往要言而有信，这一美德伦理在我国教育中基于家族伦理亲亲为仁的思想，而不是以法律契约为前提。这种亲亲为仁的伦理教育在市场经济中一旦遭遇功利主义的冲击，人与人之间的信任很难确立，就会导致整个社会诚信缺失，一个社会如果缺乏契约伦理为基础的制度设计，将会严重阻止公平、正义制度在中国的发展。可见，"信"作为古代调整人际关系的重要规则，也是政治教育的重要内容，它最重要的是强调民对官要守信，是一种统治手段。由于重视道德规范在社会中的作用，人与人之间的关系都用道德规范来加以调节，道德代替法律行使其职能，所以，在中国古代老百姓"屈死不告状"，把诉讼视为一种不光彩的事，为政者也把追求无诉作为自己的重要业绩，这充分体现了封建等级教育所塑造的奴性心态和重德治轻法治的封建教育传统。

这种伦理本位的教育观把治国的希望不是寄托在从完善制度设计上来分配权利与义务，推进社会公平、正义，而是把统治者拥有高尚的德性作为治国的根本。这种"为政以德"、"以德治吏"的文化教育传统其根本实质是强调为政者自身的道德修养对治理国家的重要意义，只要为政者有崇高的道德人格，就能取信于民,增强百姓的责任感,自觉规范约束自己的行为,从而达到仁政的目的。其实质是统治者自己来制约自己,导致了政治制度的非程序化和非理性化的致命缺陷,为政治上的暴政和腐败留下了空间。

为了更好地把封建伦理道德规范落实在实际生活中,最好的办法就是加强道德规范教育,中国传统教育大多围绕培育德性的育人原则来构建,如何做人?如何处理个人与国家的关系以及如何处理人与人之间的关系?从古到今的众多教育家和思想家的教育理论无不渗透着丰富的做人的道德教育内容,从古代圣人理想人格培养,到现代的德、智、体全面发展和"有理想、有道德、有文化、有纪律"教育目标的确立,无不体现了道德教育在中国的重要地位。由于过分强调道德理想和道德知识教育,使学校教育中忽视了做人的基本素质教育,其结果是学生在学校掌握了不少道德知识,在生活中却表现出公德意识、法律意识、权利意识淡薄的现象,这与传统德治文化教育的深远影响有着密切关系,因而学校公民意识难以产生是也是有文化根由的。

在传统重德治轻法治的文化传统影响下,学校教育习惯性地把道德教育放在非常重要的位置,对道德教育的过多关注势必导致学校教育对法治教育的重视不够,它使依法治国的理念只能停留于口头上的说教,但真正的法治理念、守法精神并未建立起来,如近年来发生在校园里的违法事件并不少见,校园里的违法事件是法治教育缺失的典型表现。法治观念是德治观念养成的前提和基础,法治教育的不足也使学校公民意识教育难以为继。所以,重德治轻法治的教育与现代公民意识教育重民主法治的教育理念相背离,也是学校公民意识教育开展的文化上的制约因素之一。

二、重义务轻权利的传统文化教育的影响

中国家国同构的社会结构和儒家伦理文化使我国的传统教育

更多地呈现义务本位的文化特征。在家、国同构的社会结构及其
教育制度中,家庭中强调的孝,即子对父的义务,在国的范围内强
调忠,即臣对君的义务,中国古代社会的义利观同样也突出了义务
本位的价值取向,"君子喻于义,小人喻于利",同样强调无私奉献,
不讲利益的行为才是值得鼓励、称赞的。在义务本位观的影响下,
人们很少去主张自己应得的权利与利益,无法享受权利与义务的
平等性,造成中国人权利意识的淡薄。而在权利本位价值取向的
西方社会,人们更多地去追求自己应得的利益、资格和权利,西方
启蒙思想家们把权利同生命和财产一样看作是自然的,是自然理
性的产物。正是由于对权利的执着才使个人的潜能和创造力得以
充分发挥,也使资本主义创造了灿烂的物质文明。

其实权利与义务是密不可分的,权利存在的地方必然伴随有
相关的义务的履行与担当。权利与义务既是道德范畴同时也是一
对法律范畴,对于权利与义务的关系,夏勇先生是这样解释的:"权
利的存在意味着公民享有一定的利益和资格,别人对其利益和资
格负有不得侵犯的社会义务,权利的存在还意味着一种让别人承
担和履行相应义务的观念和制度的存在,意味着一种文明秩序的
存在。权利观念同时也是义务的观念,作为观念的权利状态无法
迫使人们去履行相关的义务,只有把观念的权利上升为规范意义
上的权利,才能获取义务的支持。因为社会规范往往规定人们什
么可以做,什么不可以做和必须做什么的行为模式以及对失范行
为的制裁,迫使人们不得不承担和履行义务,并因此使相关资格、
利益、力量或主张得以成为规范意义上的权利。"[1]无疑,夏勇对权
利与义务的关系作了极为精辟的描述,它表明了权利与义务总是
在互动与平衡的过程中推动社会的发展。我国传统教育中由于过
分强调义务的重要性,势必带来人们对权利的淡漠,从而造成权利

---

[1] 夏勇:《走向权利的时代》,中国政法大学出版社 2007 年版,第 2 页。

观念的滞后发展,权利与义务总是相伴发展的,从其本源性上来讲,权利是先在的,是第一位的,义务是派生的,义务的存在是以享有权利为前提的,义务与权利是手段与目的的关系。

由于义务本位文化教育的影响,义务本位的价值取向至今还渗透在生活的方方面面,反映在现实的道德教育中,即是政治伦理化取向的教育。教育的义务本位体现在教育中,学生没有自主选择权,学生上什么学校、选什么专业、学习什么课程不能由自己做主,而是家长说了算,老师说了算,学校说了算,是很多学生接受教育的无奈选择。表现在学生的学习内容大多是以义务为主体,学生学习的过程也是接受义务的过程,义务是教育的根本目的。在长期的道德教育中,强调道德义务、法律义务、政治义务等的培养与传统的义务本位的伦理文化有着内在的、密切的联系,这也是传统文化在教育领域中的必然表达方式。"只有建立在权利之上的教育才有实质意义,否则我们教育所造就的仍然是满脑子臣民意识的人。"[1]这种义务本位的教育文化传统导致学校教育中权利意识教育的严重不足,从根本上制约了学校公民意识教育的有效开展。

三、重整体轻个体的传统文化观念的影响

重整体轻个体是中国传统文化教育重要的价值取向。在封建宗法伦理社会的影响下,人与人之间的关系是基于血缘、地缘、业缘为主体建构起来的,血缘关系是最为重要的人际关系,在宗法血缘关系中,国家、民族、社群、家族、家庭等是价值主体,在家国同构的政治体制中,个人永远只能是这个群体中的一分子,每个人都是群体的派生物,个人的价值只能依附群体而存在,在这种依附性群体关系的影响下,自我只有被放在适合的整体中才是有意义、有价

---

① 王啸:《全球化时代的中国公民教育》,福建出版社 2006 年版,第 123 页。

值和完整的。个人修身的目的是为了齐家、治国、平天下,是为了给群体、国家和民族做贡献。正如一些学者所言:"把人看成群体的分子,不是个体,而是角色,得出人是具有群体生存需要,有伦理道德自觉的互动个体的结论……认为每个人都是他所属关系的派生物,他的命运同群体息息相关。这就是中国人文主义的人论。"①

"人民、集体、社会是传统文化教育中整体主义的价值观延续到今天的产物,在当代,人民不仅是个政治概念,同时还是个集合、整体概念,正因为人民代表整体,公民代表个体,在当代中国公民意识比较薄弱的情况下,以人民的名义剥夺公民权利的做法就有可能在个人服从整体的观念下被普遍合理化。"②这种整体主义的价值观应用在教育中,用抽象的整体否定了学生个体的存在,用整体的利益抹杀了学生合法的个体利益追求,其结果是损害了整个社会人民的利益。仔细分析我们都会明白,如果我们的教育没有对一个个具体的个人利益的强调,哪来集体的利益? 只有个人的权利和利益切实得到保障,才会有人民利益的具体落实。在夏勇看来,"随着社会的发展,当个人从家族的血缘关系的纽带中分离出来以后,并非像西方人那样成为原子化的个体,而是以民族的或阶级的新的群体身份投入到新的群体行为中去,在阶级斗争或者民族危机的斗争中,个体的权利、利益和资格皆以所属的群体为旨归,乃至道德上失去独立存在的合法性。所以,在当代中国,群体的权利和自由是绝对压倒个体的权利和自由,而通常被认为是合理的正当的"③。

整体主义价值取向在我国教育中的表现就是从国家和社会整体需要出发来设置教育目标和教育内容,而对公民个体的主体性

---

① 转引丁念金:《独立型人格建构:人格转型与教育改革》,吉林教育出版社 2002 年版,第 70 页。

② 辛世俊:《公民权利意识研究》,郑州大学出版社 2006 年版,第 141 页。

③ 夏勇:《走向权利的时代:中国公民权利发展研究》,社会科学文献出版社 2007 年版,第 20 页。

教育不够。在学校道德教育中注重学生集体主义精神的培养,在个人利益与社会、国家的利益发生冲突的时候,一切以国家、社会的整体利益作为个人选择的首要标准。这种重整体轻个体的教育培养出来的学生不能决定自己的命运,不能自主选择自己的生活,个人没有自由的意志,只有无条件地服从整体的需要,"自我"常遭到专制主义的愚弄,个体在为整体、国家和民族的贡献中被泯灭,其结果就是很难找到"自我"的空间和余地。这种重整体的教育取向使中国的教育很难培养出学生恰当的个人本位或权利思想,更无法生出公民的理性精神来,这与现代公民教育的价值内涵和教育追求严重对立。克服传统伦理文化的缺陷对我国教育的影响,只有借助于公民意识教育来进行,以使学生成为具有自主精神和科学理性的公民个体。

另一方面,整体主义教育容易形成从众心理,使学生的个性无法彰显,人的创造力得不到激发。具体表现在教育中就是一刀切,无论面对什么样的学生都使用同一教学内容,运用同一种教学方法,使用同样的老师,这种教育很难培养出有个性和创造性的学生。再者,枪打出头鸟的从众心理也是整体主义教育价值观的再现,它使个人难以在调节公开的行为中承担重要角色。这也是长期以来我国的教育难以培养富有个性的创新型人才的根本原因。重视自我和个体是西方社会重要的伦理价值取向,早在古希腊时期,亚里士多德在对柏拉图所谓的共妻共产思想批判中就对个人、个人利益给予一定限度的承认,他主张"划清了各个所有利益范围"①的基础上实现国家一定程度和一定范围的统一。文艺复兴以来,追求个性、张扬自我,标新立异等崇尚自我的价值取向更加明显地突现出来,在追求自我、民主、自由和平等的教育过程中,西方社会涌现出一批杰出的思想家和教育家,培养了一代代彰显时代

---

① [古希腊]亚里士多德:《政治学》,吴寿彭译,商务印书馆 1965 年版,第 54 页。

特色、开放的个性和健全人格的时代伟人。民主、自由、独立的个体形成恰恰是现代公民意识教育的价值所在,正是这种追求个性化的教育方式,有利于塑造独立的人格,它使个人敢于表达自我,充分施展自己的才能,使个人在法律允许的范围内追求自己的合法利益和成就,以实现自身的价值与潜能。因此,我们说,没有公民意识教育,就没有个体公民的存在。所以,重整体轻个体的教育取向在一定程度上形成了对学校公民意识教育的严重遮蔽,无法形成对学生个性的尊重、对个体价值和个人权利的承认的现代公民意识教育。

所以,由于中国传统文化伦理本位的教育价值取向缺乏对现代制度的合理性支撑,德治意识形成对现代法治意识的消解,养成了人们用道德化的政治思维方式代替了法治化的思维方式,教育中整体性价值观代替了主体性意识和个体价值,义务意识和责任意识取代了权利意识,在这种伦理文化教育取向的影响下,法治教育、权利教育、个体的主体性教育在我国的教育中不能得到应有的重视,从而导致学校教育中公民意识教育的严重不足。因此,相对于教育理念和教育制度上的影响来讲,传统伦理文化教育中的消极因素是制约学校公民意识教育的内在制约因素。

教育理念的偏差使得各级领导及政府对公民意识教育的认识不到位,制度的匮乏导致学校公民意识教育缺乏法律及制度保障,传统文化教育中的消极思想在教育中的惯性作用制约了学校公民意识教育的开展,充分分析公民意识教育中的思想观念上的障碍、制度上的困境和文化上的阻力,建立与现代民主政治和市场经济发展相适应的现代教育理念,建立健全有利于培养公民人格的现代教育制度,构建民主和谐的社会秩序,实现传统伦理文化向公民文化的转型,建构有中国特色的学校公民意识教育理论体系,学校公民意识教育必将迎来美好的前景。

第六章　学校公民意识教育体系的建构

　　20世纪80年代以后,我国学界在公民意识教育理论研究方面积累了丰富的成果,并在实践方面做了一些有益的探索,但由于缺乏系统的学校公民意识教育体系,致使我国的学校公民意识教育出现了理论呼声非常高涨,但现实行动却不足的现状。理论与实践的脱节造成学校公民意识教育实效性低、学生公民意薄弱的局面,构建有中国特色的学校公民意识教育体系不仅是推进民主政治建设、完善社会主义市场经济体制的需要,也是建设社会主义和谐社会,实现教育现代化的迫切需要。中央党校党建部张志明认为,"应树立从教育理念、教育体制、教育内容和教育方式等入手,探索并尽快建立具有中国特色的公民意识教育体系"①。笔者认为,当前我国学校公民意识教育体系的构建主要应从学校公民意识教育建构的原则、目标定位及内容、实施方式等方面来思考。

第一节　学校公民意识教育建构的原则

一、坚持马克思主义理论的指导

　　马克思主义及马克思主义中国化的理论成果是党和国家社会

---

　　①　张志明:《公民意识教育有利于民主政治发展》,《人民日报》2009年6月10日。

主义建设的指导思想,学校公民意识教育的重点是坚持马克思主义的指导地位。长期以来,马克思主义在我国意识形态领域一直居于指导地位,马克思主义与当代中国的社会主义建设实际相结合,形成了邓小平理论、"三个代表"重要思想和科学发展观马克思主义中国化的最新理论成果即中国特色的社会主义理论体系,是当前我国经济建设、政治建设和文化建设的指导思想,同样也是学校教育的指导思想,社会主义的学校公民意识教育不能脱离马克思主义。所以,国内学者高峰指出:"要想在真正意义上实施公民教育,就必须给公民教育以马克思主义的解读,用马克思主义基本原理为公民教育提供充足的理论依据,使之进入社会主义的话语体系。"①

学校公民意识教育坚持马克思主义的指导地位首先应坚持社会主义方向。公民教育及公民意识教育的概念虽然来自西方,它是资本主义商品经济及民主政治发展的产物,借鉴西方成熟的公民教育理论对促进我国学校公民意识的发展具有重要的理论及实践价值。但是我国的学校公民意识教育切忌照搬西方的做法,社会存在决定社会意识,我国的公民意识教育必然要受制于我国当前社会的意识形态和社会主义的政治制度、经济制度和文化建设等,这要求学校的公民意识教育必须为社会主义建设服务,必须传播社会主义国家的政治思想、国家制度、意识形态和行为方式,培养学生对我国社会主义国家制度、法律制度和社会制度的合理性认同,因而社会主义的公民意识教育也同样具有阶级性,不存在超越阶级和意识形态的公民意识教育。所以,公民意识教育一定要防止"去意识形态性倾向"和"拿来主义"态度,对西方的公民意识教育保持高度的敏感性和批判力,切忌盲目照搬的教条主义,警惕

---

① 高峰:《当前我国推行公民教育有待解决的若干问题探讨》,《教学与研究》2006年第11期,第70页。

"食洋不化"、"水土不服"的危险发生。我国的学校公民意识教育只有坚持社会主义方向,立足社会主义的市场经济建设和民主政治建设的要求来实施学校的公民意识教育。在学者顾成敏看来,"社会主义的公民意识教育所培养的是社会主义社会的公民和社会主义事业的建设者,这就决定了我国学校的公民意识教育必须坚持社会主义方向而不同于资本主义的公民意识教育"。同时,立足于当前的国内国际形势,尊重人的主体地位,把民主法治、自由平等、公平正义等社会主义核心价值观纳入国民教育体系并内化为社会主义国家公民自觉的价值追求和行为方式。

学校公民意识教育坚持马克思主义的指导地位应突出社会主义核心价值体系指导作用。学校公民意识教育与社会主义核心价值体系教育在指导思想、教育内涵等方面保持一致性和融通性。加强社会主义核心价值体系教育不仅是建设社会主义文化强国的根本要求,也是学校公民意识教育的本质要求,没有社会主义核心价值体系的指导,社会主义文化的发展就失去方向和动力,学校教育就失去价值担当,就会造成学生理想的缺失、价值观的混乱和道德行为的失范。学校公民意识教育只有坚持社会主义核心价值体系的指导作用,用社会主义核心价值观引领多样化的社会思潮,才能在尊重不同的文化差异中形成价值认同,在包容多样性的价值观中促进共识。学校公民意识教育只有坚持社会主义核心价值体系指导,加强社会主义核心价值观教育,才能塑造学生和谐的公民人格,确立人与人之间和谐的人际关系,在全社会形成民主法治、自由平等、公平正义的教育理念和和谐氛围。因而,王东虓教授强调,公民意识教育首先应加强社会主义核心价值体系教育,我们应在多样化的价值观和社会思潮中坚持社会主义核心价值体系的引领作用。也有学者强调,公民意识教育本质上就是进行社会主义核心价值体系的教育。

二、坚持教育的中国特色原则

我们要进行中国的公民意识教育,必须坚持中国特色的原则。因为公民意识教育是从西方植入的概念,社会主义国家的公民意识教育不能照搬西方的做法,进行我国的公民意识教育一方面要加强自由、独立、平等的价值观教育,它的进步性和趋向属于整个人类,但另一方面要体现中国自己的特色。

有中国特色的学校公民意识教育必须强化以爱国主义为核心的民族精神和以改革开放为核心的时代精神教育。有中国特色的社会主义公民教育一方面立足于中国优秀的历史文化传统,从绵延数千年的历史文化传统中汲取营养,弘扬以爱国主义为核心的民族精神。中华民族优秀的传统文化是中国几千年政治生活实践、社会生活实践和文化生活实践的历史积淀,蕴含着丰富的历史文化资源,理应成为我们今天社会主义民主政治建设的宝贵财富。从传统文化中找出当前学校公民意识教育的契合点,把传统文化中丰厚的伦理资源转化为公民意识教育的伦理观。如集体主义原则是我国传统伦理文化中的价值取向,应是我们弘扬国家意识和民族精神的价值基础,也是我国公民意识教育的思想基础;再如儒家文化中的国家观念、责任意识塑造了中华民族的道德政治人格和理性精神,是学校公民意识教育的道德源泉;传统文化中的仁爱、与人为善等处世原则也是学校公民意识教育处理人与人之间关系的价值追求。所以,公民意识教育和民族传统、民族精神教育是密切联系在一起的。学者朱小蔓指出:"全球化进程中的中国公民意识教育应根植于中国的现实国情,以开放的视野和胸襟对待西方比较成熟的公民意识教育成果与经验,以理性的意识操守本民族的文化传统,构建具有中国特色、民族气质和中国式样的现代公民意识教育体系……中国当代公民教育的立论基点和文化土壤仍需要从中国特色的社会主义建设实践与民族文化传统中追寻,培育具有民族精神血脉的现代中国公民人格,当是其重要的理论设计。"①

另一方面,公民意识教育的中国特色应立足我国社会主义改革开放和现代化建设的实际。我国正处于社会主义初级阶段,生产力不发达,经济文化还相对落后是这一时期的基本国情,决定了我国的公民教育不能脱离社会主义初级阶段的现实国情,对于现实社会中存在的矛盾,学校公民意识教育要从中国的实际出发,因势利导,教育学生树立社会主义的国家意识和责任意识。积极弘扬以改革开放为核心的时代精神,加强民主法治、自由平等、公平正义等时代价值理念的教育,加强公民权利与义务教育。形成"民主法治、公平正义、诚信友爱、充满活力、安定有序、人与自然和谐相处"等价值理念。

中国的公民意识教育应当与市场经济、民主法治建设的发展趋势相适应。当前我国的社会主义市场经济已经获得一定程度的发展,社会民主法治建设也取得了长足的进步,市场经济的发展要求市场主体必须具备自由、平等、独立、竞争、合作等现代公民人格和公民意识,社会主义民主法治建设是实现政治现代化的必由之路,政治现代化要求公民具备法治意识、权利观念、参与意识,高度关注国家事务和政治生活,促进良好民主政治秩序的形成。无论市场经济的发展还是民主政治的完善,都需要公民具备与社会主义经济、政治和社会建设相适应的发展理念。我们应在历史与逻辑的发展中,建构属于中国自己的学校公民意识教育理论体系,培养能够充分参与市场经济、民主法治建设、和谐社会建设的社会成员。

---

① 朱小蔓、冯秀军:《中国公民教育观发展脉络探析》,《教育研究》2006 年第 12 期,第 11 页。

三、坚持整体性原则

当前我国学校公民意识教育对象的广泛性、内容的复杂性、教育方式方法的多样性都要求我们进行学校公民意识教育体系的建构必须坚持整体性原则。

学校公民意识教育的整体性原则首先应根据学生对象的广泛性来进行整体规划与设计。学校公民意识教育不仅是针对成年学生进行的教育，而且涉及的学生从小学到大学各个学段的所有学生。对于中小学校的未成年公民来讲，公民意识教育的目标、内容和教育方式应与未成年人的特点相适应。对于高中和大学中的成年学生来讲，公民意识教育应根据成年人的要求来进行设计。从小学到大学的公民意识教育进行整体性设计保证了学校公民意识教育的持续性和完整性。

其次，学校公民意识教育的内容应坚持整体性原则。由于学生的认识过程是一个不断深化的过程，学生的公民意识的形成与发展也总是表现出不断地成熟和日益社会化的过程。所以，学校公民意识教育内容在整体设计中体现其差异性，要适应不同阶段学生的身心发展特点，遵循循序渐进的原则，体现出一定的层次性和差异性，使不同阶段的学生既容易接受，又避免内容上的交叉重复和遗漏现象。如同样是权利意识的教育，在不同的学龄阶段权利教育的内容会有所差异，对小学生的权利意识教育主要进行生存权、发展权、人权、受保护权等的教育，对初中生的权利教育开展人身权、自由平等权、财产权等方面的权利意识教育，对成年的高中学生和大学生要强调政治权利意识、参与意识的教育等，所以，对学生进行公民意识教育的整体建构，要在整体中体现差异，只有坚持整体性中有差异性的原则，才能在学生发展的最佳时期让学生接受适当的教育内容，才能实现培养社会发展合格公民的教育目标。

学校公民意识教育实施途径的整体性原则应坚持三个统一：一是理论教育与实践教育的统一；二是显性教育与隐性教育的统一；三是学校教育与家庭教育和社会教育的统一。

四、坚持创新原则

公民意识教育是一个地域性的概念，又是一个历史的范畴，随着国内外形势的不断发展变化，学校公民意识教育要深刻体认时代发展的特点和根本要求，不断加强研究新情况，解决时代发展中的一些新问题，形成新的思想认识，及时调整教育公民意识教育的目标、内容及方式，以便对出现的新问题做出科学而合理的回应。只有这样，学校公民意识教育才能始终站在时代的前列，充分把握思想政治教育发展规律，体现其时代特色，不断实现其理论的创新。

公民意识教育在不同的历史时期和不同的国家应有不同的选择，我国学校在进行公民意识教育的过程中，必然遵循与时俱进的教育原则，根据社会主义经济、政治、文化发展的要求和学生个体在不同学龄阶段的发展需要，遵循思想政治教育和德育本身的发展规律，更新其教育内容，创新其教育模式，开辟新的教育方法，提高学校公民意识教育的针对性、实效性和吸引力。

创新学校公民意识教育的内容是时代发展的根本要求。随着社会政治、经济、文化的不断发展，学生的实际需求也随着社会的发展不断变化，学校公民意识教育内容不能局限于原有的设置而一成不变。如党的十八大提出的社会主义核心价值观，既突出了当前我国社会主义市场经济建设中道德文化建设的迫切性，又体现了对世界文明成果接纳与吸收的必要性，为中国人的精神生活注入新鲜血液和新的元素，应成为当前学校公民意识教育的重要内容。再如社会主义民主政治建设和市场经济的发展，要求学校公民意识教育内容克服传统教育中义务教育多而权利教育不足的状况,加强公民权利意识教育和民主知识、民主技能和民主意识的培养教育,使学生学会过民主的生活,成为民主政治发展中的政治主体。另一方面,学校公民意识教育内容在创新过程中应加强对我国优良文化传统的传承,否则,公民意识教育将失去灵魂和精髓,成为无本之木,无源之水。学校公民意识如果对西方的民主传统持全盘否定的态度,学校公民意识教育便不能实现与国际接轨。因而学校公民意识教育内容的创新应对我国传统文化中优秀成分加以批判、继承和吸收,与西方的自由、平等、民主、法治、人权、公正、正义等实现有机整合,形成适应我国民主政治和市场经济发展的新的道德价值体系。

课堂教学是学校公民意识教育的主渠道,公民意识教育还应加强教学评价模式和教学方法的创新与改革。创新学校公民意识教育的模式应加强隐性教育与显性教育、理论教育与实践教育、学校教育与社会教育的有效结合。公民意识教育是实践性很强的教育,应强化实践育人的重要性,民主生活实践、公共生活实践以及公民教育基地的实践对强化学生公民角色和培养学生的参与意识具有重要的价值。从评价方式上来讲,只有当学校教育不再有千篇一律的评价标准,给学生的生命质量和精神生活更多的关注,开始思考自己的独特品格和不断创新的内源性动力的时候,教育才能促进理想的人生与理想社会的实现。

五、坚持理论与实际相结合原则

公民意识教育应是理论教育与实践教育的统一,坚持理论与实际的结合是公民意识教育应遵循的基本准则。学校公民意识教育内容蕴含着丰富的理论知识,学校公民意识教育要通过课堂教学进行有关公民知识、公民意识、公民行为和公民能力等方面的民主知识传授与学习,同时还要进行关于公民技能和价值观的培养教育。学校公民意识教育的内容要加强学生关于国家意识、政治意识、民主意识、法治意识、道德意识、国际意识等公民知识的教育,使学生了解一个合格的社会公民应具备的基本素质,学生只有掌握了丰富的公民理论知识,才能不断提高学生的公民意识水平和民主实践能力。

公民意识教育又是实践性很强的教育。学生公民意识的形成源自于学生内在的生命体验和生活实践。只有积极参与生活,通过生活实践加强对自身作为社会主义公民的角色体验与自我感受,才能深刻领悟公民的基本权利意识、责任意识、道德意识、参与意识、民主法律意识等公民意识的丰富内涵与重要意义。学校培养学生公民意识的过程也是一个知、情、意、行相互作用的统一过程,只有让学生深入生活实践,才能掌握关于公民的基本知识,培养做社会主义合格公民的情感,形成社会主义公民的坚定信念并化为自觉的行动意识。学校公民意识教育的实践内容和实践形式都非常丰富,除了进行国家所要求的正式的公民意识教育实践活动外,还可通过少先队活动、学生社团组织活动和校园文化活动等各类活动进行公民意识的教育,让学生深入社区、生产生活的一线等场所在真实的生活环境中学做公民,做能够积极参与社会事务的有责任的公民。目前我国多数学校教育仍然以系统的理论知识的传授为主,对学生实践技能和参与技能的培养不够,在一定程度上阻止了学生公民意识的提高。

第二节　学校公民意识教育的目标及内容

一、学校公民意识教育的目标定位

公民意识教育的目标是国家教育系统及各级各类学校根据国家和一定社会的政治、经济、文化发展状况及公民个体的发展需要,借助学校教育活动使学生具备一定公民意识和成为能积极参与社会公共事务的合格公民所达到的预期目的。公民意识教育目标的确立,是学校公民意识教育活动顺利开展的关键。

对公民意识教育的目标定位,国内多数学者从公民意识教育的目标构成要素来进行研究,公民意识教育的目标要素主要涵盖了公民知识的养成、公民一定的参与技能与参与能力的培养、公民良好的社会价值观的形成等。本书主要围绕把学生培养成为我国社会发展所需要的合格公民这一目标来设计学校公民意识教育的目标内容,也是我国公民意识教育的具体目标。

围绕培养社会主义合格公民的现实需要,当前学校公民意识教育的目标定位应实现对传统学校德育目标的超越与发展,加强对学生公民意识和现代公民人格的培养为目的。具体表现为以培养学生的主体意识为基点,以塑造公民德性为核心,以养成公民信仰为最终目的,使学生成为独立的公民个体、负责任的公民个体、具有理性自由和道德自律的公民个体。

1.培养学生主体意识是学校公民意识教育的首要目标

首先,主体性意识是在教育过程中把学生作为具有一定自主性、独立性、能动性和创造性的个体,积极创造条件,促进学生的思想解放和尊重学生的意志自由,使学生成为自由自觉的活动主体,成为能够独立做出判断和独立选择的生命个体。刘焕云指出:"深化公民意识教育,就是要让教育回归人性本身、回归人本精神,以优质而又深化的教育,导正教育异化现象,豁现公民教育主体性是极为迫切的。"①公民意识教育与传统德育和思想政治教育的不同之处在于尊重人的多样性,肯定每个学生的独特个性,鼓励发展每个学生的个性,这样的教育才能不断促进学生个性独特性的增加和生活的丰富,促进学生个体自主能力、独立能力、创造能力和自

---

① 刘焕云:《全球化时代大学通识教育中的公民意识教育》,《中国公民教育》2008年第3期,第53页。

觉自控能力的普遍提高,达到人的自由全面的发展的目的。其次,对学生的主体意识的教育在于塑造学生个体积极的生命情态。"积极的生命情态是把个体作为积极的而非消极的、开放的而非封闭的、乐观的而非悲观的,身在现实之中而胸怀美好希望,并且能够通过个体的创造性行为,改变不完善的现实状态,推进现实生活优化的精神状态。"①只有这样,学生个体才能以富有活力的方式存在于学校的教育生活,学校生活成为唤醒学生主体意识、滋养学生个体成长、形成个体独特的生存方式、提升学生生命质量的真教育。再次,学校公民意识教育对学生主体意识的培养还在于把学生作为一个理性的存在,理性是在理性的生活实践和教育实践中生成的,现代公民意识教育在肯定学生自主性、独立性、平等性的基础上也肯定了学生自我反省和批判性思维等理性能力的生成,这种理性能力赋予人一种审慎反思的态度,促使学生思考和判断什么是值得过的生活,什么是必须被扬弃的,也促使学生为共同生活和个人生活承担起一定的社会责任。

2.公民德性的生成是学校公民意识教育的基础性要求

人的生活包含着对善的追求,对善的追求永远是美好生活的主旋律,德性是实现善生活的前提条件,这意味着善和德性都是在生活中生成的,正是在追求善的生活中,人们获取的内在教化形成德性品质,这使得德性的追求和实践成为可能。麦金泰尔对德性的生成做出诠释:"德性被理解为人的一种品质,这种品质将不仅维持实践,使我们获得实践的内在利益,而且也使我们能够克服我们所遭遇的伤害、危险、诱惑和涣散,从而在对相关类型的善的追求中支撑我们,并且还将把不断增长的自我认识和对善的认识充实我们。"②这说明德性与我们的生活实践密不可分,只有在生活

---

① 叶澜:《基础教育改革与中国教育学理论重建研究》,经济科学出版社 2009 年版,第 218 页。

② [美]麦金泰尔:《德性之后》,龚群等译,中国社会科学出版社 1995 年版,第 277 页。

中,才有德性的追求,只有在美好生活的实践中,才有德性的生成。

所以我们说,德性作为一种生成性品质,是在实践中获得的,教育是生活实践的一种重要形式,同样也是生成德性不可缺少的重要组成部分。教育在德性的生成上如何有所作为呢?

学校公民意识教育作为培育现代公民人格的教育,应成为培养学生公民德性的主要途径。为培养具有一定公民素质的人,自由与自主是个体追求良善生活、实现公民权利与义务的前提条件。公民意识教育的重要使命就是尊重学生的自由与自主,把学生看作一个权利与义务的统一体,教会学生理性地处理个人与他人、个人与社会、个人与国家的权利与义务关系,理性地处理公共生活事务,道德地治理自己的生活。自由与自主保证了学生独立人格的养成和对道德价值与生活的选择和创造权利,教育中道德生活的实践养成了学生自由、自尊、自立、自强、自信、自重、有尊严、有创造性的生命个体。

参与是获取德性的重要理路,参与是现代社会公民的生存和生活方式,也是实现社会主义政治文明的重要内容,西方国家把公民参与能力的培育作为现代公民教育的重要目标。基于参与对公民德性形成的重要性,学校公民意识教育应强调培养学生参与的知识和参与公共生活的能力与方法,使学生在参与中培养批判性思维能力和自主自觉的选择能力。教育应该创造健康的公共生活领域,使学生在公共生活领域中通过知识自由创造、交流、传播而培养公民的社会实践,在这种社会实践中,公民意识教育不是去灌输特定的知识、道德信念和价值准则,而是引导学生对各种知识体系、价值观念、道德取向进行审视和批判,引导学生在参与与体验中自主地做出判断,选择自己的道德生活。所以,公民意识教育是在公共生活实践中引导学生坚守自己的本性,教人学真,学做真人,把人作为目的而不是手段的教育,是形成公民个性、理性和德性的教育,是培养自由意志和理性精神,促使学生自觉担当社会责任、培养合格公民的教育。正如牟宗三所说:"公民意识教育是一种以生命为中心的,注重主体性与内在德性,并由此展开生命的智慧、学问与修行,即所谓'生命的学问'。"①

3.培育公民信仰是学校公民意识教育的价值目标

主体意识是学校公民意识教育的前提条件,公民德性是形成公民意识的基础要素,形成公民信仰是学校公民意识教育的终极价值追求。当前我们所处的时代,高速发展的科学技术创造了丰厚的物质财富,科学技术越来越使人类工具化、物化和异化,在教育中,科学知识教育占据教育的半壁江山,现代教育的危机就是科学知识化的危机,它带来了人的内心世界和内在情感的荒芜、理性暴政、精神空虚、人文衰微,知识追求无法满足人类追寻生活意义的愿望。因而可以说,教育的危机根本上是道德和信仰的危机,道德和信仰的危机把人是什么、人该过什么样的生活等问题摆在教育者的面前,人的问题始终是我们在教育中无法回避的问题。

在建设中国特色的社会主义实践中,解决人的根本问题,除了培育公民良善的德性之外,形成公民信仰对我国的民主政治建设、以德治国和依法治国的实现有着不同寻常的意义。对公民的信仰如同对宗教和道德的信仰一样,培养的是对公民意识、公民的价值理念的认同,具体来说公民信仰应从以下几个方面来培养。

首先从公民与国家的关系来讲,培养学生对宪法的自觉遵守与认同。公民是与民主宪政共生的,公民与宪政之间的血肉关系表明宪政是公民存在的前提条件,宪政意味着公民享有不容政权染指的权利,公民的民主权利、自由受宪法保护,宪政意味着充分的政治参与,意味着对权力的监督与约束,宪政是发展民主政治和法治的基础,培养学生的公民信仰首要是养成学生对宪政的自觉遵守与认同。

---

① 牟宗三:《中国哲学的特质》,台湾学生书局 1998 年版,第 6—7 页。

其次,培养学生的公民信仰实际是养成学生的公民精神。公民精神是一种理性精神,具有理性精神的人除了对自身权利的自觉体认和对民主宪政的自觉认同之外,还有着对契约精神的自觉追求,契约意味着在处理自身与他人关系的时候要受契约的约束,契约意味着个体的道德自觉与自律,意味着个体灵魂与内在心灵的统一,因而契约解决的是个体信仰问题,也是解决民主和法治存在的依据。这就需要教育自觉担当起理性启蒙与道德自律的责任,增进每个公民在一切事务中公开运用自己的理性自由及能力,塑造学生的理性信仰与道德自律,形成学生的自由自觉和意志自由,实现学生从理论理性到实践理性的升华。

再次,培养学生的公民信仰实际是对学生进行公民理念的体认。自由平等、民主法治、公平正义是任何人类社会孜孜以求的理想社会和价值目标,也是个体自我认同的价值基础。学校公民意识教育应积极创造条件,让学生充分体验自由平等、民主法治和公平正义理念对自身精神发展和提升生命质量的意义,对推进民主法治国家建设的极端重要性,形成对公民价值理念的向往和积极追求。"公民信仰一旦形成,具有高度的稳定性和普遍性,它使人能够从物质的追求中解脱出来,为自身的存在和发展开辟新领域和方向:精神的活动领域和精神的发展方向——超越包括自身个性在内的物质世界,以至于某种极境的发展方向,这就是信仰。"[①]

总的来讲,学校公民意识教育的真正目的是培养学生与市场经济和民主法治建设相适应的主体意识,塑造有利于学生个体成长和自由全面发展的公民德性,形成公民的自觉信仰,建构具有主体意识、公民德性和公民信仰的理想公民人格。

---

① 冯天策:《信仰导论》,广西人民出版社 1992 年版,第 18—19 页。

二、学校公民意识教育的内容

由于公民意识的内涵非常丰富,涉及面特别广泛,导致公民意识教育的内容非常复杂。就学校的公民意识教育内容而言,在不同的历史发展阶段、学生成长的不同时期,基于不同的研究视角,学校公民意识教育的内容也不相同。当前,我国正处于社会转型和现代化发展的关键时期,市场经济、民主政治、法治建设是我国社会发展的主要特点。结合民主政治和法治经济的发展,学者们纷纷提出了学校公民意识教育的内容选择,马长山从法学的角度提出公民意识应该是合理性意识、合法性意识和积极守法精神三元内在结构的统一,因而学校公民意识教育也应该是合理性意识、合法性意识和积极守法精神的培育过程;李萍、钟明华基于公民意识教育与传统德育的区别,提出公民意识教育应侧重于主体意识的培养、权利与义务意识教育的统一、合法性为基本限度的教育;张汉云、薛燕从本体层面、理念层面和实践层面提出了公民意识教育的内容应该是对国家与民族的认同意识、主体意识和平等意识、权利与义务意识的统一;郑杭生从政治学、社会学的角度提出了公民意识教育的基本内涵,国家主人意识和祖国民族意识是公民意识教育的基本任务,权利意识和责任意识是其核心,民主法治意识是其基础内容,道德与文明意识教育是公民意识教育内容的延伸。

本书所研究的学校公民意识教育的内容既和上述内容有重叠交叉之处,又体现出自身的逻辑特点。公民意识教育内容的确立应充分体现党的十七大报告和《国家中长期教育改革和发展规划纲要(2010—2020)》的要求,把培养社会主义合格公民作为基础教育最重要的任务,公民意识教育还要体现党的十八大的精神实质,把社会主义核心价值观教育纳入国民教育和学校公民意识教育体系之中,不能脱离当前学校教育的基本目标。根据学校的公民意识教育实际和学生的公民意识状况,遵循学生自身的成长规律和综合课程中公民意识教育的特点,学校公民意识教育的内容既区别于当前学校的思想政治教育和道德教育,又能体现出德育创新发展的现实需要。所以,笔者认为,当前我国的学校公民意识教育的内容及其逻辑选择应该从以下几个维度来定位,对国家和民族的认同意识是当前我国学校公民意识教育的基础,公民的权利与责任意识教育是公民意识教育的起点,公民的伦理道德教育是当前学校公民意识教育的重点,自由平等、民主法治、公平正义教育是公民意识教育的核心。

1. 对国家的认同意识教育

爱国主义教育和民族精神教育是世界各国公民意识教育的基本内容,同样在我国的公民意识教育中应处于最基础的位置。具体来讲,当前我国学校的公民意识教育应从以下几个方面培育学生对祖国和民族的归属意识和认同意识。

首先,对中华人民共和国的认同。公民身份获得的前提就是具有一国国籍,因而,公民和国家是密不可分的,没有国家就没有公民,基于公民和国家之间的身份关系,学校的公民意识教育应培养学生对祖国的认同意识,加强自己对祖国的历史、文化、政治和经济以及祖国在世界中的地位和作用的认识和了解,形成对自己所属国家的强烈的认同感、归属感和忠诚感,培养学生对祖国和民族的自尊心、自信心和自豪感,教育他们时刻把自身的利益与国家的利益联系在一起,视国家的利益高于一切,维护祖国的独立统一、国家主权及领土完整,自觉遵守国家的宪法及法律的权威,乐于为祖国建设奉献自己的力量。通过爱国主义教育使学生树立起对祖国的深厚情感,具有强烈的国家观念和民族意识。这一点与共和主义的公民教育观相一致,公和主义的国家公民教育观把国家认同视为公民认同的重要组成部分,没有国家认同,国家就会分裂,公民只有意识到自己是国家的一部分,才能保证国家的统一。在卢梭看来,祖国是自己生于斯长于斯的地方,自己因受祖国的恩惠而长大,热爱祖国是公民重要的义务和美德。他指出:"哪一个人没有受过他居住的地方的一点恩惠呢? 不管他居住的是怎样一个地方,他都是因为有了它才能获得人类最珍贵的东西:行为中的美德和对美德的爱。"①

公民又是一个法律身份和政治身份,具有我国国籍并享有国家法律规定的基本权利和义务,作为国家政治社会成员的公民,理应成为国家的主人,应具有国家主人意识和主人的态度,积极地履行作为一国公民的基本权利,承担一定的社会责任和社会义务,积极参与国家的公共事务和各项社会事务。基于公民的政治和法律身份,学校的公民意识教育应把培养学生的主体意识、参与意识放在重要地位,使学生在积极参与的过程中形成强烈的主人翁精神和社会责任感。

其次,培养学生对国家和民族的认同。民族认同最重要的是对自身民族传统文化的认知和认同。民族文化是一个国家的软实力,具有超强的稳定性和极强的凝聚力,一个国家的民族文化一旦形成,必将成为支配它的社会成员的思想和行为的重要力量,并能够把本民族的价值观转化为本国公民的内在信念,因而,可以说民族文化是国家和民族生存和发展的根基和血脉,也是一个国家屹立于世界民族之林的象征。在全球化时代,国际社会在开展政治、经济、军事竞争的同时,也在进行着激烈的文化竞争,一些发达国家试图依靠强大的经济实力,通过文化渗透达到控制其他民族和国家的目的。公民意识教育通过加强对学生的传统文化教育使学生感受我国辉煌灿烂的传统文化,形成对民族文化的热爱情感,增强对中华文化的认同感、自信心和自豪感,形成强烈的国家意识。

民族平等、民族团结也是国家和民族认同教育的重要组成部分。公民意识教育通过民族认同教育主要让学生了解不同民族、

---

① [法]卢梭:《爱弥尔》,李平沤译,商务印书馆1996年版,第729页。

种族之间不分大小、先进与落后,各民族在权利和地位上都是平等的,各民族不仅在法律上和政治上,而且在经济、文化、教育、语言文字、风俗习惯、宗教信仰等方面都享有平等的地位和权利,各民族之间应相互尊重,加强相互之间的了解、合作与沟通,团结协作。通过民族平等、民族团结教育,充分吸收我国各民族优秀的文化传统,最大限度地凝聚社会共识,形成对社会主义核心价值观的自觉认同,成为各民族团结统一向上的精神旗帜和重要支柱。

再次,民族精神教育是国家和民族认同教育的核心内容。民族精神是一个民族的灵魂,是一个民族在生存和发展过程中形成的民族心理、文化传统、思想情感、思维方式和行为方式的历史文化积淀和反映,它影响和规定着一个民族的思维方式和行为方式,在民族的历史发展中起导向作用和凝聚作用。中华民族在长期的社会历史实践中形成了以爱国主义为核心的团结统一、爱好和平、勤劳勇敢、自强不息的伟大民族精神,它是中华民族团结、统一、稳定的精神力量,是鼓舞各民族团结奋进的旗帜。学校作为弘扬和培育民族精神的主阵地,应在公民意识教育中应加强对学生的自强不息、独立自主、勇于创新、开拓进取等民族精神的培养,把民族精神融入教育的全过程中,只有这样,才能促使中华民族精神代代相传,发扬光大,永远绽放出历史的光辉和时代光芒。

2.权利责任意识教育

权利与义务意识是公民身份确立的标志,我国《宪法》明确规定了公民的基本权利和基本义务。权利与义务意识教育应是学校公民意识教育的起点。当前我国社会主义市场经济的充分发展促进公民主体意识的增强和公民权利意识的不断觉醒,尊重和保护公民的基本权利是市场经济健康发展的必要条件,也是每个人应尽的义务。权利意识的觉醒必然要求学校加强对学生权利意识的教育,通过公民权利意识教育使学生知道自己应享有哪些权利、哪些权利对自己来说是最重要的权利、如何行使自己的权利、当自己的权利受到侵害时如何维护自己的权利等问题，同时也应让学生知道在权利面前人人平等，每个人享受自己的权利不得侵犯他人的正当权利。权利意识的教育与我国传统社会义务本位的教育观是相对立的，权利与义务是统一的，权利是公民的本质规定，权利是义务存在的前提，没有权利就谈不上义务，权利对于义务来讲具有优先性和先在性，公民的权利与义务总是在平衡中不断获得发展。但是，如果一味地片面地强调权利，就会导致对权利的过度欲求和对责任的淡化，造成人们社会责任感的缺失，任何公民都生活在一定的社会关系中，必然要对其他人、对社会和国家履行相应的责任和义务，没有了义务，社会和国家就会陷入混乱，权利也无法保障实现。

所以，学校公民意识教育必须把权利与责任教育统一起来。一方面通过公民意识教育，启发学生对权利的认知程度，主动追求和正确行使自己的权利，当权利受到破坏时，勇敢地维护自己的权利。另一方面，公民教育不仅体现在对权利的认可与维护方面，而且也充分体现了对自己应当承担责任的认可。对权利的高扬与维护，离不开对义务的考量与确证，必须树立权利与义务相统一的思想。西方国家培养学生成为合格的社会成员，"必须在本地、本国、国际担当有效公民角色，帮助学生成为清楚自己的权利和义务的有知识、有思想、有责任的公民作为公民意识教育的重要内容，促进学生精神、道德、社会和文化的发展，使之无论在校内还是校外都更加自信和富有责任感；激励学生在学校、邻里社区和更广泛的世界起有益的作用"①。我国学校公民意识教育既要充分唤醒学生作为国家主体的主人意识，真正实现他们的主体身份，积极主张和维护自身的权利，又要认识到自身对社会和国家所负有的义务与责任，自觉履行社会义务。唯有如此，权利与义务才能实现其分配

---

① 汪霞：《英国基础教育课程目标的界定》，《全球教育展望》2001 年第 1 期，第 44 页。

社会价值的平衡与稳定,和谐社会的目标才能顺利实现。

3.公民道德意识教育

道德意识教育是我国公民意识教育的重点。我国是一个比较重视伦理道德教育的国家,在传统的道德教育中,中国人十分重视私德的养成教育,道德教育的重点主要是培养人的"圣贤君子"人格,道德教育的目的是修身、齐家、治国、平天下,其结果是公民个体的公共精神的匮乏、公德心的缺失、公民责任感不强和公民意识薄弱。现代公民意识教育应克服传统德育中道德教育脱离生活尤其是脱离公共生活的状况,在学校教育中,要把学生的日常行为规范教育、公民美德的养成、信念的确立和公共精神的培育结合起来,使学生树立现代公民意识,真正过上有德性的幸福生活。当前学校的公民道德教育应主要从以下几个方面入手。

学生日常行为规范教育是学生公民道德意识教育的基础和前提,过去我们的学校教育小学讲共产主义教育,中学讲集体主义教育和社会主义教育,到了大学才讲日常行为规范教育,这种道德教育的倒挂现象导致我国的学校道德教育实效性不强,学生的日常行为规范淡化,从近年来学校发生马加爵事件、药加鑫事件、郑州中学生弑母事件中可见一斑。新时期对学生的日常行为道德规范教育应从小学开始,结合我国公民道德建设纲要的相关内容,加强对学生的诚信意识、规则意识、健康意识、环保意识、团结合作意识、生命意识等教育。

公民美德是公民适应社会生活所具备的一系列的生活能力和美好生活品格的综合素质,一个人具有了美德,才能获得自由,人民有了道德,就会懂得对国家和社会的义务。对学生的道德教育促使学生能够履行作为一个公民的基本权利和义务,自觉遵守公共道德规范,努力为社会的公共利益服务,以达到追求公共善的目的。学生公民美德的培养应教育学生树立善良、正直、诚信、坚毅、勇敢等个人品质,使学生拥有理性自律精神,以追求公共善为依归,以实现道德上的自由自觉,使个体行为朝着社会整体利益的方向发展。公民美德的培养不仅要培养学生个体的公民道德,还要加强对学生进行群体公民道德教育,当前社会上群体道德的缺失已经给整个社会造成了严重的不良后果。因此,个体道德和群体道德的良性发展,只有增强学生的集体责任感和社会荣辱感,才能提高全社会成员的公民道德素质,新时期加强学生道德意识教育也应以此为切入点。

公民道德教育还应加强对学生的道德信念教育,以实现德育的价值目的。过去我们在道德教育中忽略了对学生道德教育的价值层面的追求,造成了道德教育中出现"世俗化"和"功利化"现象。受市场经济利益最大化的价值取向的影响,个别人做好事并不是作为一种精神追求,而是考虑做好事的道德成本,为了获取某种道德资源,也有人对道德表现出冷漠的态度,对需要帮助的人视而不见。这种"物化"的德育使人失去了道德生活的根基,使道德教育的价值目的奠基在人的功利化追求之上,物化的感性成为生活的最终导向。为避免道德教育中的物化现象,必须把道德教育上升到信念层面,充分发挥道德信念在引导人们的道德行为转向非物质层面的追求功能,使道德信念内化为学生自觉的道德追求,道德教育才获取了精神层面和价值层面的内在支撑。学校通过道德信念教育来引导和约束学生个体的道德行为,从而增强公民道德意识,避免由于"物化"的德育而造成人与人之间关系的功利化、冷漠化。

公共意识和公共精神是指对公共事物的认识、理解与态度,表现为发展公共事业和维护公共利益的行为,公共意识具有公共性、公益性和社会性。公共意识在生活中表现为一种公共精神,它是公民个体所拥有的一种美德,它意味着公民对公共生活和公共事务的热心与关注。公共生活对每个人来讲都是非常重要的,学校教育要引导学生积极参与公共生活,学会适应公共生活,学会关注公共事务,学会参与与自身相关的公共事务,使学生在公共生活实践中确立公共服务意识和整体的善观念。

4.民主法治、自由平等、公平正义意识教育

民主法治、自由平等、公平正义是学校公民意识教育的核心内容。民主法治、自由平等、公平正义作为人类社会的美好追求,是社会主义政治文明建设所追求的价值目标,也是人类社会发展的文明成果。党的十七大把民主法治、自由平等、公平正义作为公民意识教育的核心价值理念和重要内容,这标志着我国已经迈入民主法治建设的新时期,也是我党对中国特色社会主义理论的重要创新和发展。民主法治,就是社会主义民主得到充分发扬,依法治国方略得到落实,各方面的积极因素得到广泛调动,人民群众的主人翁地位得到保证。自由平等是公民依法享有的基本权利,它表明公民在法律面前一律平等,任何公民都具有平等的法律地位和政治地位,享有平等参与、平等发展的权利。公平正义就是社会各方面的利益关系得到协调发展,人民内部矛盾和其他社会矛盾得到正确处理,社会公平和正义得到切实维护和实现。民主法治、自由平等和公平正义是民主法治国家建设中同一发展过程的三个方面的统一,民主法治是实现人类社会自由平等和公平正义的前提和保证,自由平等和公平正义是一个国家民主法治建设的外在表征,这一理念为当前我国学校的公民意识教育指明了方向,明确了当前学校公民意识教育的内容要求,将推动我国学校公民意识教育实践达到新水平。

民主作为一种社会制度,也是一种生活方式。民主和权力是密切联系在一起的,民主意味着对权力的制约与监督,民主制度体现了权力行使过程中程序上的民主和实质上的民主,使权力获得合法性存在的依据。民主对公民个体而言意味着权利,民主体现了一切权力属于人民和人民当家做主的意识,是多数人的利益和要求,为个体提供了表达个体利益诉求和发表意见的平台,意味着个体有参与国家事务和对国家事务发表意见的权利,实现了公民

个体与政府之间的良性互动。民主总是与法治联系在一起,民主是法治存在的前提,是法治的政治基础,没有古希腊时期的多数人的政治统治,法治就是一纸空文。法治作为一种制度设计,为民主提供保障,它体现了公民对法律发自内心的忠诚与信仰,没有公民对法律的强烈的归属感和崇拜感,法律就失去了存在的合理性和合法性依据。因而,法治化的过程同时也是法律的正义性得以彰显并获得权威认同的过程,这一过程同时也使法的价值意蕴得到了极大的提高,法治的神圣化、权威化过程也是民主得以实现的条件保证,因此,离开法治,民主必然会走向专制与暴政。公平正义是民主法治的应有之意,一个民主与法治比较完善的国家,社会各方面的利益必然会得到妥善的分配,社会各方面的矛盾必然在民主与法治的框架内有效地得以解决,相反,一个国家的民主与法治建设离开了公平正义,民主与法治势必会走向它的对立面,即专制或人治。

我国正处于社会主义民主法治建设的新时期,公民民主法治意识薄弱、参与不力是一个不争的事实,要过真正的民主法治生活还有相当远的距离,还需要我们付出很大的努力。学校公民意识教育应承担起培养公民民主法治意识的重任,在公民意识教育中必须高扬民主与法治的旗帜,一方面让学生通过参与学校管理、社区服务、社会管理等社会活动,通过民主生活体验引导学生形成民主思维,树立民主意识,进而正确行使民主权利,追求民主与自由的美好生活,民主意识教育作为公民意识教育的重点内容,也是我国民主政治建设的重要工程。另一方面,通过持续不断的法治教育,使法治不断获取其合法性存在的营养,促使学生知法、守法、自觉维护法律的地位和尊严,确立对法治的深厚情怀,公民法治意识的教育过程,实际上是对学生进行法治的精神性信仰教育而内化为公民的内心信念过程,也是学生法治意识和法律信仰的确立过程,所以,加强对学生的民主法治、自由平等、公平正义意识教育,建设法治国家既是学生个人权利的有益保障,也是实现国家法治化进程的重要手段。通过公民民主法治、自由平等、公平正义意识教育,公民意识教育的核心理念才能深入学生的内心深处,我国的民主法治建设才能不断获取新的力量。

第三节　学校公民意识教育的实施

学校公民意识教育的目标的定位和内容的确立为我们实施学校公民意识教育奠定了基础。如何进行我国的学校公民意识教育?借鉴国外实施公民意识教育的成功经验与有效方式,根据我国的社会发展需要和学校公民意识教育自身的发展需求,我国学校公民意识教育应加强对各种教育资源的整合与利用,采取多样化的教育教学方式,科学合理地安排具体实施路径。将理论教育与实践教育、学校教育与社会教育充分地结合起来,以自上而下和自下而上的教育方式相结合,系统推进我国的学校公民意识教育。

一、系统推进学校公民意识教育

学校公民意识教育的实施是一项系统工程,是由多种因素相互联系、相互作用、相互推动而形成的。系统推进我国的学校公民意识教育应加强大、中、小学的系统规划,强化学校党政部门、教育教学管理部门、校内与校外部门之间的系统规划,加强公民意识教育的制度建设,给学校公民意识教育提供制度上的保障。

1. 加强大、中、小学公民意识教育的系统规划

系统规划从小学到大学完整的公民教育目标、内容、课程体系,既符合《国家中长期教育改革和发展规划纲要》的基本要求,也是培育和践行社会主义核心价值观的必由之路,既体现了为国家培养社会发展所需要人才的长远性计划,也是教育自身发展的必

然趋势。对公民意识教育的系统设计使西方国家的教育能够根据社会发展和公民个体的实际需要，按照既定的方向发展，实现了培养负责任的、理性的、参与民主生活的合格公民的教育目的，这给我国的公民意识教育提供了非常有益的启示。

我国的学校公民意识教育应在借鉴西方国家有益的理论成果和实践经验的基础上，围绕建设有中国特色社会主义的发展需要，依据中国的历史文化特征和现实国情，应采取顶层设计、系统推进的原则进行学校公民意识教育。首先，国家教育行政部门应把公民意识教育纳入国民教育总体规划，贯穿于小学教育、中学教育和高等教育的各个阶段，落实到教育教学和管理服务各个环节，覆盖到所有学校的教育者和受教育者。系统设计从小学到大学的学校公民意识教育目标、内容、方式方法，选择适合我国国情的公民意识教育模式，形成课堂教学、社会实践和校园文化活动一体化的育人平台，构建从小学到大学有效衔接的公民意识教育课程体系和教材体系，创新中小学德育课和高校的思想政治理论课教育教学，推动公民意识教育进教材、进课堂、进头脑。并成立专门机构，负责落实国家的教育规划。其次，各个学校自己制订适合本校实际情况和学生特点的公民意识教育课程标准、教师培养、人才培养方案和教学评价机制，编写校本教材，全面落实国家的教育规划和人才培养目标。由于我国目前学校的公民意识教育仍然是零星进行，或者分散到各个学科和学校各类教育活动中进行。缺乏从小学到大学的系统规划，导致长期以来我国的学校公民意识教育目标不够明确、定位不准的现象的产生，内容杂乱、重复交叉现象比较严重，方式方法也与学生的实际生活相脱离，影响了公民意识教育的推进和公民意识教育的质量。因此，整体设计从小学到大学的公民意识教育目标、内容、方式方法不仅是社会发展的需要，也是教育改革和学生个体健康成长的需要。

系统设计大、中、小校公民意识教育应体现层次性、阶段性和差异性相结合的要求。对初中和小学生来讲,学校公民意识教育的目标内容及培养方案应体现出浅层次的目标要求。对于高中生和大学生来讲,他们的认知能力、知识积累状况、心理特征和接受能力都要比初中生和小学生高出许多,公民意识教育的目标内容和人才培养方案应加强深层次的目标要求,深层次的要求更接近现代公民教育的基本理念,有利于学生个体性的确立和公民人格的完善。小学阶段的公民意识教育应以日常行为习惯的养成教育为主要目标,初中阶段应以学生掌握一定的公民知识为主要目标,高中阶段应以学生公民技能的形成为主要目标,大学阶段的公民意识教育目标应侧重于学生参与意识的培养,养成一定的参与能力。公民意识教育的层次性和阶段性、差异性特点体现了现代学校教育以人为本的价值取向,也符合学生独立性、自主性和创造性个体的发展需要。

2.加强校内各部门之间、校内与校外各部门之间的系统推进

学校党政部门、学团部门、教学管理部门之间的分工合作、协调发展是有效推进公民意识教育的主要力量。党政部门是学校的领导机构,学校党政部门应高度重视公民意识教育,统一领导学校公民意识教育工作,制订整个学校公民意识教育的相关政策,指导各部门落实公民意识教育的有关规定,使学校公民意识教育切实有效地开展下去。学生管理机构和学生社团部门合称学团机构,是具体负责学生管理的教育机构,学团机构应在党政部门的直接领导下开展工作,负责具体落实党政部门的相关政策,制订相应学校公民意识教育的管理细则,必要的时候应邀请公民教育方面的专业教师和学生干部参与管理细则的制定,促进管理工作的科学化和民主化。教学管理部门是实施公民意识教育的具体部门,教学管理部门应根据党政部门的政策要求,结合学团部门的管理办法,加强教学管理工作。学校教学管理部门应从教学管理、课程设置、教师队伍建设、教学考核,督导考评等方面统一规划,突出学生

公民意识的培养与教育。制订教学管理实施细则及考试考评办法,使公民意识教育在整个教学工作中占据重要的位置,落实培养合格公民的教育目标。教学部门还应在公民意识教育方面加强教师的培养力度,提高教师的公民知识、公民技能和相关的公民价值观;完善相关课程体系,使公民意识教育在课程中能够充分得到体现;把学生公民意识状况纳入学生德育课的考试成绩评价范围;加强督导考评和日常工作的监督检查,使公民意识教育工作持续有效地开展,促使学生的公民意识不断提高。

学校公民意识教育应加强校内资源与校外资源的有效整合与统一规划,构建各机关、各团体、各学校、各个社会组织协调统一的学校公民意识教育网络。学校公民意识教育应高度重视社会教育的力量,社会为学校公民意识教育提供了最好的试验场所,也为学校的公民意识教育提供了丰富的可利用资源。学校应让学生经常性地深入到相关实训基地和部门进行公民角色的体验和民主生活的实践,也可以把社会上有效的公民意识教育资源适时地引进学校,让社会上的一些专业人士参与到学校公民意识教育的研究活动中来,请法官做报告加强对学生法律意识的培养,加强社会上道德模范与学生的经常性互动交流有利于养成学生的道德意识,只有把公民意识教育置于整个社会的大环境中来进行,引导广大家庭和社会各方面主动配合学校的公民意识教育,不断巩固学校的教育成果,形成家庭教育、社会教育与学校的教育合力,培养出与民族精神、时代精神相适合的、明达的合格公民,使学校与社会的教育形成合力,发挥出最佳效益。具体来讲,学校公民意识教育的实施应加强与校外公民教育的实践实习基地和社区的合作规划,为学生公民意识教育的实践工作提供物质和环境保障,提高公民意识教育的实效性。

3.通过制度建设推进学校公民意识教育

建立强有力的公民教育领导管理机制,完善相关的制度建设,自上而下主动推进学校公民意识教育。制度是国家意志的体现，制度用法律做保障。制度借助各种规则、法律、政策对教育行为进行约束，制度作为一种刚性的、高度自觉的教育手段在学校公民意识教育的实施中具有决定性的作用。英国自由主义的代表人物哈耶克认为"良好的制度、利益共享的规则和原则，可以有效地引导人们最佳地运用其知识，从而可以有效地引导有益于社会的目标实现"[①]。美国著名的哲学家罗尔斯认为，制度的根本目的是保证其社会成员权利的充分实现，促使社会权利、利益、资源等得到公平分配。制度也是学校公民意识教育有效开展的约束机制。制度本身作为一种教化力量，要求学校公民意识教育要有完善的制度体系。政府的法律法规及相关政策、教育行政部门制度规划和学科建设规划、学校管理部门的教学管理机制是学校公民意识教育有效开展的制度保障。

制度建设一般通过自上而下的方式来进行，形成从中央到地方再到学校的层层规划。首先，从国家层面来讲，国家教育行政部门(教育部)应加强国家对学校公民意识教育的统一指导，把公民意识教育纳入国家教育规划和国民教育体系之中，建立健全公民意识教育的法律法规和相关的指导性文件。从课程设置、教师教育和教育评价等方面加强政策及制度建设的支持力度。形成全国统一的从小学到大学公民意识教育的整体规划和具体思路。檀传宝教授的思路给我们提供了比较具体的参考依据，他指出："在课程标准上，要明确公民意识在整个教育体系中的重要地位，制定学校公民意识教育的国家统一标准，鼓励开发不同类型公民意识教育课程；在教师教育政策上，应当在加强直接公民教育课程师资培育的同时，对所有教师都提出公民教育专业资质的要求，并建设与

---

① 转引自李萍、钟明华：《全球化视野中的伦理批判与道德教育的重构》，人民出版社 2007 年版，第 249 页。

公民教育有关的教师教育资源支持系统;在教育评价上的变革,应当将公民教育的推进列为考察、评价各级各类教育行政部门、学校教育、教师工作绩效评价的核心指标,同时鼓励不同类型的公民教育的实践探索,形成促进公民教育实施的评价方式。"[1]

其次,从地方层面来讲,各级地方教育行政部门应充分发挥其专门教育管理的功能,建立地方公民意识教育指导委员会,制订学校公民意识教育的实施细则,统一具体指导地方的公民意识教育工作,制订地方统一的公民意识教育计划、课程标准、教学大纲等,开发统一的公民意识教育教材和参考指导书,加强公民意识教育的项目申报和相关工作的资源支持力度,保证学校公民意识教育的真正落实。学科化建设是学校公民意识教育的必然趋势,地方教育行政部门应强化制度层面的学科化建设的力度,在思想政治教育的学科体系内构建学校公民意识教育的学科内容,加快公民意识教育学科化的发展步伐。

再次,学校管理部门应根据国家和地方教育行政部门的要求,制订学校的公民意识教育教学计划,使教学目标定位科学而合理,教学内容符合社会发展和学生发展的实际要求,教学手段恰切,保证公民意识教育的教学时数和教育质量,建立合理的学校公民意识教育的奖惩和考评机制,使公民意识教育真正落实到位。

二、学校公民意识教育的实施途径与方法

西方国家公民意识教育起步较早,积累了丰富的学校公民意识教育的实施经验和方法,形成了富有成效的公民意识教育实施路径。亚洲的新加坡、韩国、日本等国也具有自己成熟的公民意识教育模式。概括起来,国外公民意识教育主要借助以下路径来开展:一是西方国家的公民意识教育在政府主导下有目的、有计划进

---

[1]　檀传宝:《努力加强"公民道德的教育"》,《人民教育》2011年第24期,第2页。

行；二是学科化、课程化的公民意识教育是多数西方国家和部分亚洲国家的普遍做法；三是社区参与或服务学习主要是从实践视角培养学生公民意识教育的主要途径。借鉴西方国家和亚洲部分先进地区的一些作法，我国的学校公民意识教育应采取多种方式的有效整合，构建具有中国特色的学校公民意识实施方式。

1. 课程化的公民意识教育是学校公民意识教育的主渠道

课程化的公民意识教育是世界多数国家开展公民意识教育的共同选择。对我国来讲，公民意识教育走学科化的发展道路也是教育现代化的必然趋势，也是思想政治教育实现其自身发展与超越的现实需要。当前我国公民意识教育的学科化建设应在思想政治教育的学科范围内构建其学科体系。基于当前我国的现实国情，进行学校公民意识教育的学科建设在小学、中学与高校应有所不同，如在中小学除了在"品德与生活"、"品德与社会"、"历史与社会"等社会科课程中进行公民意识教育的渗透之外，可以开发公民意识教育的校本课程，作为对学生进行公民意识的必选课。课程内容应体现公民意识的价值取向，把有关公民的概念、公民权利、公民意识、公民道德作为必选课的上位概念，公民意识教育应在整个社会课程中占据重要分量。课程内容要体现培养学生适应现代社会生活的良好习惯，明确与社会的权利义务关系，积极主张个人的政治权利、社会权利和公民权利，自觉履行社会职责，爱护人类共同的地球家园，培育良好的公民道德，自觉遵守宪法和法律，培育良好的法律意识和积极的守法精神。要明确目的，课程目标要具体化，具有操作性。王文岚教授的看法也说明这一点："学校公民意识教育的课程设置要充分体现民主、平等、自由、公正、人权、法治、理性、宽容、合作等有关公民意识的核心理念和基本内涵，也要注重道德教育的基本性和时代性，还要深刻挖掘公民意识和公民基本道德内涵，通过教科书充分展示对现代公民资质的基本要求,使公民意识教育的核心内容更为全面、系统,目标更为清晰明确。"①如河南信阳市平桥区的做法就遵循了这一课程理念。信阳市平桥区的公民意识教育课题组和试验组成员编写了初中版和小学版的《公民常识读本》,让《公民常识读本》走进中小学校课堂。《公民常识读本》突出了学生对公民概念、公民的基本权利和基本义务、公民意识的理解与把握以及培养学生如何通过自己的实践做合格小公民,《公民常识读本》结构简洁易懂,内容指向针对性强,目标非常明确,重点突出,有力弥补了学校德育课等综合科课程对学生公民意识教育的不足,深受学生欢迎,取得了较好的效果。

高校学生的公民意识教育比中小学选择范围要广泛得多。高校可以在思想政治理论课学科视域中开设公民意识教育的选修课程,并规定学生必须完成相应的学分,促使学生接受学校公民意识的培养与学习教育。高校的课程内容设置应体现社会发展的实际需求和学生个体发展的现实需求。力求从社会生活的实际需要出发,注重公民知识、公民技能和价值观的有机统一,为学生进一步的学习或将来在社会上的发展做准备;注重学生生命质量和人文精神的发展,不断丰富和完善学生的生命世界,帮助学生形成积极主动的学习态度和参与精神,实现课程教学与生命成长的双向互动和双向建构。高校还要加强全球化背景下培养学生的宽容、理解、合作意识,尊重文化的多样性与差异性,培养理性的、自主的、积极参与社会生活的明达公民。提高课程化的教育效果还要加强教育本身的研究,高校可以依托其学科优势和资源优势,建立公民意识教育的研究机构,开辟专门的公民意识教育研究领域,加强公民意识教育的理论研究工作,培养公民意识教育专业性的人才。

---

① 王文岚:《社会科课程中的公民教育研究》,中国社会科学出版社 2006 年版,第197 页。

如郑州大学公民教育中心、北京师范大学公民与道德教育研究中心、华东师范大学公民发展与现代德育研究中心等承担了国家的重要研究课题,并加强了公民意识教育方面的研究生培养工作,推进并丰富了学校公民意识教育的理论研究与实践探索。

2.通过日常生活进行学校公民意识教育

教育总是和一定社会的经济方式和生活方式密切联系在一起的。市场经济的发育和民主政治的不断成熟,孕育了新的人们交往的公共生活空间,使公共生活领域越来越成为人们交往和参与社会公共事务的活动空间。正如鲁洁教授所说:"市场经济引发的社会转型及人们生活方式的变革,促使人们开始挣脱传统的以血缘、地缘和依附性群体所建立起来的人与人之间的人身依附关系,以一种自由、平等、独立的人格身份参与到市场经济及一切社会活动中来,它为现代独立人格的发展开辟了新空间,这也正是当代学校公民意识教育所面临的可能空间——公共生活领域。"[①]公共生活领域的出现为我们进行学校公民意识教育提供了新的视角,开发学校公共生活中的教育资源应成为公民意识教育最经济有效的路径选择。因而,檀传宝教授指出:"公民教育的具体实施,绝非仅仅涉及直接公民教育课程的设置,而是涉及学校教育中所有直接或间接的公民教育因素的开掘,涉及学校教育全部生活的改进。"[②]同时,檀传宝在《论公民教育是全部教育的转型》一文中还引用了美国《人权宣言》的发起者之一罗斯福总统的夫人的教育名言:"人权就存在我们生活的小区、学校和工作岗位上。也就是说离开了生活谈公民教育是没有意义的,如果孩子不能在班级生活和学校生活中行使充分的发言权和体验到民主价值的话,就无从培养真

---

① 鲁洁:《转型期中国道德教育面临的选择》,《高等教育研究》2000年第5期,第7页。

② 檀传宝:《论公民教育是全部教育的转型——公民教育意义的现代化视角分析》,《安徽师范大学学报》(人文社会科学版)2010年第5期,第503页。

正意义上的公民。"①所以,学校公民意识教育只有扎根学生的生活世界,在公民生活中培养学生的公民意识和积极行动能力,才能为造就现实的、合格的社会公民提供土壤,公民意识教育首先应该是班级和校园生活的重建与体验。具体来讲,学生日常生活教育应体现在以下几个方面。

(1)以班级活动、各类学生社团活动与学校日常管理活动为载体进行学校公民意识教育。以学生会和各类社团为主体的学校公共生活和各类班级、学校民主管理活动是学生主要的自治组织形式,也是学校公共生活的重要组成部分。学生班会与社团活动是学生实现自我管理、自我教育、自我发展的重要平台,也是实现学生民主生活的重要形式。学生借助参与班会和社团活动,了解班级和社团的活动内容、活动方式和组织程序,有利于培养学生的公德意识和生活智慧,是增进校园和谐、进步与公正的重要教育活动。如学生通过参与班干部选举,有时参加基层人大代表的选举活动,履行了自己的权利,体验到行使权利的政治意义和公民的神圣职责,积累了宝贵的社会参与经验。学校应鼓励学生积极参与到与学生成长密切相关的各类学校管理活动中,尤其是涉及学生管理工作条例、学生纪律手册、学生奖惩办法、奖学金发放等方面的事宜,要加大信息公开化力度,满足学生的知情权,应充分听取学生的意见和建议,必要的时候,应让学生亲自参与上述管理条例的制订与实施,真正创设学校民主的公共生活教育氛围,体现"以人为本"的教育理念。

(2)通过各类社会服务活动来建构学校公共生活。社区服务是西方国家公民教育活动的重要方式,它为学生了解社会生活、认识社会现象、培养学生的社会生活能力提供了非常便利的条件。

---

① 檀传宝:《论公民教育是全部教育的转型——公民教育意义的现代化视角分析》,《安徽师范大学学报》(人文社会科学版)2010年第5期,第503页。

在我国,社会服务活动近年来才逐渐兴起并受到社会各界的高度关注,学生的服务热情产生了重大的社会影响。当前我国学生社会服务的方式主要有社区服务活动、志愿者活动、三下乡活动和各类社会服务活动为载体的学校公共生活,加强了学生与社会的联系,促使学生关注国家和社会上的重点和热点问题。通过参与各类社会服务活动,学生能够充分体验自己在社会中的公民角色,积极行使自己的社会权利和履行社会责任,培养学生参与社会的知识和技能,强化学生的社会服务意识,提高学生的参与能力,为把学生培养成积极负责的有效能的社会公民搭建了桥梁和快捷通道。

(3)以社会上重大生活事件或节假日、纪念日为着力点来进行学校公民意识教育。任何一件重大的社会生活事件本身蕴含着丰富的公民教育资源,尤其是当社会遇到重大灾难事件时,人们的生命伦理观、生态伦理观、社会制度伦理观等道德教育资源都会被激发出来。同样,学生的民族精神、责任意识、参与意识等都会在重大灾难来临时,通过参与、体验等瞬间得以爆发。例如汶川大地震中,大量的学生通过捐款、捐物、献血等方式参与灾难救助,有的大学生亲身奔赴现场参与志愿者活动,学生表现出来的大无畏、大协作的民族自觉意识、对灾区人民生活高度关心的社会责任意识、对生命的无限敬畏意识等形成重要的教育力量,也为学校的公民意识教育树立了好的示范效应。还有针对社会上一些因帮扶老人反而给自身带来麻烦甚至惹上官司的事件,也是检验学生的道德判断和道德选择能力的重要时机,利用这些重要事件对学生进行公德意识的培养教育具有至关重要的作用。另外,在重大的节假日、纪念日来临之际,社会、学校、媒体所组织的重要活动往往能够让学生回归真实的生活情景,在生活中做,在生活中学,在生活中体验,真实的公民生活体验容易调动学生的参与热情,激发学生的社会责任感。所以,对真、善、美的追求这些在平时看似很难实现的东西在重大社会生活事件中有时却表现出学生高度的社会责任感和高尚的道德情怀，并能把这些高尚的道德情操转化为自己终生的信仰。

3. 借助媒体或互联网来进行学校公民意识教育

当今社会已步入信息化时代，以互联网、计算机技术为基础的传播媒介成为各国进行思想政治教育的有力工具和重要途径，是政治社会化的重要手段。大众传媒作为我国意识形态的重要组成部分，在传播国家的政治文化，宣传党的路线、方针、政策，坚持正确的舆论导向和集聚社会正能量，形成良好的舆论环境，用正面声音和先进文化塑造公民的政治人格等方面发挥了重要作用。大众媒体速度快，时效好，生动有趣，感染力强，作为对学生进行公民意识教育的手段应越来越得到重视。尤其是网络这个虚拟公共领域也是学生参与社会生活、发表自己的观点及意见、表达自己的利益诉求、进行公民意识教育的重要平台。网络的开放性、平等性和互动性有助于培养学生的自由、民主、平等的公民理念。近年来，网络参与的广泛性极大拓展了公民参与的空间，建构好网络这个虚拟的公共领域，引导学生正确使用网络，文明上网，积极参与社会事务，通过网络加强社会监督，培育学生积极的参与意识、民主意识、平等意识等具有重要的价值。

4. 创设互动性的教学方法

公民意识教育实施不仅要重视实践路径的建构，还要重视教学方法维度上的创新与改革，只有落实到具体的教育教学方法上，学校公民意识教育的目标和内容才能真正落到实处。笔者尝试把互动性的教学方法引入学校公民意识教学活动中，以求实现教学方法与传统课堂教学的创新与超越。

在我们传统的教学过程中，常常以知识为中心、教科书为中心和教师为中心来组织教学，把以人为目的的教育价值取向转向以实用性、世俗性的社会追求为目的的价值取向。这种教学取向把理论知识的传授作为教育的主要内容,忽略了理论知识中蕴含的关系形态的知识对提升学生生命质量的价值和意义,不能帮助学生形成相互联结的知识结构群和结构化的认知思维方式,它使理论知识和生活知识形成分离,不能把课堂上所学到的书本知识转化为学生的实际生活经验和生活的智慧,内化为学生生命成长的精神动力。

互动性教学法是"师生为实现一定的教学任务和教学目的,围绕教学内容,共同参与,通过对话、沟通和合作活动,产生交互影响,以动态生成方式推进教学活动的过程。教与学在教学过程中是不可剥离、相互锁定的有机整体,是一个单位,不是由'教'与'学'两个单位相加而成"①。在互动性的教学过程中,通过与他人的互动,借助师生之间、生生之间、师师之间的交互性活动,每个人都以其独特的个性进入他者的生活世界,成为他者的生命存在形态,在我与我、我与你、我与他的关系中真实地享受权利,切实履行其社会义务,形成对公民角色的真实体验。在尊重、责任、民主的关系中生成着自我,在民主、开放、参与、互动的教学活动重建富有气息的学校生活,唤醒个体的生命意识,形成关怀意识和责任意识,培育学生积极的生活方式,促进个体从学会做人向学会做公民转变,在互动中形成人的基本生活能力和人文素养,培养与时代发展和个体生命健康成长相适应的公民意识。

教学过程中的"互动"是一个动态的参与过程,它是一个互动性的教学系统,这个系统由学生个体、教师个体和学生群体共同参与教学网络,在这一教学网络中,"每个人都既是信息的接受者,又是重组者和生成者,教师和学生处于多元变动的交互关系中。师生之间在实施交互的过程中相互关注对方,并以对方不同方式传递的信息,作为自己作出回应的基础与出发点,从而形成不是由一

---

① 叶澜:《"新基础教育"发展性研究报告集》,中国轻工业出版社2004年版,第22页。

方规定另一方,而是双方相互规定相互生成的关系格局"①。

因而,实现师生之间的互动,要求在教学过程中师生双方处于平等地位。双方都有着自己的思想自由、选择自由,不是一方规定着另一方的活动性质和活动方向,也不是一方被动接受另一方所谓的教导与指令,而是在交互作用中为生成新的教学情景和教学需要,最后再通过师生之间的彼此交互,平等讨论,友好对话,不断推进教学活动的展开与目标的实现。但我们需要注意的是,在师生的互动过程中,由于教学过程中不确定因素的存在,教师需要有较强的掌控课堂教学的能力,需要对不确定的教学因素做出及时的回应,不断把教学过程推向深入,使教学过程始终处于动态生成的状态之中。这种动态的教学过程中容易催生学生的生命意识、民主参与意识、自由平等等公民意识。

互动性的教学过程是一种创造性的教学活动。互动性的教学法在师生、生生之间的交互作用中,容易催生教师与学生的问题意识,在原有教学内容的基础上不断生成新的教学问题,为解决新的教学问题,师生之间重新发生交互作用,讨论新的解决问题的方案与设计,在讨论新问题的解决过程中,拓展了原有的教学思路和教学模式,通过多视角的拓展,形成后续性的学习问题。由此形成资源生成—过程生成—拓展生成的创造性教学过程。这三个过程在同一教学过程中不能割裂开来,相互之间又构成一个完整的教学互动过程,但它们各自有自己的相对独立性,根据不同的教学场景,有时生成着新的教学资源,但同时也不断拓展着教学过程,有时是某一分析单元独自发挥作用,只有灵活把握,才能实现教学方式的不断创新与发展。

因而,互动性的教学方式把传统的单向型的教与学的关系变

---

① 叶澜:《基础教育改革与中国教育学理论重建研究》,经济科学出版社 2009 年版,第 307—308 页。

成师生之间的双向互动关系,在民主与开放的教学过程中实现了教与学的有机统一,也实现了教学过程中创新与发展。对学生来讲,互动的过程有利于发展学生的问题意识和辩证思维能力、创造性思维能力的形成。对教师来讲,在互动生成的过程中,不断催生着教师的教学智慧,提高了教师教学实践能力。对教育本身来讲,它佐证了公民教育的本质追求,课堂教学是一个动态的互动生成过程,应体现对他人的关怀与尊重意识,体现对自由、民主价值的认同,体现对宽容、理解与合作的道德关怀意识。

互动性教学法需要我们创设交互性的教学场景,构建新型的交互性师生关系,促进积极、高效、高质量的互动性教学方式的充分展开,对于培养学生的民主意识、合作意识、平等意识、参与意识等公民意识具有重要的意义。

第一,要求教师转变角色,构建交互性的师生关系。培养学生的主体意识、民主意识和平等合作的公民意识。在现代教育学中,交互性的师生关系是指在教学活动中为实现一定的教学任务所发生的教师与学生之间的交往、交流、沟通、理解、对话及相互作用的关系。在这一关系中,教师与学生之间不再是传统的主体—客体关系,而是主体—主体的关系。在教学过程中,教师的主要任务不再是传授"绝对真理",也不再是发号施令,教师应转变教育理念,不断调整教学策略,革新自己的教学行为,最大限度地开发学生的潜能。学生的任务也不再是被动接受教师所讲的一切,而是根据自己的需要,自主地作出判断,自主地选择学习内容,发展自己的批判思维,能积极表达自己的观点,敢于对教师的权威提出挑战,敢于质疑教师所提出的观点。因而,在交互性的师生关系中,教师是以"合作者"或"参与者"的身份出现在教学活动中,成为学生的学习伙伴或者学习顾问。在交互性的师生关系中,学生的平等意识、民主意识、合作意识得以生成。

第二,创设互动对话的教育场景培育学生的参与意识、合作意识。对话是教学活动中为完成一定的教学任务在师生之间所开展的"共同话题"。通常这些话题应该选取师生共同关心的重大事件,也可以是与学生生活密切相关的生活问题,便于激发学生的对话兴趣,但这些没有固定答案,而是在进行过程中不断发生变化。对话的过程是双方追求共同理解、相互接纳、相互欣赏的过程。因此,在对话过程中,双方心灵都是向对方开放的,需要双方敞开自己的精神世界,用心倾听对方的声音,全身心地去接纳和欣赏对方。对于对话过程中所产生的不同声音,教师不是去压制或者打击,也不是用自己的观点去反击对方,而是理性地去分析对方的观点,对于学生不正确的观点,只能在对话过程中加以引导,而不是强制性地让学生来接受,因而,对话过程中的尊重与宽容是对话有效展开的重要条件。

一个开放的、民主的对话场景有利于创造和谐的课堂氛围,充分调动师生参与对话的积极性和主动性,激发共同的话语兴趣,开发彼此的学习潜能。更为重要的是,这种充满民主的、平等的、自由的、尊重的教学活动,为学生公民意识的生长提供充分的营养。学生只有在这种民主、平等、自由、合作的教学活动中才能体验公民的角色和身份,才能履行一个合格公民的基本权利和义务。这是当代学校公民意识教育中亟待解决的时代课题,也是每一位教育工作者应关切的教育问题。

结语:学校公民意识教育的未来发展趋势

通过对学校公民意识教育基本理论的研究,回顾中国学校公民意识教育的历史发展进程,梳理公民意识教育理论和实践研究成果,借鉴国外学校公民意识教育的发展经验,本书建构了当代中国的学校公民意识教育的理论体系。那么,学校公民意识教育在中国的未来发展趋势如何？将是本书要进一步思考的问题。笔者认为,中国学校公民意识教育的未来发展,必须坚持走学科化、本土化、人本化、生活化、国际化之路。

一、公民意识教育的学科化

学校公民意识教育的学科化发展不仅是培养社会主义合格公民的现实需要,也是公民意识教育发展的必然趋势。对学科化的定义,学者梁树发认为,所谓学科化,就是指科学发展中针对某一方向、领域的理论和实践研究成熟之后的体制化推进。[①] 公民意识教育的学科化,通俗地讲就是公民意识教育作为一门独立的课程有自己独立的教材并形成完整的课程体系。目前,我国只有部分中小学校有自己的校本教材,高校公民意识教育的专业体系还未建立起来,公民意识教育的学科化程度还比较低。但我国一批致

---

① 梁树发:《学科化——马克思主义与科学发展的互动》,《党政干部学刊》2010 年第 2 期,第 3 页。

力于公民意识教育的专家学者在推进学校公民意识教育学科化方面做了富有成效的工作,教育部人文教育重点基地郑州大学公民教育中心在推进公民教育学科化方面做了大量的研究工作和实践工作,提出了公民教育学的学科名称,编写了《公民教育学》著作,表达了对公民意识教育学科建设的整体思维倾向。我国部分地区为推进公民意识教育进课堂专门组织专家编写了教材,河南省信阳市平桥区在本区 30 多所学校一万名学生中推进公民教育试点教育,并开设了公民教育课,北京市西城区开展社区青少年公民意识教育大讲堂,并编写了专门教材,从知识教育、实践教育、体验教育、养成教育四个方面引导青少年树立正确的公民意识,云南和江苏省以项目形式,联合、协作推进公民意识教育,还有一些地方通过开展丰富多彩的公益活动培育学生的关爱意识、参与意识等公民意识,这些都为公民教育学科化建设奠定了实践基础。

但是,学校公民意识教育的学科化要经历一个探索、实验到最终的学科化发展过程,在这一过程中,一方面需要政府的政策方面给予积极的关注和支持;另一方面,也期望学界和有关部门克服认识上的误区,不再把公民意识教育当作资本主义的东西,认为公民意识教育是与当前学校的思想政治教育相对立的教育形态将其拒之校外,甚至人为设置障碍,导致学校公民意识教育的边缘化。还要克服来自人们观念上的压力和束缚,大胆吸收人类的一切文明成果,为我国走向文明社会的发展道路创造条件。

二、公民意识教育的本土化

公民意识教育是从西方植入的概念,公民意识教育的本土化就是在公民意识教育植入中国的本土话语,形成社会主义中国自身的公民意识教育。西方国家的公民意识教育有其自身的历史文化背景,即使同属西方国家,公民意识教育的目标、内容、实施方式及模式的选择会因其时代特点、地域特点、历史文化的不同而打上了特定国家、民族的文化烙印,照搬西方的做法,只能造成水土不服。所以,我们必须反对公民意识教育中的简单的"拿来主义"。公民意识教育是当代中国社会发展的现实需要。我国的公民意识教育要冲破政治上的话语禁区,根据我国社会主义自身发展的历史特点和文化优势,进行中国的公民意识教育。我国的公民意识教育必须植入中国本土的文化语言,关照我国的历史及传统文化,只有结合我国经济、政治、文化等社会发展的需求和教育本身的特点和规律,在承继我国已有的传统研究及实践的基础上,在当代现代化的视域中建构和展开我国当前学校公民教育理论研究与实践探索,实现培养社会主义合格公民的目标。我国著名的平民教育理论家晏阳初曾指出:"外国的公民教育未必可直接模仿为中国的公民教育。外国的公民教育活动亦未必可直接模仿为中国的公民教育活动。有外国的历史文化和环境,而后产生出它特有的公民教育。有我国的历史文化和环境,亦当有我国所特有的公民教育,方能适应我国的需要。要知道什么是中国的公民教育,非有实地的彻底的研究不可。我国办教育数十年,成效未著,其原因固然庞杂,而我国从事教育者奴隶式的抄袭外人,漠视国情,也不能不说是失败的一大原因。"[1]所以,实现中国学校公民意识教育的本土化,必须跳出西方国家公民意识教育的分析框架和实践模式,结合中国的历史文化特点,从理论研究和实践探索中构建中国学校公民意识教育的本土话语。

三、公民意识教育的人本化

以人为本是马克思主义哲学的一个重要命题,它强调人作为"类"的社会存在的价值及意义,尊重人的主体地位,把人看作一切事物的前提、最终本质和根据,也就是康德所说的人是目的。以人

---

① 晏阳初:《"平民"的公民教育之我见》,《新教育评论》1926年第1期。

为本也是我党科学发展观理论的核心理念和终极价值追求,强调社会发展的目的不是为了追求 GDP 指标,而是为了实现人的幸福和追求美好生活,使人过上有价值的生活,人是发展的唯一的和最终的目的。教育中如果缺乏对人的尊重,缺乏关注个体生命的人道意识,缺乏一种引导学生去认识和体验生命的真、善、美的价值及意义,这种教育是无人的教育。教育中人的缺场导致的直接后果就是人的工具化和无意义感。

人本理念既是学校公民意识教育应遵循的基本原则,也是学校公民意识教育的主导价值理念。公民意识教育是培养社会合格公民的教育,一个合格的社会公民首先懂得尊重自己的人格尊严、尊重自己的价值、尊重自己的权利与义务,追求自由自觉的、民主的、文明的生活方式应是现代文明社会公民的理想追求。现代社会是平等、自由、独立、开放的社会,追求共同体的公共善是现代社会成员的共同目标。现代社会的每个公民享有平等的权利与自由的同时,能够与不同观点的人在沟通、协商、理解、尊重的基础上形成价值共识,能够对现代社会的共同体保持高度的认同,现代社会的特点要求公民个体在追求个体幸福自由的生活过程中,也要尊重别人的自由与价值,学会求同存异,把别人当作真正的"人"来对待,而不是当作实现个人目标的工具加以利用。所以学校公民意识教育要始终把人是目的作为教育的主要目的,无论从教育目标的确立、教育内容的选择、教学方式方法的设计等方面都把学生的自由成长当作教育的本质追求,教人自尊,学做真人,关注人的生命质量和生活质量,关注人的自由成长,教育学生树立独立、自由、人权、尊重等公民品德和公民意识,促使学生争取做社会的合格公民,为追求善的美好生活、实现卓越的公民道德而努力。

四、公民意识教育的生活化

生活化的教育是现代教育的发展趋势,也是学校公民意识教育的必然选择。因为学校公民意识教育不仅是理论教育更是实践教育,同时又是显性教育和隐性教育的统一,学校公民意识教育只有从理论走向实践,让学生在实践中去学做公民,真正的公民意识才能形成。因此,我们不能忽视实践教育的重要价值。对学生的实践教育主要在生活中来进行,正如要在游泳中去学习游泳一样,离开了生活,公民意识教育就成为无源之水。

美国著名的教育家杜威是生活教育理论的创立者之一。他的教育即生活、教育即生长、教育即经验的改造都是其生活教育理论的重要内容。在他看来,教育的过程就是生活的过程。他提出:"政府、实业、艺术、宗教和一切社会制度都有一个意义,一个目的。那个目的就是解放和发展个人的能力……一切政治制度和工业安排的最高检验标准,应该是它们对社会每个成员的全面发展作出的贡献。"①他要求民主的生活方式应该惠及学生,给学生提供一个有利于成长的环境,让其充分、自由生长。受瑞士著名教育家裴斯泰洛齐的启发和杜威教育理念的直接影响,我国著名的教育理论家陶行知提出了著名的生活即教育的理论,他认为,教育要通过生活来进行,无论教育的内容还是教育的方法,都要根据生活的需要。我们要在一般的生活里,找出教育的特殊意义,发挥出教育特殊的力量。在他看来,过什么生活也便是在受什么教育:"过健康的生活便是受健康的教育;过科学的生活便是受科学的教育……过好的生活,便是好的教育;过坏的生活便是坏的教育……"②只有投身生活,在生活的矛盾与锻炼中接受教育。他还主张,拆除学校的围墙,根据社会需要,利用社会的力量发展教育,建成工场、农村、学校、社会打在一片的学校,只有这样的学校,才是"民主的温床,培养出人才的幼苗"③。

---

① ［美］杜威:《哲学的改造》,许崇清译,商务印书馆 1989 年版,第 100 页。
② 《陶行知全集》第 2 卷,湖南教育出版社 1985 年版,第 634 页。
③ 《陶行知全集》第 3 卷,湖南教育出版社 1985 年版,第 545 页。

这说明通过生活来进行公民意识教育已经成为多数学者的共识。对学生的生活教育有校内生活教育和校外生活教育，建构学校和社会生活是学校公民意识教育的重点内容。校内生活教育主要通过学校的一些班会、社团、大型的校园文化活动、学生的社会实践考察活动、志愿者活动、社区服务活动、公益性活动等来进行。通过参与各类校园活动，培育了学生的公民意识，锻炼了学生民主社会生活的基本技能，提高了参与能力。校外生活教育主要让学生融入一些社会性的文化活动，通过参与社会政治的、文化的、经济的等活动来加强学生的公民意识教育，必要的时候，学生还可以参与社会公共政策的招投标活动、政府领导人的选举活动、突发性社会事件的救助活动、对社会公共事业的管理活动等重大活动，通过参与这些重大的社会活动，加深了学生对社会的认识，提高了学生对社会、对国家的认同感和归属感，增强了对政治的兴趣和热情。

五、公民意识教育的国际化

公民意识教育的国际化是经济全球化发展的必然结果。当今社会是高度自治和高度开放的社会，当代社会的高度开放性要求我国学校的公民意识教育内容既要坚守社会主义国家自身的特点，基于当前我国社会发展的现实情况，选择适合社会主义民主政治发展需要的公民意识教育。同时，全球化是当代社会的时代特征，经济的全球化带来整个社会政治、文化等的全球化，全球化要求我国的学校教育不仅为我国当前经济社会的发展服务，还要与全球化的发展要求接轨。具体到当前我国的学校公民意识教育，不仅仅要培养主体意识、权利与义务意识、参与意识，还应具有世界公民的博大胸怀，把世界普遍性的价值理念与价值追求纳入我们的教育视野，这些普遍性的价值理念不分地域、种族或民族特点，具有普遍性的特征和要求，我们也要大胆吸收人类一切优秀的文明成果。具体地讲，就是我国学校的公民意识教育要处理好本土化和国际化的关系。

处理好学校公民意识教育本土化与国际化的关系就是公民意识教育一方面要弘扬我国优秀的传统文化，把民族文化中的精髓即体现民族特点的优秀文化纳入学校公民意识教育之中；还要把握时代性，把具有时代特色的以改革创新为核心的与时俱进、开拓进取、求真务实、奋勇争先的时代精神作为学校新时期学校公民意识教育的重要内容来进行。民族精神和时代精神是对中华民族优秀传统文化的高度凝练和概括，是社会主义核心价值体系的核心组成部分，是中国公民文化的血脉和根基，应当是我国学校公民意识教育的重中之重。但开放性、多元化、多样化是全球化的时代特点，学校公民意识教育关起门来搞教育只能是死路一条，公民意识教育的国际化要求我国的学校公民意识教育要借鉴世界上公民意识教育比较有益的经验，把一些国家在学校公民意识教育方面成功的模式、理念、实践经验和我国的公民意识教育结合起来，开拓我国学校公民意识教育的新模式。世界上发达国家公民意识教育的先进理念如民主法治、自由平等、公平正义、人权、理性参与、宽容合作、尊重异己、和谐共生等价值理念是适合所有国家具有普遍性特征的价值理念，适合于一切国家的一切民族，这些普遍性的价值理念也应是我国当前学校公民意识教育的重要内容，以便实现我国的教育与国际先进教育思想的接轨。

附 录

调查问卷(一)平桥区中小学生公民意识调查问卷

一、您的基本情况

1. 性别:A. 男　　　　　B. 女

2. 年龄:A. 9 岁及以下　B. 10～12 岁　C. 13～15 岁　D. 16 岁及以上

3. 文化程度:A. 小学 4～6 年级　B. 初中 1～3 年级

4. 户口类别:A. 城市　B. 集镇　C. 农村

5. 是否开设过《公民常识》课:A. 开过　B. 没有开过

二、调查内容

1. 以下对"公民"的解释正确的是

A. 没有行为能力的人不是公民

B. 公民就是臣民

C. 公民是指具有国籍的人

2. 公民与国家关系的核心是

A. 社会福利　　　　　B. 公民的法律身份

C. 公民的政治地位　　D. 权利义务关系

3.公民身份认同主要是指公民认识到自己是国家的一员

A.正确　　　　　　　B.不正确　　　　　C.不清楚

4.《刑法》是国家的根本法,具有最高法律效力

A.正确　　　　　　　B.不正确　　　　　C.不清楚

5.社会公平主要是指社会发展的成果由人民共享

A.正确　　　　　　　B.不正确　　　　　C.不清楚

6.教育公平是社会公平的重要基础

A.正确　　　　　　　B.不正确　　　　　C.不清楚

7.人人享有一切人权

A.正确　　　　　　　B.不正确　　　　　C.不清楚

8.孩子在家长面前不应该有隐私权

A.正确　　　　　　　B.不正确　　　　　C.不清楚

9.市委书记和普通公民在法律面前可以区别对待

A.正确　　　　　　　B.不正确　　　　　C.不清楚

10.在公共生活中,遵守规则是公民的责任

A.正确　　　　　　　B.不正确　　　　　C.不清楚

11.提供优良的公共产品和服务主要是政府的责任

A.正确　　　　　　　B.不正确　　　　　C.不清楚

12.你想过参与和自己生活相关的公共决策吗?

A.想过　　　　　　　B.没想过

13.在选举中,你认为自己的那一张选票有多大价值?

A.很大价值　　　　　B.有点价值　　　　C.没有价值

14.学生有权参与和自己学习生活紧密相关的班级、学校管理
工作

A.正确　　　　　　　B.不正确　　　　　C.不清楚

15.当你的合法、正当的权益受到侵害时,你会

A.找关系帮忙　　　　　　　　B.自认倒霉

C.用暴力解决　　　　　　　　D.依法维护

16.公民概念的基本内涵不包括

A. 具有一国国籍 　　　　　B. 享有公民权利

C. 履行公民义务 　　　　　D. 创造幸福生活

17. 公民与国民两个概念是否相同？

A. 相同 　　　　B. 不相同 　　　　C. 不清楚

18. 一国国民只有到 18 岁才能获得公民身份

A. 正确 　　　　B. 不正确 　　　　C. 不清楚

19. 政府用于公共服务的支出主要来自

A. 发行货币 　　　　　B. 公民奉献

C. 企业资助 　　　　　D. 税收

20. 您试图影响过学校关于学生管理的决策吗？

A. 曾经 　　　　B. 从来没有 　　　　C. 没想过这个问题

调查问卷(二)当代大学生公民意识调查问卷

一、你的基本情况

你所在的学校_____ 班级_____

二、调查内容

1.关于公民的说法,你认为下述表达正确的是:

A. 公民就是我们通常所说的人民

B. 公民是指年满 18 周岁,具有一国国籍的人

C. 公民是一个法律概念,不仅有国籍上的要求,还必须依法享有权利和承担义务

2.对于《公民道德建设纲要》中的二十字道德规范是

A. 爱国守法、明礼守信、乡风文明、生活富裕、团结友善

B. 助人为乐、文明礼貌、爱护公物、保护环境、遵纪守法

C. 爱国守法、明礼诚信、团结友善、勤俭自强、敬业奉献

3. 中国 2010 年成功举办世博会,你的感受是

A. 很自豪,说明了我们国家的综合国力的强大

B. 一般,但感觉还不错

C. 感觉与自己的关系不是很大

4. 当你的同学或朋友加入了其他国籍,你的态度是

A. 支持,有条件的话我也会加入

B. 理解,紧跟时代步伐、融入国际社会

C. 反对,爱自己的国家就不能加入其他国籍

5. 我国政府将清明节、端午节、中秋节定为国家法定节日,你的态度是

A. 非常赞同

B. 完全不必要

C. 无所谓

6. 您认为宪法的作用是

A. 约束政府权力,保护公民权利

B. 规定共产党的路线方针政策

C. 国家用来管理人民的工具

D. 不知道

7. 在电影《秋菊打官司》里,一位农村妇女为给自己的丈夫讨个公道,花费了大量的时间和精力,经历了千辛万苦为丈夫申冤,您认为这么做

A. 代价太大,完全不值得

B. 不太值得

C. 人为一口气而活,基本值得

D. 为了维护自己的权利,非常值得

8. 当你遇到纠纷时,你的解决问题的办法是:

A. 选择调解

B. 忍让

C. 通过双方协商解决

D. 选择诉讼

9. 一个人被捕后，如果既不能证明他有罪，也不能证明他无罪，为了社会安全，司法机关可以对他继续关押，你对此说法持什么态度？

A. 强烈反对，侵犯了他人的人身自由

B. 为了社会安全可以暂这么做

C. 说不清

10. 一些高校为加强学生文明行为与管理监督的需要，在学生宿舍楼道安装监视器，你的意见是

A. 气愤并采取行动向有关部门提意见或向法院起诉

B. 气愤，但胳膊扭不过大腿，算了

C. 支持学校的行为，都是为了学生好

D. 无所谓

11. 在高校，一些学生因在生活中或情感方面遇到些挫折选择自杀，对自己的家庭造成极大伤害、对社会也造成不好的影响，你认为这些学生的行为是

A. 对自己生命的践踏和漠视

B. 选择自杀是自己的权利和自由

C. 选择自杀是一种极不负责任的行为，是对自己、家庭和社会责任感的漠视

12. 如果您购物时受到商场保安人员无理搜查您随身携带的物品，您会

A. 忍让，不跟他一般见识，但以后再也不来这里购物

B. 拒绝，强烈抗议

C. 找商场领导或消费者协会解决

D. 到法院告他们

13. 对每年两会上有关政府的立法活动,你是否关注?通过什么途径来关注?

　　A. 非常关注,通过报刊、网络等媒体来进行关注

　　B. 比较关注,主要通过课堂教学的方式了解

　　C. 不怎么关注,感觉这些事情与自己关系不是很大

　　D. 从不关注

14. 对于政治或社会参与活动,如选举人大代表、参与政府组织的听证会等,你的态度是

　　A. 政治是国家大事,公民参不参与没有关系

　　B. 参与是走形式,最终领导说了算

　　C. 作为国家公民,应该以积极的态度参与

15. 你对参加社区服务、社会公益志愿者活动的态度是

　　A. 创造机会积极参与、锻炼自己

　　B. 学校要求参与就去,不要求不去

　　C. 意义不大,尽可能不去

16. 每当社会发生灾难时,国家和社会通常都会号召广大群众行动起来,为灾区献爱心,你会怎么做?

　　A. 通过力所能及的方式直接奔赴灾区参加抗灾

　　B. 通过献血、捐款和衣物等方式参加救灾活动

　　C. 学校规定必须参加才参加,不规定不参加

　　D. 什么都没参加

17. 上网已成为当代大学生生活的一部分,在网络上,针对经常有人散布虚假信息的情况,你认为:

　　A. 网络是个虚拟空间,散布虚假信息属正常现象

　　B. 为了保护个人隐私,偶尔做假是可以理解的

　　C. 网络也是公共生活的一部分,每个人都应该遵守网络道德

18. 2006 年南京发生了一起争议性极大的案子,彭宇因帮助扶起一位摔倒在地的老太太,最后被老太太告上法院,彭宇为此支付

了四万元的赔偿费,以后再遇到类似的事情,你会怎么做?

A.帮助老人是一种社会美德,以后遇到需要帮助的老人,还是应该帮助

B.旁观,多一事不如少一事

C.打110,让警察来帮助,自己小心点为好

19.对社会上的一些人在公交车上不给老年人让座位的现象记者作了一些调查,被采访的群众有以下几种说法,你倾向哪种说法?

A.有时自己也很累,所以就没有让

B.一些老年人凭免费公交卡挤公交闲逛买菜,不应该给他们让座位

C.不管遇到什么情况,都应该让座位,关爱老人是一种美德

D.其他

20.针对学校中存在的买饭插队、抢座位现象,你的看法是

A.作为一名大学生应该保持良好的规则意识,不应该这么做

B.知道不应该,但有时实属无奈才这样做的

C.知道不应该,但有时控制不了自己的坏习惯

21.学生手册中对学生的上课纪律作了严格的规定,你对当前大学生的缺课的态度是,

A.坚决反对缺课,做学生就应该严格遵守课堂纪律

B.能理解,但有时确实有事不能上课

C.支持,有些老师的课上的没味道

D.其他如不想上课之类

22.在大学里,当别的大学生为谋取利益充当枪手、考试作弊时,你的感受是

A.非常反感,违反了公平竞争的原则,而且这是一种不诚信行为

B.偶尔一次是能够理解

C.这很正常,相信很多学生都出现过类似的情况

关于民主、自由与平等意识

23.你对当前我国民主、自由、平等的评价

A.好,体现社会主义的政治民主和自由平等

B.一般,有些地方还不够完善

C.不太民主,老百姓还体验不到真正的民主、自由与平等

D.不民主,老百姓享受不到

24.你对"人民当家做主"的认识与评价

A."人民当家做主"只是一种口号和形式而已

B.通过人民代表大会制度,真正实现了"人民当家做主"

C.有选择地还政于民,给人民创造了更多参与机会

25.在你看来,你周围的同学是否关注社会资源的分配、教育制度等领域的公平问题

A.非常关注　　　　　　　　B.比较关注

C.不太关注　　　　　　　　D.从不关注

参考文献

一、研究文献

邓小平文选.第1~2卷.北京:人民出版社,1994.

梁启超全集.北京:北京出版社,1999.

梁启超.饮冰室合集.第4卷.北京:中华书局,2005.

列宁选集.第1卷.北京:人民出版社,1995.

刘少奇选集.北京:人民出版社,1982.

马克思恩格斯全集.第23卷.北京:人民出版社,1960.

马克思恩格斯全集.第3卷.北京:人民出版社,1960.

马克思恩格斯选集.第1~4卷.北京:人民出版社,1995.

毛泽东选集.第1~4卷.北京:人民出版社,1991.

十七大以来重要文献选编.北京:中央文献出版社,2009.

陶行知全集.第1~6卷.长沙:湖南教育出版社,1985.

严复集.北京:中华书局,1986.

中华人民共和国重要教育文献(1976—1990).海口:海南出版社,1998.

周恩来选集.上.北京:人民出版社,1980.

二、著作

陈永森.告别臣民的尝试[M].北京:中国人民大学出版

社,2004.

褚松燕.权利发展与公民参与[M].北京:中国法制出版社,2007.

丛日云.西方政治文化传统[M].哈尔滨:黑龙江人民出版社,2002.

丁念金.独立型人格建构:人格转型与教育改革[M].长春:吉林教育出版社,2002.

冯天策.信仰导论[M].南宁:广西人民出版社,1992.

国家教育部编写组.毛泽东思想和中国特色社会主义理论体系概论[M].北京:高等教育出版社,2010.

韩震.社会主义核心价值体系研究[M].北京:人民出版社,2007.

姜书阁.中国近代教育制度[M].上海:商务印书馆,1933.

焦国成.公民道德论[M].北京:人民出版社,2004.

解思忠.中国国民素质危机[M].北京:中国长安出版社,2004.

金生鈜.规训与教化[M].北京:教育科学出版社,2004.

金一鸣.中国社会主义教育的轨迹[M].上海:华东师范大学出版社,2000.

蓝维,高峰,等.公民教育:理论、历史与实践探索[M].北京:人民出版社,2007.

李大钊.守常文集[M].上海:北新书局,1950.

李芳.大学生公民素质教育理论探讨与实证研究[M].北京:中国社会科学出版社,2008.

李萍,钟明华.全球化视野中的伦理批判与道德教育的重构[M].北京:人民出版社,2007.

李泽厚.中国思想史论[M].合肥:安徽文艺出版社,1999.

马振清.中国公民政治社会化问题研究[M].哈尔滨:黑龙江人民出版社,2001.

牟宗三.中国哲学的特质[M].台北:台湾学生书局,1998.

秦树理.公民学概论[M].郑州:郑州大学出版社,2009.

秦树理.国外公民学[M].郑州:郑州大学出版社,2009.

孙培青.中国教育史[M].上海:华东师范大学出版社,2008.

檀传宝.公民教育引论[M].北京:人民出版社,2011.

唐克军.比较公民教育[M].北京:中国社会科学出版社,2008.

王东虓.公民意识研究[M].郑州:郑州大学出版社,2009.

王惠岩.当代政治学基本理论[M].天津:天津人民出版社,1998.

王文岚.社会科课程中的公民教育研究[M].北京:中国社会科学出版社,2006.

王啸.全球化时代的中国公民教育[M].福州:福建教育出版社,2006.

吴式颖.外国教育史教程[M].北京:人民出版社,2006.

夏勇.中国民权哲学:中国公民权利发展研究[M].北京:生活·读书·新知三联书店,2005.

夏勇.走向权利的时代:中国公民权利发展研究[M].北京:社会科学文献出版社,2007.

辛世俊.公民权利意识研究[M].郑州:郑州大学出版社,2006.

严复.严复集(二)[M].北京:中华书局,1986.

杨福禄.和谐社会构建中的公民教育问题研究[M].济南:山东人民出版社,2010.

叶澜.基础教育改革与中国教育学理论重建研究[M].北京:经济科学出版社,2009.

叶澜.教育理论与学校实践[M].北京:高等教育出版社,2000.

叶澜."新基础教育"发展性研究报告集[M].北京:中国轻工业出版社,2004.

余玉花.思想理论教育研究[M].北京:高等教育出版社,2005.

余玉花,杨芳.公共行政伦理学[M].上海:上海交通大学出版社,2007.

张耀灿.现代思想政治教育学[M].北京:人民出版社,2006.

张耀灿.中国共产党思想政治教育史论[M].北京:高等教育出版社,2006.

张远新.江泽民文化思想研究[M].北京:人民出版社,2006.

张志俭.21世纪中国公民教育的机遇与挑战[M].郑州:郑州大学出版社,2008.

赵晖.社会转型与公民教育[M].北京:人民教育出版社,2007.

周国文.公民伦理观的历史源流[M].北京:中央编译出版社,2008.

三、译作

阿尔弗雷德·马歇尔.公民身份与社会阶级[M].郭忠华,等,译.南京:江苏人民出版社,2007.

柏拉图.理想国[M].郭斌龢,张竹明,译.北京:商务印书馆,1986.

杜威.人的问题[M].傅统先,邱椿,译.上海:上海人民出版社,1965.

杜威.哲学的改造[M].许崇清,译.北京:商务印书馆,1989.

弗里德利希·冯·哈耶克.自由秩序原理[M].邓正来,译.北京:生活·读书·新知三联书店,1997.

冯·洪堡.论国家的作用[M].林荣远,冯兴元,译.北京:中国社会科学出版社,1998.

汉娜·阿伦特.人的条件[M].竺乾威等,译.上海:上海人民出版社,1999.

赫尔巴特.普通教育学[M].李其龙,译.北京:人民教育出版社,1989.

霍布斯.论公民[M].应星,冯克利,译.贵阳:贵州人民出版社,2003.

加布里埃尔·A.阿尔德蒙.公民文化——五国的政治态度和民主[M].马殿君,等,译.杭州:浙江人民出版社,1989.

康德.实践理性批判[M].韩水法,译.北京:商务印书馆,1999.

卢梭.爱弥尔[M].李平沤,译.北京:商务印书馆,1996.

罗尔斯.万民法[M].张晓辉,等,译.长春:吉林人民出版社,2001.

罗尔斯.政治自由主义[M].万俊人,译.上海:译林出版社,2000.

罗素.自由之路(上)[M].李国同,等,译.北京:文化艺术出版社,1998.

麦金泰尔.德性之后[M].龚群,等,译.北京:中国社会科学出版社,1995.

托马斯·雅诺斯基.公民与文明社会[M].柯雄,译.沈阳:辽宁教育出版社,2002.

雅斯贝尔斯.什么是教育[M].邹进,译.北京:生活·读书·新知三联书店,1991.

亚里士多德.尼各马可伦理学[M].苗力田,译.北京:中国社会科学出版社,1990.

亚里士多德.政治学[M].吴寿彭,译.北京:商务印书馆,1965.

约翰·洛克.教育漫话[M].傅任敢,译.北京:教育科学出版社,1999.

四、参考论文

北京大学马克思主义学院.以理念引领创新,以实践推动发展——"全国思想政治教育前沿论坛"综述[J].思想政治教育研究,2011(10).

蔡晓良,吴智灵.论公民意识教育的几个基本理论问题[J].思想理论教育,2010(17).

陈独秀.吾人最后之觉悟[J].青年杂志,1916(1).

陈锡喜.关于社会主义意识形态的整合与建构的思考[J].思想理论教育导刊,2008(5).

陈锡喜.建设社会主义核心价值体系增强意识形态的吸引力凝聚力[J].思想理论教育导刊,2009(4).

程立显.当代中国的大学公民教育:以北京大学为例[J].中国公民教育.郑州大学公民教育研究中心内部刊物,2008(3).

崔春华.公民意识教育:规划与实施[J].中国德育,2011(2).

戴清亮.破除"官本位"[J].学术界,2005(2).

高峰.当前我国推行公民教育有待解决的若干问题探讨[J].教学与研究,2006(11).

高峰.公民·公民教育·思想政治教育[J].东北师范大学学报:哲学社会科学版,2002(4).

高峡,赵亚夫:探索小学《品德与社会》课程的新思路[J].中国教育学刊,2003(4).

高湘泽.萨特"批判的辩证法"关于人与人"交互关系"的思想述论[J].浙江社会科学,2004(4).

葛荃,韩玲梅.从政治教育到公民教育[J].理论与现代化,2003(1).

汪霞.英国基础教育课程目标的界定[J].全球教育展望,2001(1).

姜涌.中国的"公民意识"问题思考[J].山东大学学报,2001(4).

柯卫.法治与法治意识[J].山东社会科学,2007(4).

蓝维.公民教育的现代崛起与现时代特征[J].江西教育科研,1999(2).

李慎之.修改宪法与公民教育[J].改革,1999(3).

梁树发.学科化——马克思主义与科学发展的互动[J].党政

干部学刊,2010(2).

刘焕云.全球化时代大学通识教育中的公民意识教育[J].中国公民教育.郑州大学公民教育研究中心内部刊物,2008(3).

刘惊铎.道德体验引论[J].陕西师范大学学报:哲学社会科学版,2003(1).

龙静云.论我国公民教育中的四个结合[J].道德与文明,2010(1).

鲁洁.转型期中国道德教育面临的选择[J].高等教育研究,2000(5).

罗伯特·E.道森.政治系统与政治社会化[J].永清,译.国外社会科学情况,1988(3).

马长山.公民意识:中国法治进程的内驱力[J].法学研究,1996(6).

马瑞萍.改革开放以来我国公民意识研究述评[J].教学与研究,2008(10).

马小泉.公民自治:一个百年未尽的话题——读康有为《公民自治篇》(1902年)[J].学术研究,2003(3).

苗伟伦.公民教育——高校思想政治教育的历史转型[J].浙江海洋学院学报,2004(1).

曲丽涛.公民意识与制度公正[J].兰州学刊,2009(9).

宋进.略论"马克思主义理论"学科研究的方法论[J].思想政治教育研究,2009(2).

宋进.五四精神的认识理路和历史论证[J].思想理论教育,2009(11).

檀传宝.论公民教育是全部教育的转型——公民教育意义的现代化视角分析[J].安徽师范大学学报:人文社会科学版,2010(5).

檀传宝.努力加强"公民道德的教育"[J].人民教育,2011(24).

唐克军.为民主生活做准备——西方学校公民教育探析[J].外国教育研究,2004(2).

王东虓.公民教育学的基本范畴探析[J].郑州大学学报,2008(3).

王东虓.论民族精神教育与公民教育相结合的历史必然性[J].郑州大学学报,2006(4).

王伟.社会主义核心价值体系是培育公民意识的根本[N].人民日报,2009-6-10.

王啸.公民教育:意义与取向[J].教育研究与实验,2010(1).

王智慧.论公民教育与思想政治教育的关系[J].思想政治教育研究,2011(3).

吴丙新.关于法治的理念、态度与方法——评陈金钊著《法治与法律方法》[J].法学论坛,2004(5).

夏世忠.论高校实施现代公民教育的宏观制度保障[J].邵阳学院学报,2007(6).

晏阳初."平民"的公民教育之我见[J].新教育评论,1926(1).

叶飞.公民教育与公民意识的培养[J].思想理论教育,2008(5).

余玉花.爱国主义与公民道德教育[J].郑州大学学报,2005(1).

余玉花.论社会主义核心价值体系的主导性[J].思想理论教育,2008(1).

俞可平.当代西方政治哲学的流变:从新个人主义到新集体主义[J].社会科学战线,1998(5).

臧宏.强化公民教育是高校思想政治教育创新的重要内容[J].思想教育研究,2005(7).

张伦.我们能否共同生存[J].读书,2001(12).

张宜海.基础教育阶段如何培养学生的公民意识[J].人民教育,2010(8).

张志明.公民意识教育有利于民主政治发展[N].人民日报,2009-6-10.

朱小蔓,冯秀军.中国公民教育观发展脉络探析[J].教育研究,2006(12).

五、外文资料

D. Heater. What is Citizenship? London: Polity Press. p. 29.

Gutmann, Amy(1993). "Democracy Democratic Education", *Studies in Philosophy and Education*, 12(1), pp. 1—9.

J. Shaklar. American Citizenship. Cambridge. Mass: Harvard University press. 1991. p. 1.

Kymlicka, W. and Norman, W. (eds). Citizenship in Diverse, Oxford University Press, 2000, p. 6.

Shirley H. Engle and Anna S. Ochoa, Education for democratic citizenship: decision making in the social studies, New York: Teachers College Press, 1988.

索　引

后　记

　　本书是在我的博士论文的基础上经过近一年半的修改与完善而完成的,也是我承担的河南省教育科学规划课题"高雅校园文化建设中大学生个体道德能力培养研究"(项目编号:2011-JKGHAD-0492)的研究成果之一。

　　婉转迂回、坎坎坷坷,转眼间,从博士论文的写作到本书稿的最终完成,经历了近五年多的时间,这是一个艰难曲折的磨炼过程,其间复杂的心情难以言表。回顾从读博到现在每一天的时光,经历了太多的酸甜苦辣,也体验了别人无法想象的内心煎熬。这既是对自己人生意志的一个漫长历练过程,也是自己在学术的道路上思想不断丰富和升华的过程。

　　公民意识教育是一个比较有前瞻性的课题,研究这一问题需要足够的学术勇气,在探索这一问题的道路上可谓布满荆棘,在研究这一问题期间,常常会担心自己对一些敏感的问题把握不好而奔走各地,请教本领域的各路专家学者,有时会为一个解不开的问题心理备受纠结与煎熬,有时也会因为一个小小的思想火花的诞生而激动不已。黑发不知勤学早,白首方悔读书迟,读书学习和写作的生活过得很充实,但又充满了艰辛,对自己的人生来说,这是一个痛苦与喜悦相伴的历程,也是自己的学术思想不断走向成熟与人生获得成长的过程。

　　当然,专著的完成离不开亲人和师友们的鼎力相助。山高水长有时尽,唯我师恩日月长,我的恩师余玉花老师,已经进入花甲之年的她,虽然身体不好,却仍然在学术的道路上勤奋耕耘,一丝不苟,孜孜以求,在我的博士论文写作过程中,余老师常常和我一起度过许多不眠之夜,帮助我整理自己的思路,逐字逐句地给予细节上的指导。余老师不仅是我学业上的好老师,更是我生活上的益友,她宽厚、仁慈、善解人意、勤奋进取的师德品格和认真负责、博学多长的学术功底深深地感染着我,激励着我每一天都在苦苦思考与潜心钻研,在艰难的探索中缓缓前行,无论遇到再大的困难和阻力,都坚定我永不言弃的信念。

还要感谢上海交通大学的陈锡喜教授、华东师范大学的宋进教授、唐莲英教授、解超教授和上海社科院的程伟礼教授,多年来受赐于几位老师的教诲,多次聆听他们的讲授和指教,无论在我生活上和学业上都给予无私的关怀与指导,每当我遇到解不开的困惑,老师们都会用问题意识、历史与逻辑相结合的研究方法对我进行启发诱导,正是由于他们的悉心指导和无私帮助,使我能顺利完成我的博士论文。另外,感谢我的同学李颖、张建荣、杜玉华、姜玉齐、焦亚敏、张建忠几年来对我的鼓励与支持,我取得的成绩与他们的支持是分不开的。

感谢郑州大学公民教育中心王东虓教授和辛世俊教授,尤其是王东虓教授,在我的博士论文成文过程中,给我提供了大量的研究资料和专业指导,还为我深入河南省信阳平桥区的公民教育实验基地调研提供大量的帮助,帮助我解决了许多思想上的困惑,澄清了一些错误的认识,没有王东虓教授的帮助,我的专著就很难圆满完成。辛世俊教授为我的学术发展提供了许多帮助,促使我在学业探索的道路上攻克难关,奋力拼搏,不断前进。

本来我还要感谢我的老公和儿子,可他们说:不需要感谢,因为家就是最温暖的港湾。在撰写论文最艰苦的时刻,每天深夜从办公室拖着疲惫的身体缓缓走在回家的路上,整栋楼只有一个亮灯的窗口,那盏灯,就是他们为我守候的目光……

很早看过卡耐基的一句话:人生四十才开始,在我的专著完成之后,常用这句话与自己共勉,激励自己不懈怠,努力前行!

程德慧

2014 年 6 月

图书在版编目（CIP）数据

德育的自我超越与现代追寻／程德慧著. —杭州：浙江大学出版社，2015.3
ISBN 978-7-308-13613-6

Ⅰ.①德… Ⅱ.①程… Ⅲ.①学校教育－公民教育－研究－中国 Ⅳ.①G417

中国版本图书馆 CIP 数据核字（2014）第 170796 号

德育的自我超越与现代追寻

程德慧　著

责任编辑	胡　畔(llpp_lp@163.com)
封面设计	续设计
出版发行	浙江大学出版社
	（杭州市天目山路 148 号　邮政编码 310007）
	（网址：http://www.zjupress.com）
排　版	杭州中大图文设计有限公司
印　刷	杭州日报报业集团盛元印务有限公司
开　本	880mm×1230mm　1/32
印　张	9.25
字　数	245 千
版印次	2015 年 3 月第 1 版　2015 年 3 月第 1 次印刷
书　号	ISBN 978-7-308-13613-6
定　价	38.00 元